Reporte de Criptomonedas
con Potencial para 2024 y 2025

Autor: *Clemente Acosta*

Reporte de Criptomonedas
con Potencial para 2024 y 2025

Disclaimer: Solo para Fines Educativos

Este libro es exclusivamente para fines educativos e informativos, sin pretender ser asesoramiento financiero, legal o de inversión. La información refleja únicamente las opiniones del autor y no garantiza resultados de inversión. La inversión en criptomonedas conlleva riesgos significativos, incluida la posible pérdida total de la inversión.

Se insta a los lectores a realizar su propia investigación y considerar la consulta con asesores financieros profesionales antes de tomar decisiones de inversión. El autor y la editorial declinan toda responsabilidad por acciones tomadas basadas en el contenido de este libro.

Al utilizar este libro, usted reconoce asumir todos los riesgos asociados sin derecho a reclamaciones legales contra el autor o la editorial.

Tabla de Contenido

Introducción

"Una inversión en conocimiento paga el mejor interés"
Benjamin Franklin

El propósito de este documento es iluminar el camino para aquellos inversores ansiosos por navegar el mercado con información confiable y análisis detallados.

Hemos seleccionado cuidadosamente 69 criptomonedas, las cuales se destacaron al alcanzar sus máximos históricos y, a pesar de enfrentar retrocesos significativos durante el mercado bajista, siguen demostrando un impresionante potencial para innovar, adaptarse y prosperar en los próximos años.

En este dinámico y a veces impredecible mundo de criptomonedas o cripto activos, distinguir entre tendencias pasajeras y oportunidades de inversión con verdadero potencial de crecimiento se ha convertido en una habilidad esencial para inversores principiantes y experimentados por igual.

Mi nombre es Clemente Acosta, emprendedor y fundador de CryptoComo – https://www.tiktok.com/@cryptocomo, una plataforma dedicada a desmitificar el complejo universo de las criptomonedas y a educar a aquellos que buscan no solo invertir, sino también comprender las tecnologías disruptivas que están moldeando el futuro financiero.

Mi primer encuentro con el mundo de las criptomonedas ocurrió en 2008, en una noche dedicada a la exploración de nuevas tecnologías. Fue entonces cuando, a través de una lista de correos, me topé con el whitepaper de Bitcoin. La lectura de este documento fue un momento revelador; inmediatamente percibí el potencial transformador de Bitcoin para cambiar radicalmente nuestra forma de realizar transacciones.

A pesar de esta temprana introducción, me mantuve al margen del creciente campo de las criptomonedas hasta 2013, y no fue hasta 2016 que comencé a sumergirme activamente, compartiendo mis conocimientos y ayudando a amigos y familiares a entender y utilizar Bitcoin, wallets y, en general, el ecosistema de las criptomonedas.

Desde entonces, junto a mi equipo en CryptoComo, hemos sido testigos privilegiados del impresionante crecimiento y las inevitables correcciones que han caracterizado al mercado de criptomonedas en todos estos años.

A pesar de la volatilidad inherente y los desafiantes ciclos de mercado, nuestra convicción en el potencial disruptivo y transformador de la tecnología blockchain y las criptomonedas ha permanecido inquebrantable.

Esta firme creencia en el futuro prometedor de las criptomonedas, más allá de las fluctuaciones temporales, es lo que me ha motivado a compilar este reporte.

Este reporte profundiza en el análisis de cada criptomoneda a través de tres pilares fundamentales:

- **Resumen sobre el Whitepaper:** Se proporciona un resumen detallado de cada whitepaper, abordando los fundamentos y la visión del proyecto. Esto incluye la problemática que busca resolver, las soluciones propuestas, proyectos similares o competidores y el impacto potencial en el ecosistema de las criptomonedas.

- **Tokenomics del Proyecto:** Después de revisar a fondo, te traemos una explicación fácil de entender sobre cómo funciona el token. Hablamos de cómo se reparte, cuántos hay disponibles, cómo se maneja la oferta y la demanda, las maneras de disminuir los tokens en circulación (como quemarlos), los premios por usarlos y otros puntos importantes que afectan su futuro y cómo puede aumentar su valor.

- **Ideas Prácticas y Usos:** Miramos formas creativas de usar los tokens, como ganar recompensas por guardarlos (staking), generar ingresos a través de la agricultura de criptomonedas (farming), y participar en las decisiones de proyectos (gobernanza).

"Bienvenidos al futuro de la inversión. Bienvenidos a la guía definitiva de las criptomonedas con potencial para 2024 y 2025".

Clemente Acosta
Fundador de CryptoComo

Listado de Criptomonedas con Potencial

Tabla 1: Criptomonedas con Potencial de volver a su Máximo Histórico

#	token/coin	ATH Potencial	#	token/coin	ATH Potencial	#	token/coin	ATH Potencial
1	NEAR	450%	24	DESO	1000%	47	AXS	2000%
2	ADA	470%	25	MANA	1200%	48	KDA	2000%
3	ARB	480%	26	CAKE	1300%	49	IOTA	2200%
4	BSV	500%	27	GMT	1300%	50	LUNA	2500%
5	AAVE	550%	28	HOT	1300%	51	QI	2500%
6	XRP	570%	29	CELO	1300%	52	CSPR	2600%
7	UNI	580%	30	POLY	1300%	53	APE	2600%
8	HBAR	600%	31	GRT	1400%	54	BTG	2800%
9	DOT	640%	32	THETA	1400%	55	EOS	2900%
10	XLM	699%	33	ENJ	1400%	56	ILV	3200%
11	FTM	740%	34	SC	1400%	57	ONE	3300%
12	SHIB	800%	35	HT	1400%	58	QTUM	3400%
13	VET	800%	36	DCR	1400%	59	ONT	3500%
14	HNT	800%	37	SXP	1400%	60	FIL	3800%
15	WEMIX	800%	38	LPT	1400%	61	GALA	4000%
16	ETC	820%	39	SAND	1500%	62	ICX	4500%
17	EGLD	860%	40	1INCH	1500%	63	XEM	4600%
18	XTZ	880%	41	ALGO	1600%	64	XCH	5000%
19	CRO	960%	42	NEO	1600%	65	GLMR	5300%
20	KAVA	1000%	43	BAL	1650%	66	DASH	5500%
21	CHZ	1000%	44	COMP	1700%	67	FLOW	5700%
22	CORE	1000%	45	AUDIO	1800%	68	ICP	6000%
23	ZIL	1000%	46	WAVES	1900%	69	CRV	12000%

Glosario de Términos Clave

ATH: Precio máximo histórico de una criptomoneda, son las siglas de All Time High.

Blockchain: Es como un libro de contabilidad digital que todo el mundo puede ver, pero nadie puede borrar ni cambiar lo que ya está escrito.

Criptomoneda: Dinero digital que usa procesos matemáticos (criptografía) para mantenerse seguro y, en muchos casos, anónimo.

DeFi (Finanzas Descentralizadas): Servicios financieros como préstamos o inversiones que funcionan en internet sin un banco o una entidad que controle todo.

Coin (Moneda): Dinero digital que funciona en internet con su propio sistema especial (cadena de bloques). Se usa para comprar cosas o como ahorro, igual que las monedas o billetes, pero sin papel y sin estar controlado por bancos o gobiernos.

Token: Una ficha digital que puede representar dinero, una acción en una empresa, o cualquier cosa de valor, y se puede comprar, vender o intercambiar.

Staking: Es como poner tu dinero digital en un "depósito" para ayudar a mantener funcionando la red de una criptomoneda y, a cambio, recibir más dinero digital como recompensa.

Contratos Inteligentes: Acuerdos escritos en código que se cumplen automáticamente cuando se dan ciertas condiciones, sin necesidad de intermediarios.

Interoperabilidad: La capacidad de diferentes sistemas de blockchain para trabajar juntos y compartir información de manera sencilla.

Tokenomics: Las reglas que determinan cómo se crea, distribuye y usa una criptomoneda o token dentro de su mundo digital.

Cadena de Suministro (Supply Chain): La ruta que sigue un producto desde que se fabrica hasta que llega al consumidor, incluyendo todas las personas y empresas involucradas.

Governance (Gobernanza): Las formas en que se toman decisiones en una red de blockchain, como cambios en las reglas o cómo se gasta el dinero del proyecto.

Liquidez: Qué tan fácil es convertir una criptomoneda en efectivo o en otra criptomoneda sin afectar mucho su precio.

Wallet (Cartera): Un programa o dispositivo físico donde puedes guardar tus criptomonedas de manera segura.

Exchange (Intercambio): Un sitio web o aplicación donde puedes comprar, vender o cambiar criptomonedas por otras criptomonedas o dinero tradicional.

Mining (Minería): El proceso de usar poderosas computadoras para resolver problemas matemáticos que ayudan a verificar transacciones en la red blockchain y, como recompensa, recibir criptomonedas.

La idea de este glosario es hacer los conceptos más fáciles de comprender, especialmente para aquellos que son nuevos en el mundo de las criptomonedas y la tecnología blockchain.

01 NEAR - Near Protocol

Qué es NEAR Protocol

NEAR Protocol es una plataforma de blockchain descentralizada diseñada para albergar aplicaciones descentralizadas (dApps) de manera eficiente y escalable. Su objetivo principal es superar algunas de las limitaciones presentes en plataformas anteriores, como Ethereum, especialmente en términos de escalabilidad, velocidad de transacciones y costos de gas (comisiones por transacción).

Características principales

- **Sharding Dinámico:** Una de las innovaciones más significativas de NEAR es su enfoque en el sharding dinámico, que permite a la red procesar transacciones y almacenar datos de manera más eficiente, escalando con el aumento de la demanda sin comprometer la seguridad ni la descentralización.

- **Nightshade:** El mecanismo de sharding de NEAR se llama Nightshade, y su diseño único permite que cada shard procese una porción de las transacciones de la red, lo cual incrementa significativamente la capacidad general sin sobrecargar ninguna parte del sistema.

- **Usabilidad:** NEAR pone un énfasis particular en la usabilidad tanto para desarrolladores como para usuarios finales, ofreciendo soluciones como cuentas con nombres legibles por humanos (en lugar de las típicas direcciones alfanuméricas complejas) y la posibilidad de interacción con dApps sin necesidad de pagar gas por cada transacción.

- **NEAR Token:** El token nativo de la red, denominado NEAR, se utiliza para pagar las comisiones de transacción, almacenar datos y participar en el mecanismo de gobernanza de la red. Además, los poseedores de NEAR pueden stakear sus tokens como parte del proceso de seguridad y consenso de la red.

A - Resumen del Whitepaper de NEAR Protocol

NEAR Protocol es una plataforma descentralizada diseñada para permitir una web abierta y potenciar su economía. Combina tecnologías clave como el consenso de blockchain, sharding de base de datos y avances en usabilidad para crear una infraestructura capaz de soportar aplicaciones a escala global. NEAR se enfoca en la usabilidad para desarrolladores y usuarios finales, escalabilidad sin límites económicos injustificados, y una descentralización sostenible para asegurar activos de alto valor como el dinero y la identidad.

Puntos Destacados para Potenciales Inversores:

1. **Usabilidad Mejorada:** NEAR facilita a los desarrolladores la creación de aplicaciones que los usuarios pueden utilizar de manera intuitiva, similar a las experiencias web actuales.

2. **Escalabilidad Dinámica:** A través de un enfoque de sharding, NEAR puede escalar según la demanda para manejar millones de transacciones sin comprometer la seguridad o la descentralización.

3. **Economía Incentivada:** Utiliza un modelo económico que premia tanto a los validadores por asegurar la red como a los desarrolladores por crear aplicaciones valiosas, fomentando así un ecosistema robusto y activo.

4. **Governanza Comunitaria:** NEAR promueve una estructura de gobernanza inclusiva y eficiente, permitiendo que su comunidad dirija la evolución de la plataforma.

Proyectos Similares o Competidores:

- **Ethereum:** Como la principal plataforma de contrato inteligente, Ethereum es el competidor más directo, aunque enfrenta desafíos de escalabilidad que NEAR busca superar.

- **Polkadot:** Ofrece interoperabilidad entre cadenas y escalabilidad, pero NEAR se distingue por su enfoque en la usabilidad y economía de aplicaciones.

- **Solana:** Aunque Solana ofrece alta velocidad y baja latencia, NEAR proporciona un equilibrio entre rendimiento, seguridad y descentralización.

Estos proyectos, junto con NEAR, representan avances significativos en el espacio de las aplicaciones descentralizadas y la infraestructura blockchain, cada uno con sus propias fortalezas y enfoques para resolver los desafíos inherentes a la tecnología blockchain

B - Tokenomics de NEAR

Qué son los tokenomics

Los "tokenomics" se refieren al estudio de cómo los tokens (activos digitales en una cadena de bloques) funcionan dentro del ecosistema de un proyecto de criptomoneda. Incluye aspectos como la distribución de los tokens, la oferta, la demanda, la retención, el staking, y las políticas de incentivos, entre otros. Los tokenomics son fundamentales porque definen las reglas económicas y de incentivos del ecosistema de una criptomoneda y pueden influir significativamente en el éxito o fracaso de un proyecto.

En cuanto a NEAR, es una plataforma descentralizada de aplicaciones que prioriza la seguridad de activos de alto valor como el dinero y la identidad, al tiempo que provee el rendimiento necesario para que sean útiles para la gente en su día a día. NEAR se basa en una nueva blockchain pública de prueba de participación (Proof of Stake), que utiliza un mecanismo de consenso innovador llamado Doomslug y un enfoque de sharding llamado Nightshade, que divide la red en múltiples partes para que la computación se realice en paralelo, sin un límite teórico en la capacidad.

Aspectos Clave de los Tokenomics de NEAR:

1. Suministro de Tokens en la Génesis:

- En la génesis (inicio de la blockchain), se crearon 1 mil millones de tokens de NEAR.

- Estos se están asignando a individuos y organizaciones de manera continua durante el despliegue de MainNet.

- Las transferencias y la inflación no comenzaron hasta la fase final de MainNet ("Fase II"), que comenzó el 13 de octubre de 2020.

2. Cuentas Basadas en Contratos:

- NEAR utiliza un modelo de cuenta basado en contratos inteligentes, lo que significa que cada cuenta es también un contrato inteligente.

- Los nombres de las cuentas son legibles para humanos (por ejemplo, foobar.near).

3. Restricciones de Transferencia y Desbloqueo:

- Hasta que la red alcanzó oficialmente la fase MainNet Gobernada por la Comunidad (Fase II), las cuentas de los receptores de tokens tenían restricciones para transferir tokens directamente.

- La mayoría de los tokens están sujetos a desbloqueos lineales. Estos desbloqueos están implementados como bloqueos basados en contratos.

4. Staking y Delegación con Tokens Bloqueados:

- Aunque los tokens estén bloqueados, pueden ser apostados o delegados en la red de prueba de participación de NEAR.

5. Nueva Emisión e Inflación:

- Según el post y el paper de Economía de NEAR, el 5% del suministro adicional se emite cada año para apoyar la red como recompensas de epoch, de los cuales el 90% va a los validadores (4.5% total) y el 10% al tesoro del protocolo (0.5% total).

- El 30% de las tarifas de transacción se reembolsan a los contratos tocados por la transacción y el 70% se quema. Esto podría hacer que la red sea deflacionaria si el nivel de actividad y las tarifas de transacción son lo suficientemente altas.

6. Distribución General y Programas Comunitarios:

- Una gran parte de los tokens se dedica a financiar esfuerzos comunitarios, proyectos y componentes técnicos construidos por la comunidad, como educación, eventos y financiación de proyectos.

7. Equipo, Patrocinadores y Venta Comunitaria:

- Los miembros del equipo, los patrocinadores previos y los participantes en la venta comunitaria recibieron tokens con diferentes términos de bloqueo y desbloqueo, reflejando su compromiso a largo plazo con el proyecto.

8. Fundación y Subvenciones Operativas:

- La Fundación NEAR tiene una dotación para apoyar sus operaciones a largo plazo y para financiar el desarrollo técnico y operativo de la red.

En palabras sencillas

La estrategia económica de NEAR busca motivar una participación duradera y un crecimiento continuo de su red, centrándose en la seguridad, la capacidad de ampliación y la facilidad de uso.

La manera en la cual se reparten los tokens y las reglas sobre la emisión de nuevos tokens están diseñadas para beneficiar a quienes validan transacciones, a los creadores de aplicaciones y a los miembros de la comunidad, con el objetivo de construir un ecosistema NEAR fuerte y capaz de adaptarse a cambios.

C - Ideas Prácticas para NEAR

Uso Práctico de NEAR:

1. Desarrollo de Aplicaciones Descentralizadas (dApps):

- Con su modelo de cuenta basado en contratos inteligentes y su capacidad para manejar transacciones de alta velocidad, NEAR es una plataforma ideal para desarrolladores que buscan construir dApps escalables y centradas en el usuario.

2. Participación en la Gobernanza del Ecosistema:

- Los titulares de tokens pueden participar activamente en la gobernanza de la red, ayudando a tomar decisiones sobre actualizaciones del protocolo, asignaciones del tesoro del protocolo, y otras propuestas importantes.

3. Staking y Delegación:

- Los inversores pueden hacer staking o delegar sus tokens NEAR para ayudar a asegurar la red, mientras ganan recompensas por su participación. Esto proporciona un ingreso pasivo a los holders de tokens y contribuye a la estabilidad y seguridad de la red.

4. Creación de Mercados Descentralizados:

- Usando los smart contracts de NEAR, los desarrolladores pueden crear mercados descentralizados y plataformas de intercambio, aprovechando la alta capacidad de transacción y las bajas tarifas.

5. Tokenización de Activos:

- NEAR permite la creación de tokens únicos y la tokenización de activos, lo que abre posibilidades en áreas como juegos, coleccionables digitales (NFTs) y representación de activos del mundo real.

Potencial de Inversión de NEAR:

1. Adopción y Crecimiento de la Red:

- A medida que más desarrolladores construyan dApps en NEAR y más usuarios interactúen con estas aplicaciones, se espera que la demanda de tokens NEAR aumente, lo cual podría impulsar su valor.

2. Incentivos de Staking Atractivos:

- Los atractivos incentivos para stakers y delegadores podrían atraer más inversores a la plataforma, aumentando la demanda de tokens NEAR y potencialmente su precio.

3. Desarrollo Sostenible:

- La sólida estructura de tokenomics y el enfoque en el desarrollo comunitario y la gobernanza hacen de NEAR una inversión potencialmente sostenible a largo plazo.

4. Innovaciones Técnicas:

- Las innovaciones técnicas de NEAR, como su enfoque en la usabilidad y su arquitectura de sharding, podrían posicionarlo como líder en la próxima ola de adopción de blockchain.

5. Ecosistema en Expansión:

- La inversión en NEAR no solo es una apuesta en la criptomoneda, sino también en el ecosistema en crecimiento que se está construyendo alrededor de la plataforma, incluidas las aplicaciones, los servicios y las soluciones de infraestructura.

Al considerar NEAR como una inversión, es crucial realizar su propia investigación y considerar cómo los desarrollos en el espacio blockchain, las regulaciones, y otros factores externos podrían impactar el ecosistema de NEAR y su token. Como siempre, la diversificación y el entendimiento profundo de sus inversiones son claves para gestionar los riesgos.

Gráfico 1. Semanal con niveles Fibonacci. - NEAR/USDT

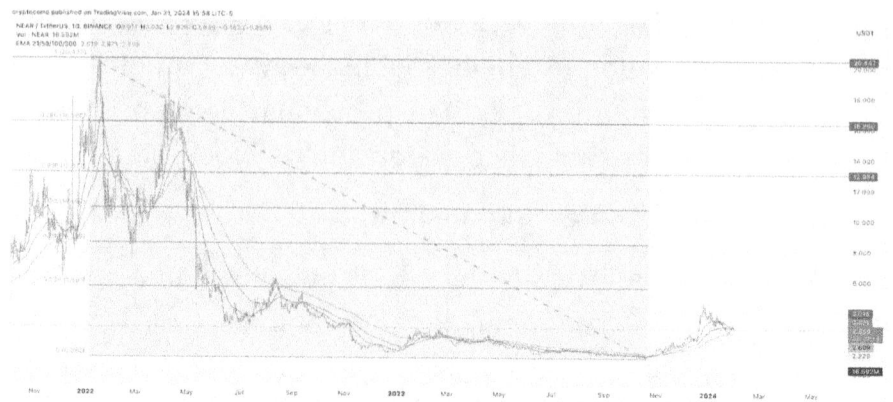

Gráfico 1.1. Diario con niveles Fibonacciy medias móviles exponenciales 21/50/100/200.

02 ADA - Cardano

Qué es Cardano

Cardano es como un sistema digital avanzado para transacciones y aplicaciones financieras, donde ADA es como el dinero que se usa dentro de ese sistema.

Imagina que es una comunidad global, donde todos pueden participar y hacer transacciones de manera segura y sin necesidad de bancos o intermediarios.

Fue creada por un grupo de expertos y todo lo que hacen está abierto para que cualquiera lo vea y contribuya. Además, está pensada para que, en el futuro, quienes la usen puedan decidir cómo se mejora y se financia el proyecto.

A - Resumen del Whitepaper de Cardano

El whitepaper de Cardano presenta la plataforma como una blockchain de tercera generación basada en un protocolo de prueba de participación (proof-of-stake) llamado Ouroboros.

En términos sencillos, Ouroboros permite que Cardano opere de manera segura y eficiente sin consumir grandes cantidades de energía. Lo hace mediante un proceso donde los participantes, llamados validadores, son seleccionados de manera aleatoria para crear bloques y validar transacciones. Estos validadores son elegidos en base a la cantidad de monedas (en este caso, ADA, que es la criptomoneda de Cardano) que están dispuestos a "bloquear" como garantía, lo que ayuda a asegurar la red.

Se centra en la sostenibilidad, escalabilidad y seguridad, y está construida con Haskell, un lenguaje de programación funcional. Cardano ofrece una infraestructura para servicios financieros y sociales confiables y seguros a nivel mundial, especialmente para aquellos sin acceso previo.

La plataforma es de código abierto, diseñada a partir de investigaciones académicas y promete ser una base para aplicaciones descentralizadas a nivel empresarial y contratos inteligentes con un sistema de gobernanza democrática y un sistema de tesorería visionario para financiación autónoma.

Para inversores, es relevante la combinación única de investigación académica y diseño sistemático de Cardano, la adopción de prácticas de desarrollo de alta seguridad y la intención de proporcionar un entorno funcional y descentralizado para el desarrollo de una amplia gama de aplicaciones. Además, su enfoque en la escalabilidad y gobernanza comunitaria señala un compromiso con el crecimiento y adaptabilidad a largo plazo, lo que podría ser atractivo para aquellos que buscan inversiones en tecnologías sostenibles y expansivas.

Puntos Destacados para Inversores Potenciales:

1. **Innovación Científica:** Primera plataforma blockchain construida a partir de una filosofía científica y un enfoque orientado a la investigación.

2. **Seguridad y Sostenibilidad:** Seguridad como principio fundacional, utilizando el lenguaje de programación Haskell y un protocolo de prueba de participación energéticamente eficiente.

3. **Escalabilidad:** Implementación de tecnologías como Hydra para mejorar la capacidad de procesamiento de transacciones.

4. **Interoperabilidad:** Facilidad para interactuar con múltiples criptomonedas y sistemas bancarios tradicionales.

5. **Gobernanza Comunitaria:** Un sistema de tesorería controlado por la comunidad que financia el desarrollo sostenible del protocolo.

6. **Contratos Inteligentes:** Soporte para la creación de dApps y contratos inteligentes con lenguajes como Plutus y Marlowe.

7. **Descentralización:** Red mantenida por una comunidad global sin dependencia de autoridades centralizadas.

Proyectos Similares o Competidores:

- **Ethereum:** Pionero en contratos inteligentes y dApps, enfrenta desafíos de escalabilidad y altas tarifas de gas.

- **Polkadot:** Busca interconectar diversas blockchains, permitiendo la transferencia descentralizada de mensajes y valor.

- **Cardano:** Enfocado en soluciones escalables y seguras para dApps y contratos inteligentes, basándose en investigación rigurosa y desarrollo formal.

B - Tokenomics de ADA

ADA es la criptomoneda principal de Cardano, una importante plataforma blockchain. Su suministro total y la distribución han sido estructurados cuidadosamente para garantizar la sostenibilidad y el funcionamiento efectivo de la red.

Aspectos Clave de los Tokenomics de NEAR:

- ADA es la criptomoneda nativa de la plataforma blockchain de Cardano.

- El suministro máximo total de ADA es 45 mil millones de tokens.

- ADA se hizo disponible por primera vez en la ICO de Cardano en septiembre de 2017, distribuyendo cerca de 25 mil millones de ADA.

- El suministro restante de ADA se distribuye gradualmente a través de un proceso de "acuñación" como recompensas a los participantes de la red.

- Se estima que la acuñación de ADA continuará hasta alcanzar el suministro máximo de 45 mil millones alrededor del año 2140.

- Del ADA vendido durante la oferta inicial de monedas o ICO por sus siglas en inglés, 5.1 mil millones fueron a inversores japoneses, 13.5 mil millones a otros inversores globales y 6.5 mil millones fueron retenidos por Input Output HK y la Fundación Cardano.

- ADA está diseñada para ser un token líquido que soporta transacciones rápidas, promoviendo así la liquidez desde el inicio.

- La liberación controlada y gradual de nuevos tokens ADA ayuda a mantener la participación en la red y estabilizar el precio de ADA a largo plazo.

C - Ideas Prácticas para Cardano

Uso Práctico para ADA:

Cardano y su criptomoneda ADA, presentan un enfoque único y científico en el mundo de las blockchains, lo que ha atraído la atención de inversores y entusiastas de la tecnología. Aquí te presento algunas ideas prácticas sobre el uso de ADA y su potencial como inversión, explicado de manera sencilla:

1. Participación en la Red de Cardano

ADA no es solo una moneda digital; también es una herramienta clave para participar en las operaciones y la gobernanza de la red de Cardano. Los poseedores de ADA pueden:

- **Stake ADA:** Al mantener y bloquear ADA, puedes participar en el proceso de validación de transacciones de la red, conocido como staking. Esto no solo ayuda a mantener la red segura, sino que también te permite recibir recompensas en ADA, generando así un flujo potencial de ingresos pasivos.

- **Votar en Decisiones de la Red:** ADA te da derecho a votar en decisiones importantes sobre el futuro de la red Cardano. Esto asegura que tengas una voz en la dirección del proyecto y sus actualizaciones tecnológicas.

2. Potencial de Crecimiento y Adopción

El enfoque de Cardano en la investigación y el desarrollo científico, junto con su modelo de tokenomics, sugiere un potencial de crecimiento y adopción a largo plazo:

- **Suministro Máximo Fijo:** Con un máximo de 45 mil millones de tokens, ADA tiene un suministro limitado, lo cual puede ser positivo para el valor a largo plazo si la demanda de ADA aumenta debido a su utilidad y adopción creciente.

- **Acuñación Gradual:** La distribución controlada de ADA a través de la acuñación hasta el año 2140 ayuda a prevenir la inflación masiva y promueve una economía sostenible dentro de la red.

3. Soporte para Transacciones Rápidas y Económicas

La arquitectura de Cardano está diseñada para soportar transacciones rápidas y con bajas tarifas. Esto no solo la hace práctica para el uso diario sino que también la posiciona como una plataforma atractiva para desarrolladores y empresas que buscan construir aplicaciones descentralizadas (dApps).

4. Inversión a Largo Plazo

La estrategia de distribución y el compromiso con la investigación hacen de ADA una inversión interesante para aquellos que buscan exposición a largo plazo en el espacio de las criptomonedas:

- **Propiedad Diversificada:** La distribución inicial de ADA a una base amplia de inversores sugiere una propiedad diversificada, lo cual puede contribuir a una mayor estabilidad y adopción.

- **Participación de Desarrolladores y Empresas:** Con el tiempo, a medida que más dApps se construyan en Cardano, la demanda de ADA podría aumentar, ya que se necesita para interactuar con estas aplicaciones y para las tarifas de transacción en la red.

En palabras sencillas

ADA es una moneda digital que se centra en ser segura y está basada en investigación científica. Ofrece más que simples pagos, ya que también se preocupa por la seguridad online, cómo se toman las decisiones dentro de su sistema y la posibilidad de ganar premios participando en el proceso de staking. Además, su cantidad es limitada y se reparte poco a poco, lo que ayuda a mantener su valor con el tiempo. En pocas palabras, ADA tiene una base fuerte para ser valiosa a largo plazo.

Gráfico 2. Semanal con niveles Fibonacci. - ADA/USDT

03 ARB - Arbitrum

Qué es Arbitrum

Arbitrum es una suite tecnológica diseñada para escalar Ethereum, permitiendo que las transacciones sean más rápidas y económicas sin comprometer la seguridad. El producto estrella, Arbitrum Rollup, utiliza el protocolo de Optimistic Rollup, garantizando la seguridad a nivel de Ethereum. La tecnología de Arbitrum se enfoca en la escalabilidad, resolviendo los límites de transacciones por segundo (TPS) de Ethereum mediante una validación eficiente y una estructura de "culpable hasta que se demuestre lo contrario", permitiendo transacciones más rápidas y con menos costos.

Culpable hasta que se demuestre lo contrario. Este método, usado por Arbitrum, significa que tratan todas las transacciones como si fueran sospechosas o incorrectas hasta que se pruebe que están bien. En vez de revisar cada transacción cuidadosamente antes de aceptarla, solo investigan aquellas sobre las que alguien tiene dudas. Esto hace que el sistema sea más rápido y barato, porque no tienen que examinar cada transacción una por una, solo las que la gente señala como posiblemente problemáticas.

A - Resumen del Whitepaper de ARB

1. **Tecnología de Vanguardia:** Arbitrum Rollup y Arbitrum AnyTrust ofrecen soluciones avanzadas para la escalabilidad de Ethereum, asegurando transacciones rápidas y económicas. La tecnología Nitro y el nuevo stack tecnológico Stylus permiten una compatibilidad excepcional con Ethereum y la posibilidad de desarrollar contratos inteligentes altamente eficientes en diversos lenguajes de programación.

2. **Seguridad Reforzada:** A pesar de su enfoque en la escalabilidad, Arbitrum no compromete la seguridad. Hereda la seguridad de Ethereum y tiene características robustas para la detección y prevención de fraudes, asegurando que las transacciones sean confiables y seguras.

3. **Facilidad de Uso:** Arbitrum se diseñó para ser compatible con el ecosistema de Ethereum, permitiendo a los usuarios y desarrolladores utilizar sus herramientas y carteras favoritas de Ethereum con mínimas diferencias, pero con costos reducidos y mayor velocidad.

4. **Flexibilidad y Opciones:** Con la existencia de múltiples cadenas como Arbitrum One y Nova, así como la capacidad de crear cadenas Orbit

personalizadas, Arbitrum ofrece una gama de opciones que se adaptan a diversas necesidades y preferencias de seguridad y costos de transacción.

5. **Gobernanza y Actualizaciones:** La gestión de las cadenas Arbitrum One y Nova está a cargo de un sistema de gobernanza, lo que indica un enfoque en la adaptabilidad y la atención a las necesidades y retroalimentación de la comunidad.

En palabras sencillas

Para un inversionista interesado en tecnologías de escalabilidad y en el ecosistema de Ethereum, Arbitrum presenta una oportunidad atractiva debido a su enfoque innovador en la seguridad, eficiencia, compatibilidad con Ethereum, y su adaptabilidad a través de su sistema de gobernanza y diversas opciones de cadenas.

Proyectos Similares o Competidores:

Arbitrum (ARB) opera en el espacio de las soluciones de escalabilidad para Ethereum, un área que ha visto un crecimiento significativo y competencia debido a la necesidad de mejorar la eficiencia, reducir costos y aumentar la velocidad de las transacciones en la red Ethereum. Algunos de los proyectos y plataformas más notables que pueden considerarse similares o competidores de Arbitrum incluyen:

1. Optimism (OP):

- Al igual que Arbitrum, Optimism es una solución de Optimistic Rollup que busca escalar Ethereum mediante la ejecución de transacciones fuera de la cadena principal. Optimism se enfoca en la compatibilidad con el ecosistema de Ethereum y en una baja latencia de transacciones, ofreciendo una solución similar a Arbitrum.

2. Polygon (MATIC):

- Polygon (anteriormente Matic Network) proporciona una solución de escalabilidad de múltiples cadenas. Aunque originalmente se centraba en una solución de sidechain con su propia cadena de bloques, ahora se está expandiendo para incluir otras soluciones de escalabilidad, incluidos rollups y otras tecnologías de capa 2.

3. zkSync:

- zkSync es una solución de capa 2 que utiliza pruebas de conocimiento cero (ZK Rollups) para escalar Ethereum. A diferencia de los Optimistic Rollups, los ZK Rollups proporcionan pruebas criptográficas para verificar las transacciones, ofreciendo seguridad y finalidad de transacciones más rápidas.

4. Loopring (LRC):

- Loopring es otra implementación de ZK Rollup que se centra en la construcción de intercambios descentralizados (DEX) y sistemas de pago que son altamente escalables y de bajo costo, utilizando pruebas de conocimiento cero para asegurar la red.

5. StarkWare & StarkNet:

- StarkWare ofrece soluciones de escalabilidad basadas en STARKs, una forma de pruebas de conocimiento cero. StarkNet es una red descentralizada que permite la ejecución de contratos inteligentes con la seguridad de Ethereum pero con una mayor escalabilidad.

6. Aztec Protocol:

- Aztec es una plataforma de privacidad en capa 2 que utiliza pruebas de conocimiento cero para habilitar transacciones privadas en Ethereum. Además de mejorar la privacidad, Aztec también trabaja en soluciones de escalabilidad.

Cada uno de estos competidores tiene su enfoque único, ventajas y desventajas en términos de velocidad de transacción, costos, seguridad y compatibilidad con el ecosistema de Ethereum.

La elección entre estas soluciones a menudo depende de las necesidades específicas del usuario o del desarrollador, así como de las preferencias de seguridad y descentralización. La competencia en este espacio es un indicador saludable de innovación y crecimiento, ofreciendo a los usuarios y desarrolladores múltiples opciones para escalar sus aplicaciones y operaciones en Ethereum.

B - Tokenomics de Arbitrum (ARB)

Arbitrum (ARB) presenta una estructura de distribución de tokens diseñada para respaldar su ecosistema, incentivar a los participantes clave y garantizar el desarrollo sostenible de la plataforma. A continuación, se detallan los aspectos más importantes de su modelo de tokenomics:

Suministro Total y Estado Actual de la Distribución:

- **Suministro Máximo (Max. Supply):** 10 mil millones de ARB.

- **Distribución Total Actual (Total Distribution Progress):**

  - **Desbloqueado (Unlocked):** 55.5%, lo que equivale a 5.55 mil millones de ARB, con un valor aproximado de $9.92 mil millones.

  - **Bloqueado (Locked):** 43.3%, lo que equivale a 4.33 mil millones de ARB, con un valor aproximado de $7.73 mil millones.

  - **Próximo Desbloqueo (Next Unlock):** 1.20%.

Asignación de Tokens:

La asignación de tokens de ARB está distribuida entre diferentes grupos, reflejando las prioridades y estrategias del ecosistema de Arbitrum:

1. **Tesorería DAO (DAO Treasury):**

   - Total: 42.8% del suministro máximo.

   - Desbloqueado: 42.8%.

   - Bloqueado: 0%.

   - Nota: La Tesorería DAO es crucial para la gobernanza y financiación de proyectos y propuestas dentro del ecosistema de Arbitrum.

2. Equipo y Asesores (Team & Advisors):

- Total: 26.9% del suministro máximo.
- Desbloqueado: 0%.
- Bloqueado: 26.9%.
- Nota: Esta asignación está destinada a recompensar y motivar a los desarrolladores, asesores y otros contribuyentes clave.

3. Inversores (Investors):

- Total: 17.5% del suministro máximo.
- Desbloqueado: 0%.
- Bloqueado: 17.5%.
- Nota: Los inversores que apoyaron el proyecto desde sus inicios tienen esta asignación, la cual suele estar sujeta a un calendario de vesting para alinear los intereses a largo plazo.

4. Airdrop:

- Total: 11.6% del suministro máximo.
- Desbloqueado: 11.6%.
- Bloqueado: 0%.
- Nota: Los airdrops son utilizados para incentivar a la comunidad y usuarios tempranos, distribuyendo tokens directamente a sus carteras.

5. DAOs en el Ecosistema de Arbitrum (DAOs in Arbitrum Ecosystem):

- Total: 1.13% del suministro máximo.

- Desbloqueado: 1.13%.

- Bloqueado: 0%.

- Nota: Esta pequeña pero crucial asignación respalda las organizaciones autónomas descentralizadas (DAO) que operan dentro del ecosistema de Arbitrum, fomentando la gobernanza y participación comunitaria.

En palabras sencillas

Para los inversionistas, entender la estructura de tokenomics de ARB es fundamental para evaluar tanto el potencial a largo plazo como los riesgos asociados. La distribución cuidadosa entre la tesorería DAO, el equipo, los inversores, y los airdrops, indica un enfoque equilibrado que busca incentivar a los contribuyentes, apoyar la gobernanza y fomentar una comunidad activa.

El porcentaje significativo de tokens bloqueados para el equipo y los inversores sugiere un compromiso con el crecimiento y la estabilidad a largo plazo del proyecto. Sin embargo, los inversionistas deben estar atentos a los próximos eventos de desbloqueo y cómo estos podrían afectar la liquidez y el precio del token en el mercado.

C - Ideas Prácticas para ARB

1. Participación en la Gobernanza:

- Los poseedores de ARB pueden participar activamente en la toma de decisiones del ecosistema de Arbitrum mediante la votación en propuestas y cambios en el protocolo, potencialmente teniendo un impacto directo en el futuro y la dirección del proyecto.

2. Interacción con dApps:

- Al ser compatible con Ethereum, Arbitrum ofrece una plataforma para que los desarrolladores construyan y desplieguen dApps. Los usuarios pueden usar ARB para interactuar con estas aplicaciones, ya sea participando en juegos, mercados de predicción, plataformas de préstamos, etc.

3. Incentivos y Recompensas:

- ARB podría utilizarse para incentivos dentro del ecosistema, como recompensas por liquidez, staking, o participación en programas de mejora de la red.

4. Transacciones y Tarifas:

- Dado que Arbitrum está diseñado para reducir las tarifas y aumentar la velocidad de las transacciones en Ethereum, ARB podría ser utilizado para pagar tarifas de transacción dentro de su red, beneficiándose de su eficiencia y costos reducidos.

Potencial como Inversión:

1. **Potencial de Crecimiento en la Escalabilidad de Ethereum:**

   - Arbitrum aborda directamente las limitaciones de escalabilidad de Ethereum. A medida que la red Ethereum continúa creciendo y enfrentando desafíos de escalabilidad, soluciones como Arbitrum podrían ver una adopción incrementada, potencialmente aumentando la demanda y el valor de ARB.

2. **Modelo de Distribución de Tokens:**

   - La estructura de tokenomics, con un porcentaje significativo de tokens bloqueados para el equipo y los inversores, sugiere un compromiso con el crecimiento y la estabilidad a largo plazo. Esto podría interpretarse como una señal positiva para los inversores a largo plazo, aunque es esencial estar atento a los eventos de desbloqueo y cómo estos podrían influir en el mercado.

3. **Innovación y Compatibilidad:**

   - La continua innovación, evidenciada por el desarrollo de tecnologías como Nitro y Stylus, y la compatibilidad con el ecosistema de Ethereum posiciona a Arbitrum como un jugador prominente en el espacio de soluciones de escalabilidad. Estas características pueden atraer tanto a desarrolladores como a usuarios, impulsando el valor intrínseco de ARB.

4. Participación Comunitaria y Gobernanza:

- La inclusión de mecanismos de gobernanza y la posibilidad de que los poseedores de ARB influyan en las decisiones del proyecto pueden fomentar una comunidad fuerte y comprometida, un factor crucial para el éxito y la adopción a largo plazo de cualquier proyecto de criptomonedas.

Al considerar ARB como una inversión, es crucial realizar un análisis exhaustivo y considerar tanto los aspectos técnicos del proyecto como el contexto más amplio del mercado de criptomonedas. Además, dada la naturaleza volátil y en constante evolución de este espacio, es esencial mantenerse informado y adaptar las estrategias de inversión a medida que surjan nuevos desarrollos.

04 BSV - Bitcoin SV

Qué es Bitcoin SV

Bitcoin es como un juego de construcción con un conjunto de reglas. Con el tiempo, algunas personas en el grupo que juega quieren cambiar las reglas para mejorar el juego. Pero no todos están de acuerdo en cómo hacerlo.

Bitcoin SV (BSV) es como un nuevo juego que se creó porque un grupo de personas querían jugar de una manera muy específica, que ellos creen que es la manera original como se suponía que debía jugarse. Este grupo creó su propio juego (Bitcoin SV) con reglas que ellos consideran son las correctas, basándose en las ideas del creador original del juego (Bitcoin).

Tres puntos clave de Bitcoin SV, explicados de manera sencilla:

1. **Bloques más grandes en el juego:** En Bitcoin SV, decidieron hacer "cajas" más grandes (bloques) para que pudieras meter más cosas a la vez (transacciones). Como si fueras a mudarte y eliges una caja más grande para guardar tus cosas, de esa forma puedes guardar más cosas de una vez en lugar de usar varias cajas pequeñas.

2. **Recuperar piezas antiguas del juego:** Había algunas piezas del juego original (Bitcoin) que fueron guardadas o desechadas. En Bitcoin SV, decidieron sacar esas piezas antiguas y volver a usarlas, porque piensan que podrían mejorar el juego.

3. **Mantener las reglas del juego estables:** La gente de Bitcoin SV piensa que es importante que las reglas no cambien mucho. Creen que si las reglas se mantienen estables y seguras, más personas querrán jugar porque sabrán exactamente a qué atenerse.

En resumen, Bitcoin SV es como una versión del juego de Bitcoin que pretende ser más fiel a la versión original, con cajas más grandes para las piezas y algunas reglas antiguas que se han re-introducidas.

A - Resumen del Whitepaper de BSV Bitcoin SV

Bitcoin SV (BSV) se promociona como la única blockchain pública que cumple con las necesidades esenciales para funcionar como un gran base de datos global para empresas y gobiernos. BSV se distingue por su enfoque en ofrecer una plataforma segura, escalable, estable y capaz de soportar transacciones seguras e instantáneas a bajo costo. Estas características se ven respaldadas por el compromiso de la Asociación Bitcoin con la calidad, la ingeniería profesionalizada y la creación de un ecosistema de blockchain que es tanto respetuoso con el medio ambiente como conforme a las regulaciones.

Puntos Clave:

1. Cuatro Pilares de BSV:

- **Escalable:** BSV adapta dinámicamente el tamaño de sus bloques para satisfacer las demandas de la red, manteniendo la eficiencia en cuanto a datos y costos y asegurando costos de transacción bajos y fijos.

- **Estable:** El protocolo de BSV es inmutable y predecible, permitiendo a empresas y gobiernos planificar con antelación y comprometer recursos significativos para construir aplicaciones y servicios.

- **Seguro:** BSV se compromete con la calidad y la ingeniería profesional, apoyando un ecosistema de blockchain amigable con el medio ambiente y en conformidad con las regulaciones.

- **Transacciones Seguras e Instantáneas:** BSV prioriza transacciones confiables y sin retrasos a costos bajos y predecibles, fundamentales para aplicaciones y servicios basados en blockchain.

2. Desbloqueando el Potencial de BSV:

- La escalabilidad sin límites de BSV abre nuevas posibilidades en microtransacciones, transferencias de datos y más, presentando oportunidades lucrativas para los procesadores de transacciones.

3. Soporte y Comunidad:

- BSV está respaldado por la Asociación Bitcoin, que supervisa la creación de estándares técnicos y educa a empresas, agencias gubernamentales, emprendedores, desarrolladores y usuarios sobre cómo construir un ecosistema de blockchain global.

- Líderes y especialistas técnicos de diversas regiones y sectores respaldan y promueven la adopción y el desarrollo de BSV.

4. Iniciativas y Apoyo Institucional:

- La blockchain de BSV para empresas y gobiernos es impulsada por la Asociación Blockchain de BSV, una organización global sin fines de lucro con sede en Suiza que apoya el uso de la blockchain de BSV.

En palabras simples

Para alguien considerando invertir en BSV, es esencial comprender estos pilares y la infraestructura organizativa detrás de BSV, así como la visión y el compromiso de la Asociación Bitcoin para garantizar un ecosistema de blockchain robusto y conforme a regulaciones.

B - Tokenomics de BSV

Los "tokenomics" de una criptomoneda se refieren a la economía y las políticas que rigen la creación, distribución y gestión de sus tokens. Para Bitcoin SV (BSV), estos aspectos están estrechamente relacionados con los de Bitcoin (BTC), dado que BSV surgió de un hard fork de Bitcoin Cash (BCH), que a su vez provino de un hard fork de Bitcoin. Sin embargo, hay algunas peculiaridades y principios que definen los tokenomics de BSV:

1. Suministro Máximo Fijo:

- 21 Millones de BSV: Al igual que Bitcoin, BSV tiene un suministro máximo fijo de 21 millones de monedas. Esto introduce un aspecto de escasez digital, similar a la escasez física del oro.

2. Minería y Recompensas por Bloque:

- **Proceso de Minería:** BSV mantiene el mecanismo de minería de prueba de trabajo (Proof of Work, PoW) de Bitcoin. Los mineros compiten para resolver problemas matemáticos complejos, y el primero en resolverlo y validar las transacciones recibe una recompensa en BSV.

- **Halving de Recompensas:** La recompensa por bloque se reduce a la mitad aproximadamente cada cuatro años, un evento conocido como "halving". Esto reduce gradualmente la tasa a la que se introducen nuevas monedas en el sistema, imitando una tasa de inflación decreciente.

3. Escalabilidad y Costos de Transacción:

- **Bloques Más Grandes:** A diferencia de Bitcoin, BSV ha implementado bloques significativamente más grandes.

Esto permite que cada bloque contenga más transacciones, lo que teóricamente podría llevar a tarifas de transacción más bajas y capacidad para manejar un mayor volumen de transacciones.

- **Enfoque en Transacciones Empresariales:** Los tokenomics de BSV están diseñados para atraer a empresas y gobiernos, promoviendo el uso de su cadena de bloques para transacciones de alto volumen y bajo costo, lo que es vital para su visión de actuar como un libro mayor de datos global.

4. Estabilidad y Previsibilidad:

- Protocolo Estable: BSV promociona la estabilidad de su protocolo, sugiriendo que no habrá cambios significativos en la forma en que funciona la cadena de bloques. Esto está pensado para atraer a empresas que requieren previsibilidad para planificar a largo plazo.

Consideraciones para Inversores:

Los tokenomics de BSV están diseñados para promover la estabilidad, la previsibilidad y la escalabilidad. La limitación del suministro a 21 millones crea una escasez digital, mientras que los bloques más grandes buscan facilitar un mayor volumen de transacciones a un costo más bajo, algo que es atractivo para aplicaciones empresariales y gubernamentales.

Los inversores interesados en BSV deberían considerar cómo estos factores, junto con el enfoque en la calidad de la ingeniería y el cumplimiento regulatorio, podrían influir en la demanda y la adopción futura de BSV, especialmente en sectores empresariales y gubernamentales.

C - Ideas Prácticas de BSV

1. Transacciones Empresariales y de Gobierno:

- Las empresas y agencias gubernamentales pueden utilizar BSV para registrar transacciones de manera segura y eficiente debido a su escalabilidad y costos de transacción predecibles. Esto es particularmente relevante para industrias que procesan un gran volumen de transacciones pequeñas, como servicios financieros, juegos en línea, y sistemas de pago.

2. Micro-transacciones:

- BSV permite micro-transacciones debido a sus bajos costos de transacción. Esto es ideal para aplicaciones que requieren pagos fraccionados, como pagos por uso de contenido digital, micropagos en redes sociales o aplicaciones de Internet de las Cosas (IoT).

3. Gestión de Datos y Registro:

- La naturaleza inmutable y transparente de la blockchain de BSV la hace adecuada para la gestión de registros y datos. Esto puede incluir todo, desde títulos de propiedad hasta registros médicos y contratos inteligentes que ejecutan acuerdos automáticamente cuando se cumplen ciertas condiciones.

4. Aplicaciones Descentralizadas (DApps):

- Desarrolladores pueden construir DApps sobre la blockchain de BSV, aprovechando su estabilidad y capacidad de escalar. Esto puede abarcar sectores como juegos, finanzas (DeFi) y redes sociales.

Potencial como Inversión:

1. Adopción por Empresas y Gobiernos:

- Si BSV logra ser ampliamente adoptado por empresas y gobiernos para gestionar transacciones y datos, la demanda de BSV podría aumentar, lo que potencialmente aumentaría su valor.

2. Escasez Digital:

- El suministro limitado de BSV (21 millones) podría hacerlo valioso en el futuro, similar a cómo la escasez de Bitcoin contribuye a su valor.

3. Innovación y Desarrollo:

- El enfoque en una protocolo estable y predecible podría hacer de BSV una plataforma atractiva para desarrolladores que buscan construir aplicaciones a largo plazo. Esto podría conducir a un ecosistema vibrante y, por lo tanto, aumentar la demanda de BSV.

4. Regulación y Cumplimiento:

- El enfoque de BSV en la seguridad, calidad y cumplimiento de regulaciones podría hacerlo atractivo en un entorno donde la regulación de las criptomonedas se está volviendo cada vez más estricta. Esto podría posicionarse favorablemente en comparación con otras criptomonedas que enfrentan desafíos regulatorios.

Consideraciones para Inversores:

Aunque hay potencial, invertir en BSV, como con cualquier criptomoneda, conlleva riesgos. Es crucial considerar factores como la volatilidad del mercado, la competencia de otras criptomonedas y blockchains, y los desarrollos regulatorios. Realizar una investigación exhaustiva y, posiblemente, buscar asesoramiento de un asesor financiero, es fundamental antes de realizar cualquier inversión.

05 AAVE - Aave

Qué es AAVE

Imagina AAVE como un gran banco virtual donde la gente puede prestar o pedir prestado dinero, pero en lugar de dinero tradicional, usan criptomonedas.

1. **Para los que quieren prestar (Lenders):** Si tienes criptomonedas y quieres ganar un poco de dinero extra, puedes "depositar" tus criptomonedas en AAVE. Piénsalo como poner tu dinero en una cuenta de ahorros que te paga intereses.

2. **Para los que quieren pedir prestado (Borrowers):** Si necesitas criptomonedas, puedes pedir prestado de AAVE. Pero igual que en un banco normal, tienes que ofrecer algo como garantía, algo para asegurar que vas a devolver las criptomonedas.

3. **Funciona como una piscina (Pool):** Todo el dinero prestado y el que se presta se junta en una gran "piscina". No tienes que esperar a que alguien quiera

prestarte directamente a ti. Si la piscina tiene suficiente, puedes tomar prestado de ahí.

4. Los intereses cambian:

- **Para quienes piden prestado:** Si mucha gente está pidiendo prestado, entonces los intereses suben. Es como si muchos quisieran un pedazo de pastel, el pedazo se vuelve más costoso.

- **Para quienes prestan:** Ganas intereses por prestar tus criptomonedas. Además, AAVE se asegura de que siempre haya algo de dinero en la piscina, para que si quieres retirar tus criptomonedas, puedas hacerlo sin problema.

En palabras simples

AAVE es como un banco para criptomonedas donde puedes prestar o pedir prestado dinero. Todo se maneja en línea, y los intereses cambian dependiendo de cuántas personas están prestando o pidiendo prestado en ese momento.

A - Resumen del del Whitepaper de AAVE

AAVE Protocol representa un avance en el campo de las finanzas descentralizadas (DeFi), permitiendo a los usuarios prestar y pedir prestado criptomonedas a través de un modelo de piscina de liquidez. Este enfoque ofrece ventajas significativas sobre los modelos tradicionales de préstamo peer-to-peer, permitiendo préstamos instantáneos y tasas de interés determinadas algorítmicamente. La característica distintiva de AAVE es su capacidad para ofrecer tanto tasas de interés variables como estables, proporcionando flexibilidad y seguridad financiera a los usuarios. Además, AAVE introduce los "flash loans", préstamos ultrA -rápidos que se emiten y liquidan en una sola transacción, una innovación única en el espacio DeFi.

Puntos Clave para Inversores:

1. Innovación en el Modelo de Préstamo:

- AAVE transforma el modelo de préstamo de criptomonedas de un sistema P2P a un modelo basado en piscinas de liquidez, permitiendo préstamos y depósitos instantáneos.

2. Tasas de Interés Dinámicas:

- Las tasas de interés para prestatarios y prestamistas se ajustan algorítmicamente, basándose en la utilización actual de la piscina, lo que garantiza una adaptación eficiente a las condiciones del mercado.

3. Stable Rates y Variable Rates:

- AAVE ofrece la opción de tasas de interés estables para prestatarios, proporcionando certidumbre y protección contra la volatilidad del mercado, mientras mantiene la opción de tasas de interés variables para aquellos que prefieren aprovechar las condiciones cambiantes del mercado.

4. Flash Loans:

- Introducción de flash loans, permitiendo préstamos sin garantía que se emiten y liquidan en una sola transacción, abriendo posibilidades para estrategias financieras sofisticadas y arbitraje.

5. Tokenización y aTokens:

- Los depositantes reciben aTokens que representan su participación en la piscina y acumulan intereses, aumentando su valor con el tiempo. Los aTokens son completamente compatibles con ERC20 y pueden ser utilizados en otras aplicaciones DeFi.

6. Gobernanza Descentralizada:

- El protocolo AAVE implementará una gobernanza descentralizada, dando control a los titulares de tokens LEND sobre las decisiones clave del protocolo. Esto incluye la capacidad de crear nuevas piscinas de préstamos y ajustar parámetros críticos del sistema.

7. Seguridad y Liquidez:

- AAVE prioriza la seguridad de los fondos y la liquidez del sistema, implementando mecanismos como tasas de interés estables, rebalanceo de tasas y liquidaciones eficientes para mantener la salud del sistema.

8. Compromiso con la Descentralización y la Innovación:

- Tras el lanzamiento en la red principal, AAVE continuará innovando, con planes para permitir la creación de piscinas de préstamo personalizadas y mejorar las características de gobernanza.

Para los inversores, AAVE ofrece una plataforma robusta y avanzada con características únicas en el mercado de DeFi, destacando su enfoque en la seguridad, la liquidez, y la innovación continua.

Proyectos Similares o Competidores:

AAVE se encuentra en un mercado competitivo y dinámico de DeFi, donde varios proyectos buscan innovar y capturar parte del mercado de préstamos descentralizados.

Algunos de los proyectos similares o competidores más destacados incluyen:

1. Compound (COMP):

- Compound es una de las plataformas de préstamo y préstamo de activos digitales más conocidas en DeFi. Al igual que AAVE, permite a los usuarios ganar intereses o tomar prestados activos contra colateral. Utiliza un modelo de mercado de liquidez similar y también permite a los usuarios participar en la gobernanza del protocolo a través de su token COMP.

2. MakerDAO (DAI):

- Aunque principalmente conocido por su stablecoin DAI, MakerDAO también facilita préstamos respaldados por colateral. Los usuarios pueden bloquear criptoactivos en contratos inteligentes para generar DAI. Si bien su enfoque principal no es la plataforma de préstamos, su mecanismo de préstamos colateralizados es un componente clave del ecosistema DeFi.

3. Curve Finance:

- Especializado en el intercambio de stablecoins, Curve Finance también proporciona un importante valor al ecosistema DeFi. Aunque no es un competidor directo en términos de préstamos, su integración con varias plataformas de préstamo y su enfoque en la estabilidad y la eficiencia lo convierten en un jugador relevante en el espacio DeFi.

4. Synthetix:

- Synthetix permite a los usuarios crear y intercambiar "synths", activos sintéticos que proporcionan exposición a activos como monedas, commodities, y acciones. Synthetix no es un competidor directo en préstamos, pero su enfoque innovador en derivados descentralizados complementa y a veces compite con las ofertas en el espacio DeFi.

5. Uniswap:

- Principalmente conocido como un protocolo de intercambio descentralizado, Uniswap también juega un papel en el ecosistema DeFi al proporcionar liquidez y facilitar el intercambio de tokens. No es un competidor directo en préstamos, pero es un pilar en el ecosistema DeFi.

6. Yearn.finance (YFI):

- Yearn.finance optimiza los rendimientos de los depósitos en otros protocolos DeFi, incluidos AAVE y Compound. Aunque no es un competidor directo, su estrategia de maximizar los rendimientos de los activos depositados lo convierte en un participante importante en el espacio.

Estos proyectos representan una muestra del amplio y variado ecosistema de DeFi, donde la colaboración y la competencia suelen ir de la mano. AAVE, con sus características únicas y enfoque en la innovación, sigue siendo un competidor fuerte en este espacio dinámico.

B - Tokenomics de AAVE

AAVE es un protocolo de préstamos en el ecosistema DeFi de Ethereum, destacando por su enfoque descentralizado y no custodial en el préstamo de criptoactivos. AAVE elimina la necesidad de intermediarios centralizados permitiendo a los usuarios prestar y tomar prestados activos de criptomonedas de forma segura y confiable a través de contratos inteligentes.

Fundación y Transición de AAVE:

- AAVE, fundado en 2017 por Stani Kulechov como EtherLoan, evolucionó de un modelo peer-to-peer a un modelo peer-to-contract para resolver problemas inherentes al sistema inicial.

- La plataforma permite que los usuarios suministren activos a un fondo de liquidez a cambio de intereses, y por el lado del préstamo, requieren activos como colateral. Si los préstamos no se pagan, AAVE liquidará los activos.

Introducción de Flash Loans:

- AAVE introdujo flash loans, una innovación que permite tomar prestado cualquier monto de capital sin colateral, con la condición de que se pague en el mismo bloque de transacción, adecuado principalmente para traders de arbitraje.

Tokenomics de AAVE:

- AAVE es el token principal del protocolo, utilizado para la gobernanza, permitiendo a los usuarios votar y proponer mejoras en el protocolo.

- Durante la era de ETHLend, se realizó una ICO y posteriormente, en 2020, un swap de token que redujo drásticamente el suministro de 1.3 mil millones de LEND a 13 millones de AAVE, añadiendo 3 millones adicionales al ecosistema de AAVE.

- Este cambio introdujo la gobernanza en el protocolo, permitiendo a la comunidad proponer AIPs (AAVE Improvement Proposals) y guiar el desarrollo del proyecto.

Distribución y Utilización de AAVE:

- La distribución inicial de AAVE fue 30% para desarrollo central, 20% para experiencia de usuario, 20% para gestión y legal, 20% para promociones y marketing, y 10% para costos misceláneos.

- Los casos de uso de AAVE incluyen gobernanza y staking, con un enfoque en incentivar la participación activa en la gobernanza y en proporcionar seguridad al protocolo a través del Safety Module.

Safety Module y Recompensas:

- AAVE tiene un Safety Module que actúa en caso de eventos de déficit, donde los tokens AAVE depositados pueden ser subastados para mitigar el déficit, protegiendo el protocolo de problemas de liquidez.

- Los depositantes en el Safety Module reciben una posición tokenizada de sus activos apostados y recompensas en forma de Safety Incentives, como tokens AAVE o tarifas generadas por el protocolo.

En resumen, AAVE se posiciona como un protocolo de préstamos seguro, estable y descentralizado en Ethereum, con una estructura única de gobernanza que conecta a prestamistas y prestatarios, y se asegura en eventos de liquidez. Su token, AAVE, juega un papel central en la gobernanza y seguridad del protocolo, incentivando a los usuarios a participar activamente en su desarrollo y gestión.

C - Ideas Prácticas para AAVE

1. Ganar Intereses como Prestamista:

- Puedes depositar tus criptoactivos en la plataforma AAVE para ganar intereses. Esto es particularmente atractivo durante los períodos en los que prefieres mantener tus activos en lugar de operar en el mercado.

2. Préstamos con Colateral:

- Si necesitas liquidez pero no quieres vender tus criptomonedas, puedes usarlas como colateral en AAVE para obtener un préstamo. Esto es útil si esperas que el valor de tus criptomonedas aumente a largo plazo.

3. Flash Loans para Arbitraje:

- Si eres un trader experimentado o un desarrollador, puedes utilizar flash loans de AAVE para realizar operaciones de arbitraje o para otras estrategias de trading que requieran un capital significativo por un corto período de tiempo.

4. Participación en la Gobernanza:

- Al poseer tokens AAVE, puedes participar en la gobernanza del protocolo, votando en propuestas que afecten el futuro del proyecto. Esto no solo te da una voz en el ecosistema, sino que también puede ofrecerte una visión anticipada de los cambios futuros en el protocolo.

Potencial como Inversión

1. Demanda en Crecimiento por Servicios DeFi:

- La demanda de servicios financieros descentralizados está en aumento. AAVE, al ser uno de los líderes en el espacio de préstamos DeFi, está bien posicionado para beneficiarse de este crecimiento.

2. Incentivos para Holders de Tokens:

- El staking en el Safety Module ofrece recompensas a los holders de tokens AAVE, proporcionando un incentivo para mantener los tokens a largo plazo y ayudar a asegurar la red.

3. **Escasez de Token y Potencial de Apreciación:**

- El supply limitado de tokens AAVE, especialmente después del swap de LEND a AAVE, podría conducir a una apreciación en el valor del token si la demanda del protocolo y del token sigue creciendo.

4. **Innovaciones Continuas:**

- AAVE ha demostrado un compromiso con la innovación, como se ve con la introducción de flash loans. Las futuras innovaciones pueden aumentar aún más la utilidad del protocolo y el valor del token.

5. **Potencial de Gobernanza y Propuestas de Mejora:**

- La capacidad de participar en propuestas de mejora y cambios en el protocolo no solo permite influir en la dirección del proyecto, sino que también podría conducir a decisiones que aumenten el valor y la utilidad de AAVE.

06 XRP - Ripple

Qué es Ripple XRP

XRP es una criptomoneda creada en 2012 por la compañía Ripple Labs. A diferencia de otras criptomonedas como Bitcoin, XRP no se mina sino que fue generada en su totalidad por Ripple Labs, que posee gran parte de las unidades en circulación.

XRP se utiliza en la red Ripple para facilitar transacciones transfronterizas y pagos globales entre instituciones financieras. Su objetivo es permitir transferencias de dinero en cualquier divisa de forma instantánea y a bajo costo. Cualquier persona puede comprar y vender XRP en exchanges de criptomonedas, y su precio fluctúa en función de la oferta y la demanda.

En total existen 100 mil millones de XRP preminados, de los cuales Ripple controla una parte importante. Actualmente XRP es una de las criptomonedas más importantes en cuanto a capitalización de mercado.

A - Resumen del Whitepaper de Ripple

El documento se enfoca en el algoritmo de consenso del Ripple Protocol, destacando su capacidad para gestionar la exactitud, el acuerdo y la utilidad dentro de sistemas de pago distribuidos. Presenta una solución al problema de los Generales Bizantinos y los desafíos técnicos de sistemas de pago distribuidos, especialmente la doble gastación y la latencia. Ripple logra un consenso rápido y robusto mediante subredes de confianza colectiva, manteniendo robustez frente a fallos bizantinos y asegurando la integridad de las transacciones en su red.

Puntos Destacados para Inversores Potenciales:

1. **Robustez y Seguridad:** Utiliza un algoritmo de consenso que garantiza la corrección y el acuerdo entre nodos, incluso frente a fallos bizantinos.

2. **Baja Latencia:** Ofrece un sistema de pago global rápido y de bajo coste gracias a su algoritmo de consenso de baja latencia.

3. **Escalabilidad:** Aunque no alcanza la tolerancia a fallos más alta en comparación con otros algoritmos, ofrece una buena mezcla de rapidez, convergencia y flexibilidad en la membresía de la red.

Proyectos Similares o Competidores:

1. **Bitcoin (BTC):** Aunque utiliza un mecanismo de consenso diferente (Prueba de Trabajo), es la criptomoneda más reconocida y establece un alto estándar de seguridad y descentralización.

2. **Ethereum (ETH):** Proporciona contratos inteligentes y dApps, enfocándose en la funcionalidad más allá de las transacciones financieras.

3. **Stellar (XLM):** Similar a Ripple en su enfoque en las transacciones financieras rápidas y de bajo coste, pero con diferencias en la arquitectura y la audiencia objetivo.

B - Tokenomics de XRP

Las tokenomics de XRP, desarrolladas por Ripple Labs, se centran en la creación, distribución y gestión del suministro de la moneda. Con una oferta inicial fija de 100 mil millones, Ripple aseguró 55 mil millones en cuentas de depósito en garantía, liberando gradualmente XRP para mantener la liquidez. Cada transacción en XRP consume una pequeña cantidad de la moneda, introduciendo una naturaleza deflacionaria leve.

Aspectos Clave de los Tokenomics de XRP:

- **Suministro Inicial Fijo:** 100 mil millones de XRP creados en su origen.

- **Distribución:** 20% a fundadores; 55 mil millones en depósito en garantía, liberando 1 mil millones mensualmente.

- **Reintegro de XRP No Utilizado:** Reingresado al depósito en garantía al final de cada mes.

- **Naturaleza Deflacionaria:** Cada transacción consume una fracción de XRP, reduciendo gradualmente el suministro total.

- **Adaptabilidad:** Posibilidad de modificar costos de transacción en el futuro.

C - Ideas Prácticas para XRP

Uso Práctico de XRP:

1. **Pagos Internacionales:** XRP ofrece transacciones rápidas y económicas, ideal para remesas y liquidación entre bancos.

2. **Servicios Financieros:** Empresas pueden utilizar XRP para liquidez bajo demanda y transferencias de valor en tiempo real.

3. **Inversión Especulativa:** La naturaleza deflacionaria y la estrategia de liberación controlada de XRP pueden atraer a inversores buscando activos con potencial de apreciación.

4. **Integración en dApps:** Utilizar XRP en aplicaciones descentralizadas para pagos rápidos y eficientes dentro de ecosistemas de blockchain.

07 UNI - Uniswap

Qué es UNI Uniswap

Uniswap es una plataforma en línea donde puedes intercambiar diferentes tipos de criptomonedas sin necesidad de un intermediario. Además, ofrece herramientas para que los desarrolladores creen sus propias aplicaciones financieras y permite que los usuarios tengan voz en las decisiones importantes del proyecto.

A - Resumen del Whitepaper de Uniswap (UNI)

Uniswap introdujo UNI, su token de protocolo, para reforzar su infraestructura financiera descentralizada y altamente segura. Centrado en la accesibilidad y seguridad, Uniswap ha mostrado una demanda significativa por servicios financieros sin permisos, reflejada en su volumen de operaciones y en la liquidez aportada por los usuarios. UNI busca fomentar la propiedad comunitaria y un sistema de gobernanza sólido y diverso, manteniendo su carácter autónomo.

Puntos Destacados para Inversores Potenciales

- **Distribución Generosa:** 60% del suministro inicial de UNI se asigna a miembros de la comunidad, con un 15% ya distribuido.

- **Participación Activa:** Los poseedores de UNI pueden votar en decisiones clave después de un período inicial de 30 días.

- **Liquidez Minera:** UNI está disponible a través de cuatro piscinas de liquidez iniciales, con la opción de añadir más tras el período de gracia.

Proyectos Similares o Competidores:

1. **SushiSwap (SUSHI):** Un fork de Uniswap con un modelo de incentivos y gobernanza diferenciado.

2. **Bancor (BNT):** Ofrece funcionalidades de intercambio de tokens y provisión de liquidez, con un mecanismo único de precios.

3. **Curve Finance (CRV):** Se especializa en el intercambio de stablecoins con bajas tasas de deslizamiento y una estructura eficiente para la provisión de liquidez.

B - Tokenomics de UNI

Los tokenomics de UNI están diseñados para incentivar la participación comunitaria y la gobernanza en la plataforma Uniswap. Con un suministro total de 1 mil millones de tokens, distribuidos entre miembros de la comunidad, equipo, inversores y asesores, UNI busca asegurar un sistema de gobernanza diverso y activo, con una inflación anual del 2% para promover la participación continua.

Aspectos Clave de los Tokenomics de UNI:

- **Suministro Total:** 1 mil millones de UNI.

- **Distribución Comunitaria:** 60% del suministro total.

- **Distribución al Equipo y Futuros Empleados:** 21.266% con vesting de 4 años.

- **Distribución a Inversores:** 18.044% con vesting de 4 años.

- **Asesores:** 0.69% con vesting de 4 años.

- **Inflación Perpetua:** 2% anual después de 4 años.

C - Ideas Prácticas para UNI

Uso Práctico de UNI:

1. **Gobernanza Comunitaria:** Participación activa en la toma de decisiones y en la dirección futura de la plataforma Uniswap.

2. **Incentivos de Liquidez:** Aprovechar UNI en pools de liquidez para obtener recompensas y fomentar un mercado más estable y líquido.

3. **Potencial de Apreciación:** Invertir en UNI como un activo con potencial de valorización, dada su posición central en el ecosistema DeFi y su modelo económico incentivador.

4. **Acceso a Nuevos Servicios y Productos:** Posibilidad de acceder a servicios financieros innovadores y exclusivos dentro de la plataforma Uniswap y el ecosistema DeFi más amplio.

08 HBAR - Hedera

Qué es HBAR Hedera

HBAR es la criptomoneda nativa de Hedera Hashgraph, una red pública de registros distribuidos que se presenta como una alternativa a las cadenas de bloques convencionales. Hedera Hashgraph se diferencia por su uso de una tecnología llamada "hashgraph", que busca ofrecer mejoras en velocidad, costos y escalabilidad en comparación con las cadenas de bloques tradicionales.

Características clave de HBAR y Hedera Hashgraph:

1. **Rendimiento y escalabilidad:** Hedera afirma poder manejar miles de transacciones por segundo, gracias a su algoritmo de consenso basado en hashgraph, que es diferente al mecanismo de consenso utilizado en muchas otras criptomonedas (como el trabajo de prueba o la prueba de participación).

2. **Bajo costo:** La red promete tasas de transacción bajas, lo que la hace atractiva para una variedad de aplicaciones, desde micro-transacciones hasta transferencias de alto valor.

3. **Seguridad:** Hedera Hashgraph utiliza el consenso asincrónico Byzantine Fault Tolerance (aBFT), que se promociona como uno de los más altos estándares de seguridad para redes descentralizadas, ayudando a proteger contra ataques maliciosos.

4. **Gobernanza:** Hedera es gobernada por un consejo de organizaciones líderes y diversas de múltiples sectores, destinadas a asegurar la estabilidad y la confiabilidad a largo plazo de la red.

5. **Usos de HBAR:** La criptomoneda HBAR se utiliza para alimentar aplicaciones descentralizadas (dApps) en la red, realizar pagos de transacciones y asegurar la red a través de staking.

HBAR busca diferenciarse en el espacio criptográfico a través de su enfoque en la eficiencia, la seguridad y la gobernanza, lo que le otorga un lugar único en el ecosistema más amplio de la tecnología de registros distribuidos.

A - Resumen del Whitepaper de Hedera

Hedera Hashgraph se presenta como una plataforma de libro mayor distribuido avanzado, destacando por su algoritmo de consenso hashgraph, el cual promete alta eficiencia, seguridad y escalabilidad. Se enfoca en superar cinco obstáculos clave para la adopción masiva de tecnologías de libro mayor distribuido: rendimiento, seguridad, gobernanza, estabilidad y cumplimiento regulatorio. La plataforma apunta a procesar cientos de miles de transacciones por segundo con una latencia baja, ofreciendo una seguridad robusta mediante la tolerancia a fallos bizantinos asíncrona (aBFT). Además, la gobernanza descentralizada a través del Hedera Governing Council, la protección contra bifurcaciones y las herramientas para cumplir con regulaciones como GDPR y AML, posicionan a Hedera como una solución prometedora para aplicaciones empresariales y de alta escala.

Puntos Destacados para Inversores Potenciales

1. **Alto Rendimiento y Escalabilidad:** Capacidad para manejar cientos de miles de transacciones por segundo con baja latencia, superando a muchas otras plataformas de blockchain en términos de eficiencia y velocidad.

2. **Seguridad Avanzada:** Utiliza la tolerancia a fallos bizantinos asíncrona (aBFT), proporcionando un alto nivel de seguridad y resistencia contra ataques, crucial para transacciones de alto valor y aplicaciones sensibles.

3. **Gobernanza Robusta y Descentralizada:** Gobernada por un consejo de organizaciones líderes a nivel global,

asegurando una gestión equilibrada y experta de la plataforma.

4. **Estabilidad y Confianza:** Mecanismos técnicos y legales para prevenir bifurcaciones, asegurando la estabilidad y confianza en la plataforma y su criptomoneda.

5. **Cumplimiento Regulatorio:** Herramientas integradas para cumplir con regulaciones como GDPR y AML, haciéndola atractiva para usuarios y empresas que necesitan adherirse a estándares legales estrictos.

Proyectos Similares o Competidores

1. **Ethereum:** Una plataforma de blockchain prominente que también ofrece contratos inteligentes y aplicaciones descentralizadas, aunque enfrenta desafíos relacionados con la escalabilidad y las tasas de transacción.

2. **EOS:** Conocido por su escalabilidad y la capacidad de procesar un gran número de transacciones por segundo, aunque ha enfrentado críticas en cuanto a su modelo de gobernanza descentralizada.

3. **Cardano:** Ofrece capacidades similares en términos de contratos inteligentes y dApps con un fuerte enfoque en la investigación y el desarrollo impulsado por la ciencia, prometiendo mejorar la escalabilidad y la seguridad.

4. **Solana:** Se destaca por su alta velocidad de transacción y bajas tarifas, posicionándose como una de las principales plataformas para aplicaciones de finanzas descentralizadas (DeFi) y NFTs.

Estas plataformas, al igual que Hedera, buscan resolver problemas fundamentales de escalabilidad, seguridad y gobernanza en el espacio de las criptomonedas y los libros mayores distribuidos. Sin embargo, cada una tiene su enfoque único y conjunto de características, lo que hace esencial una evaluación detallada y comparativa para los inversores potenciales.

B - Tokenomics de HBAR

Hedera Hashgraph se lanzó con un suministro total de 50 mil millones de hbars. Los hbars se clasifican en Suministro No Liberado, hasta que se transfieren a una Cuenta de Usuario. El Suministro No Liberado se divide en Suministro No Asignado, sin un propósito específico aún, y Suministro Asignado, con fines determinados por el Consejo de Hedera. Una vez transferidos a los usuarios, se redefinen como Suministro Liberado. La emisión, gestión y distribución de hbars están centralmente gobernadas, pero con una visión de descentralización y transparencia en la distribución y utilización.

Aspectos Clave de los Tokenomics de HBAR

- **Suministro Total:** 50 mil millones de hbars, modificación sujeta a aprobación unánime del Consejo de Hedera.
- **Suministro No Liberado:** Incluye Suministro No Asignado y Asignado, controlado por el Consejo hasta su asignación o transferencia a usuarios.

- **Suministro Liberado:** hbars transferidos a cuentas de usuarios, potencialmente utilizados para determinar el Suministro Circulante.

- **Distribución y Asignación:** Asignaciones documentadas y actualizadas regularmente, reflejando compromisos y objetivos estratégicos de la plataforma.

- **Transparencia y Gobernanza:** Gestión transparente y regulada de los hbars, reflejando una gobernanza robusta y un compromiso con la operatividad y el desarrollo del ecosistema.

C - Ideas Prácticas para HBAR

Uso Práctico de Hedera Hashgraph:

1. **Pagos y Micro-pagos:** Utilizar HBAR para transacciones rápidas y de bajo costo en comercio electrónico, pagos internacionales, y micropagos.

2. **Desarrollo de Aplicaciones Descentralizadas (dApps):** Crear dApps en sectores como finanzas (DeFi), juegos, y salud aprovechando la alta velocidad y seguridad de Hedera.

3. **Gestión de Identidades y Credenciales:** Implementar soluciones de identidad digital seguras y privadas para individuos y empresas.

4. **Seguimiento de la Cadena de Suministro:** Utilizar Hedera para asegurar la transparencia y la trazabilidad en cadenas de suministro complejas.

5. **Inversión y Especulación:** Adquirir HBAR como activo digital, beneficiándose de la adopción y crecimiento potenciales de la plataforma Hedera Hashgraph.

Estas aplicaciones reflejan el potencial de Hedera Hashgraph en diferentes sectores, ofreciendo oportunidades tanto para desarrolladores como para inversores.

09 DOT - Polkadot

Qué es DOT Polkadot

La criptomoneda DOT es como una moneda especial usada en Polkadot, que es como una gran estación central de trenes para diferentes tipos de blockchains (cadenas de bloques).

Imagina que cada blockchain es un tren en su propia vía, y Polkadot permite que todos estos trenes compartan pasajeros e información entre sí de manera segura y eficiente.

El DOT, entonces, es como un boleto especial que te permite hacer varias cosas dentro de esta estación:

1. **Decidir y votar:** Si tienes DOT, es como tener un voto para decidir cómo se maneja la estación y cómo se mejoran las vías.

2. **Ayudar a mantener todo seguro y ordenado:** Puedes "apostar" tus DOT, lo que significa comprometerlos para ayudar a mantener la red segura. A cambio, recibes más DOT como recompensa.

3. **Conectar más vías:** Si quieres añadir una nueva vía de tren (blockchain) a la estación, necesitas bloquear algunos DOT como garantía.

En palabras simples

DOT es una moneda que ayuda a mantener todo funcionando suavemente en Polkadot, que es como una gran red que conecta diferentes blockchains.

A - Resumen del Whitepaper de Polkadot

Polkadot propone una arquitectura de blockchain heterogénea y multi-cadena que permite que diferentes blockchains intercambien información y transacciones de manera segura y sin fisuras. Esto se logra manteniendo la seguridad y la interoperabilidad entre cadenas, con el objetivo de lograr una web descentralizada. Polkadot se enfoca en resolver problemas de escalabilidad y aislamiento de blockchains, manteniendo un enfoque minimalista en su protocolo base para permitir una amplia gama de aplicaciones y desarrollos futuros.

Puntos Destacados para Inversores Potenciales

1. **Innovación en Interoperabilidad:** Polkadot introduce una forma innovadora de permitir que diferentes blockchains se comuniquen y transfieran datos y valor de manera eficiente.

2. **Escalabilidad Mejorada:** A través de su diseño único, Polkadot busca superar los problemas de escalabilidad presentes en muchas blockchains actuales.

3. **Seguridad Compartida:** Las cadenas individuales (parachains) se benefician de la seguridad agregada de la red, lo que significa que incluso blockchains más pequeñas pueden obtener un alto nivel de seguridad.

4. **Gobernanza y Actualizaciones:** Polkadot permite la gobernanza en la cadena y la capacidad de actualizar sin hard forks, lo que podría atraer a inversores interesados en la estabilidad y longevidad del proyecto.

Proyectos Similares o Competidores

1. **Ethereum 2.0:** Aunque con enfoques diferentes, Ethereum 2.0 también está trabajando en soluciones de escalabilidad y una red de cadenas múltiples.

2. **Cosmos:** Al igual que Polkadot, Cosmos permite la interoperabilidad entre blockchains con su arquitectura de hub y zona.

3. **Avalanche:** Un proyecto que también busca mejorar la escalabilidad y la interoperabilidad en el ecosistema blockchain.

4. **Chainlink:** Aunque se centra más en la conexión entre blockchains y datos del mundo real, comparte el enfoque de interoperabilidad.

Estos puntos brindan una visión general de Polkadot y su posicionamiento en el ecosistema de blockchain. Para inversores, es crucial considerar estos factores junto con análisis técnicos y de mercado más detallados.

B - Tokenomics de Polkadot

La criptomoneda DOT de Polkadot opera bajo un modelo inflacionario, establecido en un 10% anual. Esta inflación sirve para motivar a los participantes de la red mediante el sistema de Prueba de Participación Nominada (NPoS) y financiar el tesoro en cadena. Es crucial entender que no utilizar los tokens DOT incurre en un costo de oportunidad, ya que se diluyen con el tiempo debido a la inflación. El modelo de inflación está diseñado para incentivar o desincentivar la participación en el staking, basándose en la tasa de staking ideal, que intenta mantenerse en un equilibrio para asegurar la red sin sacrificar la liquidez del token.

Aspectos Clave de los Tokenomics de Polkadot

- **Inflación del Token:** DOT es un token inflacionario, con una inflación anual del 10%.

- **Redenominación:** En 2020, la cantidad de tokens DOT aumentó 100 veces.

- **Suministro Actual:** El suministro actual es de aproximadamente 1.4 mil millones de DOT.

- **Objetivo de la Inflación:** Incentivar la participación en la red y financiar el tesoro en cadena.

- **Modelo de Inflación:** La inflación se distribuye entre los participantes y el tesoro, variando según la tasa de staking actual en comparación con la tasa de staking ideal.

- **Tasa Ideal de Staking:** Varía entre 45% y 75%, ajustándose según el número de parachains y la participación en subastas.

- **Recompensas de Staking:** Las recompensas aumentan si el staking es inferior al ideal y disminuyen si supera el ideal, equilibrando la participación y la seguridad de la red.

C - Ideas Prácticas para DOT

Uso Práctico de Polkadot

1. **Interoperabilidad entre Diversas Blockchains:** Utilizar Polkadot para transferir valor y datos entre diferentes blockchains de forma segura y eficiente.

2. **Desarrollo de Aplicaciones Descentralizadas (DApps):** Aprovechar la escalabilidad y la seguridad de Polkadot para construir y desplegar DApps eficientes.

3. **Participación en Gobernanza:** Involucrarse activamente en la gobernanza de la red Polkadot mediante la tenencia y el voto con tokens DOT.

4. **Staking para Seguridad y Recompensas:** Participar en el staking de DOT para ayudar a asegurar la red y, al mismo tiempo, obtener recompensas por la contribución.

5. **Inversión y Especulación:** Dada la naturaleza inflacionaria y la estructura de recompensas de DOT, se puede considerar como una inversión a largo plazo, manteniendo una participación activa en la red para mitigar la dilución por inflación.

Estas ideas reflejan el potencial de Polkadot para ofrecer soluciones innovadoras en el ámbito de la tecnología blockchain, al tiempo que presentan oportunidades de participación e inversión en el ecosistema.

10 XLM - Stellar

Qué es XLM Stellar

XLM es como una moneda especial para usar en una red llamada Stellar. Imagina que Stellar es como un gran centro comercial digital donde la gente puede intercambiar diferentes tipos de dinero, desde dólares hasta euros, y hasta otras monedas digitales.

La moneda XLM ayuda en varias cosas:

1. **Como un intermediario:** Si quieres cambiar dinero de un tipo a otro y no hay un cambio directo disponible, XLM actúa como un puente. Es como si quisieras comprar algo en una tienda que no acepta tu tipo de dinero, entonces cambias tu dinero a XLM y luego usas XLM para comprar lo que querías.

2. **Mantiene la red limpia:** Para evitar que personas hagan travesuras o sobrecarguen el sistema con muchas transacciones pequeñas e inútiles, cada vez que haces algo en Stellar, cuesta un poquito de XLM. Es como una tarifa pequeña por usar la red.

3. **Como un ticket de entrada:** Para tener una cuenta en Stellar, necesitas tener un poco de XLM. Esto es para asegurarse de que todas las cuentas son reales y serias, no solo alguien haciendo muchas cuentas por hacerlo.

Puedes comprar XLM, guardarla, o cambiarla por otras monedas si quieres, igual que con otras monedas digitales. Su valor puede cambiar, dependiendo de cuánta gente la quiera y otras cosas que pasan en el mundo de las monedas digitales.

A - Resumen del Whitepaper de Stellar (XLM)

El whitepaper del Stellar Consensus Protocol (SCP) introduce un nuevo modelo de consenso denominado Federated Byzantine Agreement (FBA). Este modelo logra robustez a través de decisiones de confianza individuales de cada nodo que, en conjunto, determinan los quórumes a nivel del sistema. SCP se destaca por no asumir comportamiento racional de los atacantes y por permitir una membresía abierta, promoviendo el crecimiento orgánico de la red. Comparado con sistemas descentralizados como proof-of-work o proof-of-stake, SCP tiene requerimientos modestos de computación y financieros, lo que reduce las barreras de entrada y puede abrir los sistemas financieros a nuevos participantes.

Puntos Destacados para Inversores Potenciales

1. **Innovación en Consenso:** SCP introduce un enfoque único en consenso al utilizar FBA, permitiendo una estructura descentralizada y robusta.

2. **Bajo Requerimiento de Recursos:** A diferencia de otros protocolos como proof-of-work, SCP no requiere gran capacidad de cómputo o inversión financiera significativa.

3. **Crecimiento Orgánico y Membresía Abierta:** SCP admite una membresía abierta, facilitando un crecimiento orgánico y natural de la red.

4. **Potencial para Nuevos Participantes:** Al tener barreras de entrada más bajas, SCP tiene el potencial de atraer a nuevos participantes al ecosistema de las criptomonedas y los sistemas financieros.

Proyectos Similares o Competidores

1. **Ripple (XRP):** Al igual que Stellar, Ripple busca mejorar las transacciones financieras internacionales pero con un enfoque más centrado en bancos y grandes instituciones financieras.

2. **Ethereum (ETH):** Aunque con un enfoque diferente, Ethereum permite la creación de contratos inteligentes y aplicaciones descentralizadas, compitiendo en el espacio de blockchain en general.

3. **Bitcoin (BTC):** Como la primera criptomoneda, Bitcoin compite en términos de almacenamiento de valor y transferencia de fondos, aunque no está optimizado para microtransacciones o transacciones rápidas como lo está Stellar.

B - Tokenomics de Stellar (XLM)

Los tokenomics de Stellar (XLM) revelan una estrategia enfocada en la utilidad y la distribución equitativa para respaldar su objetivo de ser una plataforma de pagos global. XLM, conocido como Lumens, es la moneda nativa de la red Stellar y se utiliza para operaciones y tarifas de transacción, facilitando el intercambio de activos a través de fronteras.

Aspectos Clave de los Tokenomics de Stellar (XLM)

- **Distribución Inicial:** Los usuarios individuales reciben la mitad del suministro, fomentando la adopción y el uso generalizado.

- **Partners:** Un cuarto del suministro está designado para socios, posiblemente para fomentar la integración y cooperación empresarial.

- **Fundación:** Un 5% está en manos de la fundación, probablemente para financiar el desarrollo continuo y las operaciones de la red.

Estos aspectos muestran un enfoque en fortalecer la red a través de una amplia distribución y mantener una estructura de costos operativos baja para transacciones eficientes y rápidas.

C - Ideas Prácticas para XLM

Uso Práctico de Stellar (XLM):

- **Transferencias Internacionales:** XLM puede ser usado para enviar y recibir pagos internacionales de manera rápida y con tarifas bajas.

- **Micropagos:** Su bajo costo por transacción hace de XLM una opción viable para micropagos, como propinas en línea o pagos de contenidos digitales.

- **Acceso a Servicios Financieros:** XLM puede ayudar a personas en países en desarrollo a acceder a servicios financieros sin necesidad de cuentas bancarias tradicionales.

- **Intercambio de Monedas:** Se puede utilizar XLM como intermediario para facilitar el cambio entre diferentes tipos de monedas, incluso las que no se comercian comúnmente.

- **Inversión y Especulación:** Como activo digital, XLM tiene el potencial para la inversión y la especulación, dada la posibilidad de apreciación en su valor.

- **Tokenización de Activos:** Stellar permite la creación de tokens que representan otros activos, desde monedas fiduciarias hasta bienes inmuebles, lo que puede facilitar nuevas formas de comercio e inversión.

11 FTM - Fantom

Qué es FTM Fantom

La criptomoneda FTM, también conocida como Fantom, es una moneda digital que forma parte de la plataforma de blockchain Fantom. En términos sencillos, piensa en Fantom como una ciudad con una infraestructura muy avanzada y FTM como el dinero que se usa en esa ciudad.

Puntos clave para entender mejor qué es FTM:

1. **Rápida y Eficiente:** Fantom está diseñada para procesar transacciones y ejecutar aplicaciones de manera muy rápida y con bajas comisiones. Es como una ciudad donde puedes viajar de un punto a otro rápidamente y sin atascos.

2. **Segura y Descentralizada:** Al igual que otras criptomonedas, FTM opera en una red descentralizada. Esto significa que no está controlada por una sola entidad (como un banco o gobierno), sino que es mantenida y operada por una gran cantidad de personas y máquinas alrededor del mundo.

3. **Smart Contracts y dApps:** Fantom no solo permite transacciones de dinero, sino que también puedes construir aplicaciones descentralizadas (dApps) y contratos inteligentes (smart contracts) en su plataforma. Es como una ciudad que no solo permite

que la gente intercambie dinero, sino que también pueden construir negocios y ofrecer servicios.

4. **Staking y Gobierno:** Los poseedores de FTM pueden participar en el proceso de staking, que implica bloquear una cierta cantidad de sus monedas para ayudar a mantener la red segura. A cambio, reciben recompensas. Además, pueden tener voz en las decisiones importantes sobre el futuro de la red a través de votaciones y propuestas.

5. **Ecosistema en Crecimiento:** Fantom busca constantemente expandir su ecosistema integrando más aplicaciones y servicios, lo que puede aumentar la demanda y el valor de FTM.

En palabras simples

FTM es la moneda que alimenta una red blockchain rápida, segura, y adaptable, donde no solo puedes intercambiar valor, sino también crear aplicaciones y servicios en un entorno descentralizado.

A - Resumen del Whitepaper de FTM (Fantom)

El Whitepaper de Fantom presenta el protocolo Lachesis, que es una base para la plataforma Fantom Opera. Esta plataforma se destaca por ser sin permisos, sin líderes y compatible con EVM.

Lachesis es un protocolo de consenso que utiliza un DAG (Directed Acyclic Graph) llamado OPERA DAG para procesar bloques de eventos de manera asincrónica y alcanzar un consenso distribuido tolerante a fallos bizantinos (BFT). La integración del modelo Proof-of-Stake (PoS) en el DAG busca mejorar el rendimiento y la seguridad.

Lachesis garantiza un ordenamiento total y consistente de bloques de eventos y transacciones, aprovechando los tiempos de Lamport, la estratificación de grafos y el conocimiento común concurrente. Además, permite la participación dinámica de nuevos nodos y optimiza el almacenamiento y el tiempo de procesamiento mediante el uso de checkpoints o épocas.

Puntos Destacados para Inversores Potenciales

1. **Eficiencia y Rapidez:** La plataforma está diseñada para procesar transacciones de manera rápida y eficiente, con un bajo tiempo de finalización para las transacciones.

2. **Seguridad Mejorada:** La combinación de PoS y DAG en el protocolo Lachesis mejora la seguridad y el rendimiento.

3. **Participación Dinámica:** La plataforma admite la inclusión de nuevos nodos, lo que potencia la descentralización y la robustez de la red.

4. **Optimización de Recursos:** Uso eficiente del almacenamiento y optimización del tiempo de procesamiento gracias a la implementación de checkpoints.

5. **Consistencia y Orden:** Garantiza un ordenamiento total y consistente de los bloques de eventos y transacciones, lo cual es crucial para la integridad y confiabilidad de las operaciones en la blockchain.

Proyectos Similares o Competidores

1. **IOTA (Tangle):** Utiliza un enfoque basado en DAG para abordar los problemas de escalabilidad y tarifas de transacción.

2. **Hashgraph:** También utiliza DAG, enfocado en alcanzar un consenso rápido y justo entre los nodos de la red.

3. **EOS y Lisk (DPoS):** Estos proyectos utilizan Delegated Proof of Stake para lograr escalabilidad y eficiencia energética, aunque tienen una estructura más centralizada en comparación con el modelo PoS puro.

Es crucial considerar que, aunque estos proyectos son similares en ciertos aspectos técnicos, la implementación específica del protocolo Lachesis y el enfoque en la finalización determinista de las transacciones hacen de Fantom una propuesta única en el espacio de las criptomonedas.

B - Tokenomics de Fantom

La estructura económica de Fantom está diseñada para respaldar sus capacidades tecnológicas. Se inició con un suministro total de 3,175,000,000 de tokens FTM, todos preminados antes del lanzamiento de la red principal. Este suministro se distribuyó a través de ventas privadas, una Oferta Inicial de Monedas (ICO), recompensas y airdrops, además de asignaciones para el equipo y asesores. Al momento de escribir, Fantom ocupa el puesto 62 en CoinMarketCap, con un valor de mercado de $591 millones y un precio de $0.23 por token.

Aspectos Clave de los Tokenomics de Fantom

- **Suministro Total:** 3,175,000,000 de tokens FTM.

- **Distribución:** 32.75% en recompensas y airdrops, 25.49% para fundadores/proyecto, 41.76% para inversores.

- **Circulación Actual:** 100% del suministro total.

- **Valor Histórico:** Alcanzó un máximo histórico de $3.48 y un mínimo de $0.0019.

- **Estructura de Financiamiento:** Incluye rondas de financiamiento previas al lanzamiento, con diferentes precios y objetivos de recaudación.

C - Ideas Prácticas para FTM

Uso Práctico de Fantom (FTM):

1. **Transacciones Rápidas y Económicas:** FTM se puede utilizar para realizar transacciones rápidas y económicas en la red Fantom, lo que lo convierte en una opción ideal para transferencias de valor y pagos en tiempo real.

2. **Staking y Participación en la Red:** Los inversores pueden participar en el staking de FTM, lo que implica bloquear sus tokens para ayudar a asegurar la red y, a cambio, recibir recompensas en forma de FTM adicional.

3. **Desarrollo de dApps:** FTM se puede utilizar como combustible para desarrollar y ejecutar aplicaciones descentralizadas (dApps) en la plataforma Fantom, lo

que abre oportunidades en el espacio de las fintech y DeFi.

4. **Gobierno y Votación:** Los poseedores de FTM pueden participar en el gobierno de la red, votando en propuestas y decisiones que afecten su desarrollo y dirección futura.

5. **Especulación e Inversión:** Dada su historia de precios y su capitalización de mercado, FTM también puede considerarse como una inversión especulativa, con el potencial de obtener ganancias a medida que la adopción de la red Fantom continúa creciendo.

6. **Tokenización de Activos:** FTM podría utilizarse para tokenizar activos del mundo real, como bienes raíces o acciones, lo que brindaría liquidez y acceso a inversiones a un público más amplio.

7. **Micropagos y Economía de Internet:** La velocidad y eficiencia de la red Fantom hacen que FTM sea adecuado para micropagos y transacciones en la economía de Internet, como recompensas por contenido y servicios en línea.

8. **Integración en Plataformas DeFi:** FTM se puede utilizar como colateral en plataformas DeFi para obtener préstamos o participar en estrategias de yield farming.

9. **Pagos Globales:** FTM tiene el potencial de facilitar pagos transfronterizos más rápidos y económicos en comparación con las soluciones tradicionales.

10. **Desarrollo de Ecosistema:** Inversionistas y desarrolladores pueden considerar apoyar proyectos

dentro del ecosistema de Fantom para contribuir a su crecimiento y expansión.

En palabras sencillas

Estas son solo algunas formas de cómo se puede usar Fantom y por qué podría ser una buena inversión en el mundo digital del dinero y la tecnología de cadena de bloques. Antes de decidir invertir, es importante que los interesados busquen más información y piensen bien si es una buena opción para ellos.

12 SHIB - Shiba Inu

Qué es SHIB Shiba Inu

La criptomoneda SHIB es una moneda digital que se creó como una especie de broma o meme en el mundo de las criptomonedas. Su nombre y diseño están inspirados en la raza de perro Shiba Inu, que es famosa por ser la imagen de otro meme llamado "Doge". Aunque comenzó como una broma, SHIB ha ganado cierta popularidad en el mercado de las criptomonedas.

En palabras sencillas, SHIB es una moneda digital que se puede comprar, vender o intercambiar como cualquier otra criptomoneda, pero su valor puede ser muy volátil y no está respaldada por ningún gobierno o entidad. Es importante recordar que las criptomonedas como SHIB pueden ser muy arriesgadas y no son adecuadas para todos los inversores, ya que su valor puede cambiar rápidamente y no tienen las mismas protecciones que las monedas tradicionales.

A - Resumen del Whitepaper de SHIBA INU

El Whitepaper de SHIBA INU describe la criptomoneda como un experimento en la construcción de comunidades descentralizadas y espontáneas. La visión del proyecto es cambiar el paradigma económico tradicional y establecer un ecosistema impulsado por su comunidad. El documento destaca la importancia de la descentralización y el poder colectivo para modelar el futuro de la moneda.

Puntos Destacados para Inversores Potenciales

1. **Comunidad Fuerte:** El proyecto se enorgullece de su comunidad activa y comprometida, conocida como "SHIBArmy".

2. **Descentralización:** SHIBA INU se enfoca en la descentralización completa, otorgando poder a los miembros de la comunidad en la toma de decisiones.

3. **Innovación en el Ecosistema:** El proyecto no solo se centra en la criptomoneda sino también en desarrollar un ecosistema completo que incluye intercambios descentralizados y otros productos financieros.

Proyectos Similares o Competidores

1. **Dogecoin (DOGE):** Probablemente el más conocido entre los competidores, Dogecoin también comenzó como una moneda meme pero ha ganado un seguimiento significativo y ha visto una adopción más amplia.

2. **SafeMoon:** Otra criptomoneda que se centra en la recompensa a los poseedores y la creación de un ecosistema de financiación descentralizado.

3. **Akita Inu (AKITA):** Similar a SHIBA INU, Akita Inu también está inspirado en la temática de perros y se enfoca en la construcción de una comunidad descentralizada.

En palabras sencillas

Es clave que quienes quieran invertir primero investiguen por su cuenta, piensen en cómo cambian los precios en este mercado y vean cuánto riesgo están dispuestos a tomar antes de poner su dinero en criptomonedas, especialmente en aquellas que son más una moda o broma.

B - Tokenomics de SHIBA INU

SHIBA INU, conocido como "memecoin", presenta una estructura económica única. Con un suministro inicial de un cuatrillón de tokens, su masiva cantidad ha generado debates sobre su valor intrínseco. La oferta circulante actual se sitúa en torno a los 549 billones, con mecanismos de quema para reducir esta cifra con el tiempo. Funcionando en la blockchain de Ethereum, SHIBA INU destaca por su enfoque descentralizado y su modelo de distribución y recompensas.

Aspectos Clave de los Tokenomics de SHIBA INU:

- **Suministro Masivo:** Un cuatrillón de tokens en lanzamiento, reflejando su naturaleza de "memecoin".

- **Suministro Circulante y Quema:** 549 billones circulando, con más de 410 billones quemados para reducir la oferta.

- **Descentralización:** Funcionamiento sobre Ethereum, sin autoridad central en la oferta.

- **Distribución y Fondos:** Asignación inicial significativa a Vitalik Buterin y retención de tokens por desarrolladores para financiación.

- **Liquidez y Recompensas:** Tokens bloqueados en Uniswap para liquidez y recompensas en ShibaSwap.

- **Capitalización de Mercado:** Top 20 en criptomonedas, con un valor de mercado sustancial a pesar del bajo precio por token.

C - Ideas Prácticas para Shiba Inu

Uso Práctico de SHIBA INU:

1. **Comunidad y Red Social:** Utilizar SHIB como moneda interna en plataformas sociales y de juegos, fomentando una economía digital comunitaria.

2. **Recompensas y Fidelización:** Implementar SHIB para programas de fidelización y recompensas, incentivando la participación y lealtad de los usuarios.

3. **Micropagos y Propinas:** Aprovechar su bajo valor unitario para micropagos o propinas en plataformas de contenido.

4. **Participación en DeFi:** Uso en plataformas de finanzas descentralizadas para staking, préstamos, o como garantía.

5. **Inversión y Especulación:** Dada su naturaleza volátil, puede ser atractiva para estrategias de inversión a corto plazo o diversificación de cartera.

13 VET - VeChain

Qué es VET VeChain

VeChain (VET) es una criptomoneda y una plataforma blockchain diseñada principalmente para mejorar los procesos de gestión de la cadena de suministro y los negocios. Utiliza la tecnología de cadena de bloques (blockchain) para proporcionar una estructura transparente, segura y descentralizada para el seguimiento y la gestión de productos a lo largo de toda la cadena de suministro.

En términos simples, imagina que cada producto, desde su fabricación hasta su entrega al consumidor, tiene una identidad digital única en la blockchain de VeChain. Esta identidad digital, accesible a través de la criptomoneda VET, permite a las empresas rastrear el movimiento y la autenticidad de sus productos, reduciendo el fraude y mejorando la eficiencia.

Además, VeChain no solo se limita a la logística de la cadena de suministro, sino que también ofrece soluciones para diversas industrias, incluidas la moda, el vino, la automoción, entre otras, proporcionando un ecosistema blockchain completo y versátil.

A - Resumen del Whitepaper de VeChain

VeChain propone un enfoque integral para incorporar la sostenibilidad en las cadenas de suministro globales mediante la tecnología blockchain. Con una visión centrada en la sustentabilidad y la colaboración, VeChain se esfuerza en construir un ecosistema de blockchain que facilite la transparencia, la trazabilidad y la eficiencia en diversas industrias. La plataforma destaca por su innovador mecanismo de consenso "Proof of Authority", la división en dos tokens (VET y VTHO) para optimizar la operatividad y su enfoque en la resolución de desafíos reales del mundo empresarial, enfocándose no solo en las aplicaciones tecnológicas, sino también en las implicaciones medioambientales, sociales y de gobernanza (ESG).

Puntos Destacados para Inversores Potenciales

1. **Innovación Tecnológica:** VeChain se distingue por su mecanismo de consenso "Proof of Authority" y su diseño de dos tokens, prometiendo una mayor escalabilidad y eficiencia.

2. **Enfoque en Sostenibilidad:** La plataforma está diseñada para abordar problemas reales de sostenibilidad, ofreciendo soluciones que van más allá de lo tecnológico.

3. **Aplicaciones Empresariales Reales:** VeChain ya ha establecido asociaciones estratégicas y ha implementado aplicaciones en el mundo real, lo que demuestra la viabilidad y la utilidad práctica de su tecnología.

4. **Gobernanza Estructurada:** La plataforma pone un fuerte énfasis en la gobernanza y la colaboración entre diferentes actores, lo que puede ser crucial para la adopción empresarial a gran escala.

Proyectos Similares o Competidores

1. **Ethereum:** Aunque más amplio en su aplicación, Ethereum es la principal plataforma para el desarrollo de aplicaciones descentralizadas y podría considerarse un competidor en términos de infraestructura blockchain.

2. **Hyperledger Fabric:** Un proyecto de IBM, orientado principalmente a empresas, que se enfoca en la privacidad y el rendimiento, podría ser visto como un competidor en el espacio de blockchain empresarial.

3. **IOTA:** Con un enfoque en el Internet de las Cosas (IoT), IOTA podría competir en aplicaciones específicas, especialmente en la trazabilidad y gestión de la cadena de suministro.

B - Tokenomics de VeChain

VeChain presenta una estructura de tokenomics única con dos tokens: VET y VTHO. VET actúa como la moneda principal de la plataforma, destinada a la transferencia de valor y actividades económicas. VTHO, por otro lado, se utiliza como "gas" para las transacciones y operaciones de contratos inteligentes en la blockchain de VeChain. Los poseedores de VET generan VTHO de forma pasiva a través del staking, lo que les permite participar en la economía de la red sin consumir sus VET.

Aspectos Clave de los Tokenomics de VeChain:

- **Dualidad de Tokens:** VET para actividades de valor y VTHO como gas para transacciones.

- **Suministro Total y Circulante:** 86.7 mil millones de VET, con unos 64.3 mil millones en circulación.

- **Generación de VTHO:** Los poseedores de VET generan VTHO a través del staking, incentivando la participación en la red.

- **Costo de Transacciones:** El uso de VTHO para pagar transacciones varía según la actividad de la red.

- **Modelo de Equilibrio:** El modelo de dos tokens busca equilibrar la oferta y la demanda de VTHO, estabilizando los costos de transacción en la plataforma.

C - Ideas Prácticas para VeChain

Uso Práctico de VeChain:

1. **Mejora de la Cadena de Suministro:** Integración en sistemas de logística para rastrear productos desde el origen hasta el consumidor final, aumentando la transparencia y reduciendo el fraude.

2. **Gestión de Inventario:** Automatización y precisión en el seguimiento de inventarios, facilitando la gestión y reduciendo costos.

3. **Autenticación de Productos:** Certificación de autenticidad y origen, especialmente útil en industrias como la moda de lujo y los vinos.

4. **Sostenibilidad y ESG:** Posibilitar el seguimiento y verificación de prácticas sostenibles en la producción y el transporte de bienes.

5. **Potencial de Inversión:** La dualidad del token y su aplicación práctica en negocios reales pueden ofrecer un potencial de crecimiento y estabilidad como inversión a largo plazo.

14 HNT - Helium

Qué es HNT Helium

La criptomoneda HNT es la moneda digital utilizada en la red Helium. En términos sencillos, Helium es una red descentralizada para dispositivos de Internet de las Cosas (IoT). Estos dispositivos necesitan conectarse a internet de manera constante, y Helium propone una manera de hacerlo de forma más eficiente y menos costosa.

HNT es la moneda que incentiva a los participantes en la red. Las personas pueden operar Hotspots, que son combinaciones de un router inalámbrico y un minero de blockchain, para proporcionar cobertura de red a dispositivos IoT cercanos. Al hacerlo, ganan HNT. Este proceso se llama "Minería de Proof of Coverage", que es una forma de demostrar que estás proporcionando una cobertura de red útil.

En resumen, HNT es la criptomoneda que impulsa la red Helium, recompensando a los participantes por construir y asegurar la infraestructura de red que permite conectar dispositivos IoT de manera más efectiva.

A - Resumen del Whitepaper de Helium (HNT)

Helium se presenta como una red inalámbrica descentralizada que busca revolucionar la conectividad de Internet para dispositivos del Internet de las Cosas (IoT). Se destaca por su estructura basada en blockchain, el uso de un protocolo nativo (HNT), y mecanismos innovadores como Proof-of-Coverage y Proof-of-Location. Estos mecanismos no solo validan la cobertura de la red y la localización geográfica de los dispositivos de forma eficiente, sino que también incentivan la participación activa de los usuarios mediante recompensas en criptomoneda.

Puntos Destacados para Inversores Potenciales:

1. **Innovación en IoT:** Helium introduce un enfoque único para la conectividad IoT, abordando limitaciones de coste, consumo energético y cobertura.

2. **Modelo Incentivado:** Los participantes ganan HNT proporcionando cobertura de red y validando transacciones, creando un mercado de dos caras sostenible.

3. **Protocolos Robustos:** Proof-of-Coverage y Proof-of-Location ofrecen mecanismos seguros para validar la cobertura de la red y la localización de los dispositivos.

4. **Adopción y Crecimiento:** Un modelo descentralizado puede impulsar una adopción más rápida entre los fabricantes de dispositivos y los consumidores finales.

Proyectos Similares o Competidores:

1. **The Things Network (TTN):** Una iniciativa que ofrece una red descentralizada para dispositivos IoT utilizando la tecnología LoRaWAN.

2. **Sigfox:** Ofrece una solución de conectividad global para IoT, aunque con un modelo más centralizado en comparación con Helium.

3. **LoRaWAN Networks:** Varios operadores ofrecen redes basadas en LoRaWAN, compitiendo directamente en el espacio de soluciones de conectividad de bajo consumo para IoT.

B - Tokenomics de Helium (HNT)

Helium's HNT es la criptomoneda nativa de la red, diseñada para motivar la participación en la red. Con un límite máximo de 223 millones, la emisión de nuevos HNT sigue una curva descendente vinculada a la actividad de minería. Los operadores de hotspots minan HNT proporcionando cobertura LongFi, y el token también se usa para transacciones de red, añadiendo una demanda constante. Cada mes, las recompensas mineras disminuyen en un 1.50%, apuntando a un suministro controlado. Un porcentaje del HNT minado respalda a la Helium Foundation, mientras que el uso de HNT en transacciones introduce una presión deflacionaria.

Aspectos Clave de los Tokenomics de Helium (HNT):

- **Suministro Máximo y Curva de Emisión:** 223 millones con reducción gradual de la emisión.

- **Minería e Incentivos:** Operar hotspots para minar HNT y obtener recompensas.

- **Uso y Demanda:** Pagar por transacciones de red y servicios, aumentando la demanda.

- **Reducción Mensual de Recompensas:** 1.50% menos cada mes para controlar la inflación.

- **Distribución de Recompensas:** 20% para la Helium Foundation, 80% para operadores de hotspots.

- **Presión Deflacionaria:** Quema de HNT en transacciones, reduciendo el suministro circulante.

- **Expectativa de Crecimiento:** Más quema de HNT con el aumento de la adopción de la red.

C - Ideas Prácticas para Helium

Uso Práctico de Helium (HNT):

1. **Construcción de Redes IoT:** Proporcionar cobertura a dispositivos IoT en áreas que carecen de conectividad, facilitando soluciones en agricultura, logística y ciudades inteligentes.

2. **Recompensas por Cobertura:** Generar ingresos operando hotspots, expandiendo la red y ganando HNT.

3. **Pago por Servicios de Red:** Utilizar HNT para pagar transacciones y servicios dentro de la red Helium, aprovechando su infraestructura descentralizada y segura.

4. **Inversión a Largo Plazo:** Considerar HNT como una inversión, anticipando una mayor adopción de la red y un aumento en la demanda del token.

15 WEMIX - Wemix

Qué es WEMIX

WEMIX es una criptomoneda utilizada dentro de la plataforma de juegos blockchain de WEMIX. Funciona como un medio para transacciones y actividades dentro del ecosistema, facilitando la compra de activos del juego, el comercio entre jugadores y otros servicios relacionados con los juegos en la plataforma.

A - Resumen del Whitepaper de WEMIX

WEMIX3.0 es un ecosistema blockchain orientado a servicios y juegos descentralizados, basado en Ethereum Virtual Machine (EVM) con un consenso de Stake-based Proof of Authority (SPoA). Se enfoca en la seguridad, la descentralización y la escalabilidad, operando con la colaboración de 40 Node Council Partners (NCPs). WEMIX3.0 apunta a democratizar la gobernanza, permitiendo a la comunidad influir en la estructura de gobernanza mediante módulos de staking delegado y adoptando una meritocracia basada en la contribución al ecosistema.

Puntos Destacados para Inversores Potenciales:

1. **Innovación en Blockchain para Juegos:** WEMIX3.0 se centra en juegos dApp, DAO y servicios financieros descentralizados, ofreciendo un espacio robusto y diversificado para inversiones relacionadas con el gaming.

2. **Gobernanza Democratizada:** El sistema de gobernanza permite a la comunidad influir y participar activamente en la evolución de la plataforma.

3. **Economía del Token:** Los NCPs y los stakers son incentivados mediante un sistema de recompensas, lo que potencialmente podría aumentar la participación y el valor de WEMIX.

4. **Integración y Compatibilidad:** Al ser compatible con EVM y adoptar propuestas de mejora de Ethereum, WEMIX3.0 facilita la integración y adopción por parte de los desarrolladores y usuarios.

Proyectos Similares o Competidores:

1. **Enjin:** Plataforma blockchain centrada en la creación de juegos y activos digitales interoperables.

2. **Flow:** Blockchain diseñada para aplicaciones de alto rendimiento como juegos y NFTs, con énfasis en la experiencia del desarrollador y del usuario.

3. **Sandbox:** Plataforma de juegos que utiliza la tecnología blockchain para permitir a los usuarios crear, poseer y monetizar sus experiencias de juego.

B - Tokenomics de WEMIX

WEMIX, como token nativo de su plataforma blockchain, opera con un suministro inicial de 210 millones de tokens. La distribución incluye una venta inicial y una reserva para la fundación WEMIX, además de tokens destinados a recompensas de minería. La emisión de nuevas recompensas disminuye gradualmente, y se implementa un mecanismo de quema para controlar la inflación y mantener un equilibrio en el suministro circulante, apoyando así la seguridad de la red y las transacciones.

Aspectos Clave de los Tokenomics de WEMIX:

- **Suministro Máximo Inicial:** 210 millones de tokens.
- **Distribución de Tokens:** Ventas iniciales, reserva para la fundación, y recompensas de minería.
- **Reducción de Recompensas:** Disminución progresiva en recompensas por bloque.
- **Uso de Token:** Pagos de transacciones en la blockchain de WEMIX.
- **Mecanismos de Quema:** Quema de un porcentaje de los tokens de recompensas y en cada transacción para controlar la inflación.
- **Sin Cap de Suministro Máximo:** Posibilidad de incremento del suministro por minería, equilibrado con mecanismos de quema.

C - Ideas Prácticas para Wemix

Uso Práctico de WEMIX:

1. **Facilitador de Juegos Blockchain:** Utilizar WEMIX para transacciones y participación en juegos descentralizados en la plataforma.
2. **Incentivo para Validadores:** Participar como validador para asegurar la red y obtener recompensas en WEMIX.

3. **Gestión de Activos Digitales:** Aprovechar WEMIX para la creación, compra, y venta de activos digitales, incluyendo NFTs y otros tokens dentro de la plataforma de juegos.

4. **Inversión Estratégica:** Considerar la tenencia de WEMIX como una inversión a largo plazo, dada la quema de tokens y la expectativa de un ecosistema de juegos en crecimiento.

16 ETC - Ethereum Classic

Qué es ETC Ethereum Classic

Ethereum Classic (ETC) es una criptomoneda que surgió como resultado de una división en la cadena de bloques de Ethereum. Esta división, conocida como "hard fork", se produjo en 2016 tras una controversia en la comunidad de Ethereum debido a un hackeo en el que se robaron fondos de un proyecto llamado DAO (Organización Autónoma Descentralizada).

La comunidad de Ethereum estaba dividida sobre cómo responder al hackeo. La mayoría decidió hacer un "hard fork" para revertir las transacciones del hackeo y devolver los fondos a sus dueños, lo que resultó en la creación de la cadena de bloques de Ethereum (ETH) que conocemos hoy. Sin embargo, una parte de la comunidad argumentó que "el código es ley" y que cualquier intervención en la cadena de bloques iba en contra de la naturaleza inmutable y descentralizada de la tecnología blockchain. Esta porción de la comunidad continuó minando en la cadena de bloques original, que pasó a llamarse Ethereum Classic (ETC).

En palabras sencillas

Ethereum Classic es una criptomoneda que mantiene la versión original de la cadena de bloques de Ethereum, priorizando la inmutabilidad y la filosofía de que las transacciones no deben ser alteradas o revertidas, incluso en casos de ataques o hackeos.

A - Resumen del Whitepaper de Ethereum Classic

Ethereum se presenta como una plataforma descentralizada de próxima generación, concebida inicialmente para mejorar y expandir las capacidades de las criptomonedas como Bitcoin.

Más allá de ser solo una moneda digital, Ethereum introduce el concepto de "contratos inteligentes", permitiendo a los usuarios crear aplicaciones descentralizadas (DApps) con reglas y lógicas de operación propias. La visión de Ethereum es ofrecer una capa fundacional abstracta: una blockchain con un lenguaje de programación Turing-completo integrado, lo que abre posibilidades casi ilimitadas para el desarrollo de aplicaciones financieras y no financieras.

Puntos Destacados para Inversores Potenciales:

1. **Innovación en Contratos Inteligentes y DApps:** Ethereum permite la creación de contratos inteligentes y DApps, lo que representa un avance significativo respecto a criptomonedas como Bitcoin, que se enfoca principalmente en transacciones monetarias.

2. **Plataforma de Desarrollo Versátil:** Con su lenguaje de programación Turing-completo, Ethereum ofrece una plataforma más versátil en comparación con otros

sistemas de blockchain, capaz de ejecutar casi cualquier tipo de programa.

3. **Estructura de Minería Única:** Ethereum propone un mecanismo de minería que requiere que los nodos almacenen y procesen la blockchain, incentivando una mayor descentralización y seguridad.

4. **Modelo de Emisión de Moneda:** A diferencia de Bitcoin, que tiene un suministro máximo fijo, Ethereum introduce una emisión lineal de moneda, lo que potencialmente ofrece un modelo más sostenible a largo plazo.

5. **Escalabilidad y Descentralización:** Aunque comparte problemas de escalabilidad similares a Bitcoin, Ethereum implementa mecanismos como el GHOST para mejorar la descentralización y la seguridad de la red.

Proyectos Similares o Competidores:

1. **Bitcoin (BTC):** Aunque principalmente una criptomoneda, Bitcoin comparte la funcionalidad básica de blockchain con Ethereum y es la principal referencia en el mercado de criptomonedas.

2. **Cardano (ADA):** Similar a Ethereum en su enfoque de contratos inteligentes y DApps, pero con diferencias en la arquitectura de blockchain y un enfoque en la investigación académica.

3. **Polkadot (DOT):** Un competidor que se enfoca en la interoperabilidad entre diferentes blockchains, permitiendo que distintas cadenas se comuniquen y compartan información.

4. **EOS.IO (EOS):** Un sistema de blockchain destinado a soportar aplicaciones descentralizadas a escala comercial, ofreciendo herramientas para una fácil creación de DApps.

5. **Tron (TRX):** Centrado en la creación de un sistema de entretenimiento de contenido digital global utilizando tecnología blockchain, con capacidades similares para el desarrollo de DApps.

B - Tokenomics de Ethereum Classic (ETC)

Ethereum Classic (ETC) presenta una estructura económica diseñada para preservar el valor y mantener la seguridad de la red mediante un enfoque en la escasez y una inflación predecible.

La criptomoneda tiene un suministro máximo fijo de 210 millones de tokens, con aproximadamente 135 millones actualmente en circulación. Se mina a través de un mecanismo de prueba de trabajo, similar a Bitcoin, con recompensas de bloque que disminuyen gradualmente para crear presión deflacionaria y fomentar la apreciación del valor.

A diferencia de su contraparte, Ethereum (ETH), ETC se adhiere a una política monetaria que limita su suministro, buscando posicionarla como una forma de "dinero sólido" en el espacio de las criptomonedas.

Aspectos Clave de los Tokenomics de Ethereum Classic (ETC):

- **Suministro Máximo Fijo:** ETC tiene un límite de 210 millones de tokens, estableciendo una oferta predecible y limitada para prevenir la inflación.

- **Suministro Circulante:** Actualmente, hay alrededor de 135 millones de ETC en circulación.

- **Mecanismo de Minería:** ETC se mina mediante prueba de trabajo. La recompensa por bloque comenzó en 5 ETC y ha disminuido gradualmente con el tiempo.

- **Recompensa Actual por Bloque:** En el momento actual, la recompensa por bloque es de 3.2 ETC, con un tiempo promedio de bloque de 15 segundos.

- **Tasa de Inflación Anual:** La tasa de inflación anual del suministro de ETC debido a la minería es de aproximadamente el 4%.

- **Pre-minado Inicial:** Hubo un pre-minado inicial de 72 millones de ETC por los fundadores, que se incluye en el suministro máximo.

- **Uso de ETC:** Sirve como la criptomoneda nativa de la blockchain de Ethereum Classic, utilizada para pagar tarifas de transacción y costos de gas.

- **Política Monetaria:** La política monetaria de Ethereum Classic se centra en un suministro limitado con una tasa de inflación lenta y predecible, buscando mantener la seguridad a través de incentivos de minería y proporcionar una presión deflacionaria modesta.

- **Propuesta de Valor:** La propuesta de valor clave para los inversores es la oferta limitada de ETC y su capacidad para funcionar como "dinero sólido", gracias a su esquema de emisión minera básica, similar a la de Bitcoin, con un suministro limitado y recompensas mineras que disminuyen lentamente para equilibrar incentivos e inflación.

En resumen, los tokenomics de ETC están diseñados para promover la estabilidad, seguridad y apreciación del valor a través de un suministro limitado y una política de inflación controlada, posicionando a Ethereum Classic como una opción atractiva para inversores que valoran la escasez y la predictibilidad.

C - Ideas Prácticas para ETC

Uso Práctico de Ethereum Classic (ETC):

1. **Pago de Tarifas en la Red Ethereum Classic:** ETC se utiliza para pagar las tarifas de transacción y los costos de gas en la red Ethereum Classic, lo que es esencial para ejecutar contratos inteligentes y DApps en la plataforma.

2. **Inversión a Largo Plazo:** Dada su política monetaria de suministro máximo fijo y la tasa de inflación controlada, ETC puede considerarse como una inversión a largo plazo, similar a Bitcoin. La propuesta de valor de "dinero sólido" puede atraer a inversores que buscan activos digitales con un suministro limitado.

3. **Minería como Fuente de Ingresos:** La minería de ETC puede ser una fuente de ingresos para los individuos y empresas que desean participar en la red y contribuir a su seguridad. A pesar de la disminución de las

recompensas de bloque, sigue siendo una actividad viable para obtener ETC.

4. **Plataforma para DApps y Contratos Inteligentes:** Ethereum Classic proporciona una plataforma robusta para desarrollar y desplegar DApps y contratos inteligentes, lo que podría ser aprovechado por desarrolladores y empresas para crear soluciones descentralizadas.

5. **Hedge contra la Inflación de Fiat:** Con su suministro máximo fijo y la naturaleza deflacionaria, ETC puede ser utilizado como un hedge contra la inflación de las monedas fiduciarias, ofreciendo una posible protección del poder adquisitivo a largo plazo.

6. **Integración en Servicios Financieros:** ETC podría ser integrado en plataformas de préstamos, pagos y remesas, ofreciendo una alternativa más rápida y económica a los sistemas tradicionales.

7. **Parte de una Cartera de Criptomonedas Diversificada:** Incluir ETC en una cartera diversificada de criptomonedas podría ofrecer beneficios en términos de balance y cobertura, dadas sus propiedades únicas y su enfoque en mantener un suministro limitado.

8. **Participación en la Gobernanza de la Red:** Poseer ETC puede ofrecer a los usuarios la posibilidad de participar en la gobernanza de la red Ethereum Classic, contribuyendo en decisiones que afectan el futuro y la mejora de la plataforma.

9. **Desarrollo y Venta de Tokens Personalizados:** A través de Ethereum Classic, los usuarios pueden crear sus propios tokens para financiar y operar proyectos

independientes, negocios o comunidades dentro de la red.

10. **Educación y Experimentación en Blockchain:** Para educadores, estudiantes y entusiastas, Ethereum Classic ofrece un entorno para aprender, experimentar y desarrollar habilidades en la programación de blockchain y la gestión de criptoactivos.

Estas ideas prácticas destacan la versatilidad de Ethereum Classic no solo como una criptomoneda, sino también como una plataforma para la innovación y la inversión. Como siempre, se recomienda realizar una investigación exhaustiva y considerar el perfil de riesgo personal antes de invertir en criptomonedas o participar en actividades relacionadas con blockchain.

17 EGLD - MultiversX

Qué es EGLD MultiversX

EGLD es la criptomoneda nativa de Elrond Network, una plataforma blockchain diseñada para proporcionar alta velocidad, seguridad y escalabilidad en las transacciones.

El término "EGLD" significa "Elrond Gold" y simboliza la intención de la red de convertirse en una forma valiosa y fundamental de transferir valor, similar al oro en el mundo real.

En términos sencillos, EGLD es:

1. **Un medio de intercambio:** Puedes usar EGLD para transferir valor (dinero) de una persona a otra de manera rápida y con tarifas muy bajas.

2. **Un activo digital:** Al igual que otras criptomonedas, EGLD es digital y utiliza criptografía para asegurar las transacciones y controlar la creación de nuevas unidades.

3. **Parte de una red más amplia:** EGLD se utiliza dentro de la red de Elrond, la cual busca resolver problemas de otras blockchains, como la lentitud en las transacciones y la falta de escalabilidad, mediante su tecnología única de sharding adaptativo.

4. **Una inversión:** Algunas personas compran EGLD esperando que su valor aumente con el tiempo, al igual que ocurre con otras criptomonedas y activos.

La red de Elrond se enfoca en ser altamente escalable, lo que significa que puede procesar un gran número de transacciones por segundo, buscando ser una plataforma atractiva para construir aplicaciones descentralizadas (dApps) y para realizar transacciones financieras.

A - Resumen del Whitepaper de MultiversX (EGLD)

MultiversX (anteriormente Elrond) introduce una arquitectura novedosa que supera el estado del arte mediante un esquema genuino de sharding de estado y un consenso Secure Proof of Stake (SPoS). Se enfoca en la escalabilidad práctica, eliminando el desperdicio de energía y computacional, y asegura la justicia distribuida. MultiversX logra un rendimiento que supera el promedio de Visa y mejora significativamente en comparación con enfoques existentes, reduciendo los costos de arranque y almacenamiento para garantizar la sostenibilidad a largo plazo.

Puntos Destacados para Inversores Potenciales

1. **Escalabilidad Práctica:** MultiversX propone un mecanismo de sharding adaptativo que mejora significativamente la capacidad de procesar transacciones, superando el promedio de procesamiento de Visa.

2. **Seguridad Robusta:** La arquitectura está diseñada para resistir problemas de seguridad conocidos, incluyendo ataques de Sybil y Nothing at Stake, mediante el consenso SPoS.

3. **Eficiencia Energética y de Costos:** La plataforma elimina el desperdicio de energía y computacional y reduce los costos asociados al arranque y almacenamiento, lo cual es crucial para la sostenibilidad a largo plazo.

4. **Interoperabilidad:** MultiversX enfatiza la interoperabilidad de los contratos inteligentes, ofreciendo un motor compatible con EVM, lo que facilita la integración y la adopción.

Proyectos Similares o Competidores

1. **Ethereum:** A pesar de su éxito y adopción masiva, Ethereum enfrenta limitaciones en términos de

escalabilidad. MultiversX mejora esto con un consenso SPoS y sharding para procesamiento paralelo de transacciones.

2. **Zilliqa:** Introduce sharding en el procesamiento de transacciones pero MultiversX lleva esto más allá al implementar sharding tanto de transacciones como de estado, y eliminando mecanismos PoW en favor del SPoS.

3. **Omniledger y Algorand:** Aunque ambos proponen soluciones para escalabilidad y seguridad, MultiversX los supera en eficiencia y en el manejo de sharding adaptativo, así como en la selección y rotación de grupos de consenso.

4. **Chainspace:** Ofrece un enfoque de sharding y privacidad en contratos inteligentes, pero MultiversX va más allá al anticipar y abordar problemas de tamaño y rendimiento de la cadena en arquitecturas de alto rendimiento.

B - Tokenomics de MultiversX

La tokenómica de MultiversX, centrada en su moneda nativa EGLD, establece un suministro máximo fijo de 31,415,926 EGLD. Se ha diseñado para incentivar a los validadores y preservar el valor mediante un sistema de recompensas de bloque decrecientes y la quema de tokens en transacciones. Esto garantiza una emisión controlada y un mecanismo deflacionario a largo plazo, fomentando la escasez y valorización de EGLD.

Aspectos Clave de los Tokenomics de MultiversX:

- **Suministro Máximo:** 31,415,926 EGLD, con 28,397,000 EGLD asignados en el génesis y 3,018,926 EGLD para recompensas de bloque.

- **Recompensas de Bloque:** Comienza en 2 EGLD y disminuye 0.025 EGLD cada época, asegurando una emisión controlada.

- **Quema de Tokens:** Entre el 2-20% de las tarifas de transacción se queman, reduciendo la oferta circulante.

- **Estaca y Gobernanza:** EGLD se utiliza para participar en la estaca y la gobernanza de la red.

- **Diseño Disinflacionario:** La combinación de recompensas decrecientes y quema de tokens crea un efecto deflacionario a largo plazo.

- **Oferta Fija:** No se pueden crear más tokens EGLD una vez alcanzado el suministro máximo, con la quema asegurando una reducción eventual.

C - Ideas Prácticas para EGLD

Uso Práctico de MultiversX (EGLD):

1. **Pagos y Transferencias:** Utilizar EGLD para transacciones rápidas y de bajo costo a nivel global.

2. Staking: Participar en la seguridad y operación de la red a través de staking, generando recompensas.

3. **Gobernanza DeFi:** Involucrarse en la gobernanza de proyectos DeFi construidos en la red MultiversX.

4. **Inversión a Largo Plazo:** Aprovechar la naturaleza deflacionaria de EGLD para potencial apreciación de valor.

5. **Desarrollo de dApps:** Crear y operar aplicaciones descentralizadas en una plataforma escalable y segura.

6. **Tokenización de Activos:** Emitir tokens representativos de activos reales o virtuales, aprovechando la infraestructura de MultiversX.

18 XTZ - Tezos

Qué es XTZ Tezos

XTZ es el símbolo de la criptomoneda Tezos. En términos sencillos, es una forma de dinero digital que puede usarse para transacciones en línea y está basada en una tecnología de cadena de bloques, similar a Bitcoin y Ethereum.

Lo que hace única a Tezos es su mecanismo de gobierno en cadena, que permite a los poseedores de XTZ votar sobre las actualizaciones del protocolo, con la idea de mejorar el sistema y resolver disputas de manera democrática. Este proceso se denomina "autogobernanza" y está diseñado para que Tezos evolucione de forma segura y predecible, evitando divisiones conflictivas conocidas como "hard forks".

Además, Tezos utiliza un mecanismo de consenso de prueba de participación, que es más eficiente energéticamente que la prueba de trabajo utilizada por Bitcoin.

A - Resumen del Whitepaper de Tezos (XTZ)

Tezos se presenta como una cadena de bloques autoenmendable, centrada en la seguridad y la capacidad de evolución mediante un proceso de gobernanza incorporado.

Se destaca por su mecanismo de consenso de prueba de participación, contratos inteligentes completos de Turing y una arquitectura modular que permite actualizaciones del protocolo sin necesidad de bifurcaciones duras.

El documento enfatiza la importancia de la autogobernanza y la capacidad de adaptarse y mejorar con el tiempo.

Puntos Destacados para Inversores Potenciales

1. **Autoenmienda:** La capacidad de Tezos para evolucionar y mejorar a través de decisiones comunitarias podría reducir la probabilidad de bifurcaciones conflictivas.

2. **Prueba de Participación:** Utiliza un sistema más eficiente y menos intensivo en energía que la prueba de trabajo, lo cual podría ser atractivo a largo plazo desde una perspectiva de sostenibilidad.

3. **Contratos Inteligentes:** Capacidad para desplegar contratos inteligentes completos de Turing, lo que abre un amplio rango de aplicaciones.

4. **Mecanismos de Seguridad:** Incluye procedimientos detallados para la minería, firma de bloques y protección contra ataques, lo que sugiere un fuerte enfoque en la seguridad.

Proyectos Similares o Competidores

1. **Ethereum (ETH):** Pionero en contratos inteligentes y dApps, aunque utiliza un mecanismo de consenso de prueba de trabajo (transición a prueba de participación pendiente con Ethereum 2.0).

2. **Cardano (ADA):** También se centra en la investigación académica y ofrece capacidades de contrato inteligente con un mecanismo de consenso de prueba de participación.

3. **Polkadot (DOT):** Proporciona interoperabilidad entre cadenas con su protocolo de consenso único y la capacidad de conectar diferentes blockchains.

B - Tokenomics de Tezos (XTZ)

Tezos (XTZ) se distingue por no tener un límite máximo en la oferta de tokens, lo que permite una emisión continua a través de recompensas de bloque para validadores en el consenso.

La inflación inicial, alimentada por recompensas de bloque que disminuyen gradualmente, está diseñada para reducirse por debajo del 5% anual después de 8 años desde el lanzamiento.

A través de la participación y la quema de tarifas de transacción, Tezos busca equilibrar las presiones inflacionarias y deflacionarias, promoviendo así la seguridad y la descentralización de la red.

Aspectos Clave de los Tokenomics de Tezos (XTZ):

- **Emisión Continua:** No hay un límite máximo de tokens, con XTZ recién acuñado como recompensas de bloque.

- **Recompensas de Bloque:** Inicialmente de 16 XTZ por bloque, disminuyendo gradualmente a la mitad cada 4 años.

- **Inflación a Largo Plazo:** Diseñada para caer por debajo del 5% anual después de 8 años.

- **Participación y Recompensas:** Los titulares pueden participar en el consenso y recibir recompensas, fomentando la descentralización.

- **Quema de Tarifas de Transacción:** Genera presión deflacionaria sobre el suministro de XTZ.

- **Distribución de Recompensas:** 80% para el panadero/validador y 20% para el endosante.

- **Distribución Inicial:** 10% para la Fundación Tezos, el resto entre participantes del ICO y el equipo de desarrollo.

- **Suministro Circulante Actual:** Alrededor de 854 millones de XTZ, de un total actual de 1 mil millones.

C - Ideas Prácticas para XTZ

Uso Práctico de Tezos (XTZ):

- **Contratos Inteligentes y dApps:** Desarrollo y uso de aplicaciones descentralizadas (dApps) y contratos inteligentes para automatizar y ejecutar acuerdos sin intermediarios.

- **Staking y Participación en la Gobernanza:** Posibilidad de participar en el consenso y decisiones de gobernanza de la red, lo que ofrece una fuente potencial de ingresos y poder de voto.

- **Inversión a Largo Plazo:** Potencial de apreciación de valor a largo plazo debido a la autogobernanza, la inflación controlada y la quema de tarifas de transacción.

- **Pagos y Transferencias:** Uso como medio de intercambio para transacciones rápidas, seguras y descentralizadas.

- **Coleccionables Digitales y NFTs:** Creación y comercio de activos digitales únicos y coleccionables en la blockchain de Tezos.

19 CRO - Cronos

Qué es CRO Cronos

La criptomoneda CRO es el token nativo de la plataforma Crypto.com, que es una plataforma de servicios financieros basada en blockchain que ofrece una variedad de productos relacionados con criptomonedas.

En palabras sencillas, CRO se utiliza principalmente para:

1. **Transacciones y Pagos:** Facilita las transacciones y pagos a nivel global, ofreciendo una opción alternativa a las monedas tradicionales.

2. **Recompensas e Incentivos:** Los usuarios de la plataforma Crypto.com pueden obtener recompensas en CRO por realizar ciertas actividades, como utilizar su tarjeta de débito de Crypto.com o participar en su programa de staking (bloqueo de una cierta cantidad de criptomonedas para obtener recompensas).

3. **Tarifas Reducidas:** Los usuarios que mantienen y utilizan CRO en la plataforma pueden disfrutar de tarifas reducidas en operaciones de trading, así como de mejores beneficios en productos financieros como préstamos y ganancias de intereses.

4. **Acceso a Servicios:** Poseer CRO también puede dar acceso a servicios exclusivos dentro de la plataforma, como eventos especiales o productos de inversión limitados.

En resumen, CRO actúa como una herramienta multifuncional dentro del ecosistema de Crypto.com, incentivando y facilitando diversas actividades financieras relacionadas con criptomonedas.

A - Resumen del Whitepaper de Cronos

Cronos es una blockchain pública, descentralizada, eficiente en energía, y de código abierto, diseñada para admitir la economía de creadores mediante aplicaciones Web3, como DeFi y GameFi, y servir como infraestructura fundamental para un metaverso abierto.

Pretende ser accesible para el próximo billón de usuarios de Web3, facilitando la autogestión de sus activos digitales. Cronos es compatible con la Máquina Virtual de Ethereum (EVM), potenciada por Ethermint y construida con el SDK de

Cosmos, apoyando el protocolo de Comunicación Inter-Blockchain (IBC). Esto permite importar criptomonedas de Ethereum, Cosmos, y otras cadenas, y usarlas, comercializarlas o invertirlas en protocolos innovadores basados en contratos inteligentes.

Cronos destaca por su alta velocidad de transacciones, bajo costo y finalización rápida de transacciones, y su mecanismo de consenso de Prueba de Autoridad (PoA) que equilibra la descentralización con procesamiento de transacciones eficiente y ecológico.

Puntos Destacados para Inversores Potenciales

1. **Compatibilidad con EVM y Escalabilidad:** Cronos permite una rápida importación de aplicaciones y contratos inteligentes desde Ethereum y otras cadenas compatibles con EVM, ofreciendo transacciones más rápidas, económicas y neutrales en carbono en comparación con cadenas de prueba de trabajo (PoW).

2. **Interoperabilidad:** A través del protocolo IBC, Cronos asegura la interoperabilidad y el puenteo con otras cadenas habilitadas para IBC, promoviendo una integración fluida en el ecosistema de blockchain.

3. **Seguridad y Rendimiento:** Utiliza el motor de consenso Tendermint, reconocido por su robustez y seguridad, ofreciendo finalización instantánea de transacciones, escalabilidad, y resistencia a fallos.

4. **Apoyo al Desarrollador y al Ecosistema:** Cronos Labs proporciona un acelerador para startups de Web3 y un fondo para el desarrollo del ecosistema, apoyando

financieramente a los constructores y creadores en la plataforma.

5. **Gobernanza y Recompensas:** A través de su tokenomics y estructura de gobernanza, incentiva la participación activa de los validadores y la comunidad, asegurando un ecosistema equitativo y progresivo.

6. **Sostenibilidad:** El modelo PoA/PoS de Cronos es menos intensivo en energía que los modelos PoW, lo que refleja un compromiso con la sostenibilidad y la responsabilidad medioambiental.

Proyectos Similares o Competidores

1. **Ethereum:** Como la blockchain principal para contratos inteligentes y aplicaciones descentralizadas, Ethereum es un competidor directo, aunque Cronos intenta mejorar la escalabilidad y las tarifas de transacción, dos de las limitaciones conocidas de Ethereum.

2. **Binance Smart Chain (BSC):** Similar en su enfoque de compatibilidad con EVM y bajo costo de transacción, BSC es un fuerte competidor en el espacio de las finanzas descentralizadas (DeFi) y las aplicaciones descentralizadas (dApps).

3. **Polkadot y Cosmos:** Ambos proyectos se centran en la interoperabilidad entre cadenas, ofreciendo una infraestructura para conectar múltiples blockchains y permitir la transferencia de mensajes y valores de manera más fluida.

4. **Avalanche y Solana:** Estas blockchains se centran en la escalabilidad y la velocidad, presentando una

competencia en términos de rendimiento de transacciones y atractivo para desarrolladores y usuarios.

En palabras sencillas

Cronos se presenta como una blockchain innovadora y versátil, con puntos fuertes en interoperabilidad, soporte a desarrolladores, y sostenibilidad, posicionándose estratégicamente en el competitivo mercado de las criptomonedas y la tecnología blockchain.

B - Tokenomics de CRO

CRO es la criptomoneda nativa de la blockchain de Cronos, con un suministro máximo fijado en 30,263,013,692 tokens. De estos, aproximadamente 25.3 mil millones de CRO ya están en circulación, y el suministro restante se liberará gradualmente a través de los programas de recompensas y el fondo del ecosistema de Crypto.com.

La plataforma realizó una Oferta Inicial de Monedas (ICO) en 2017, vendiendo 20 mil millones de CRO y recaudando alrededor de $26 millones. CRO no solo facilita las operaciones y transacciones en la blockchain de Cronos, pagando las tarifas de transacción, sino que también se utiliza para staking en la plataforma DeFi de Crypto.com, así como en su aplicación principal y exchange. Este staking otorga recompensas y derechos de gobernanza a los usuarios.

Además, Crypto.com implementa un mecanismo de quema de tokens, eliminando el 70% de las tarifas generadas en su plataforma, lo que ha llevado a la quema de más de 13 mil millones de tokens CRO, más del 50% del suministro inicial. Esta estrategia hace que CRO sea deflacionario. Además,

Crypto.com respalda y fija algunas stablecoins como USDC a CRO, generando más demanda y disminuyendo la oferta circulante.

En resumen, CRO tiene una oferta máxima fija y mecanismos como la quema y el staking diseñados para reducir la oferta circulante con el tiempo.

Aspectos Clave de los Tokenomics de CRO:

- **Suministro Máximo:** 30,263,013,692 tokens.

- **Circulación Actual:** Aproximadamente 25.3 mil millones de CRO en circulación.

- **Liberación de Suministro:** Distribución gradual a través de programas de recompensas y el fondo del ecosistema.

- **ICO:** Venta de 20 mil millones de CRO en 2017, recaudando alrededor de $26 millones.

- **Uso del Token:** Pago de tarifas de transacción, staking en la plataforma DeFi de Crypto.com y en la aplicación principal y exchange.

- **Mecanismo de Quema:** 70% de las tarifas generadas en la plataforma son quemadas, más de 13 mil millones de CRO quemados hasta la fecha.

- **Naturaleza Deflacionaria:** La quema constante de tokens y el staking reducen la oferta circulante, haciendo que CRO sea deflacionario.

- **Estabilización de Precios:** Respaldo y fijación de stablecoins como USDC a CRO, aumentando la demanda y reduciendo la oferta circulante.

C - Ideas Prácticas para CRO

Uso Práctico de CRO:

1. **Pagos y Transacciones:** Utiliza CRO para realizar transacciones rápidas y económicas en la blockchain de Cronos, aprovechando las bajas tarifas de transacción y la alta velocidad de procesamiento para pagos cotidianos o transferencias de dinero.

2. **Participación en DeFi:** Involúcrate en el ecosistema de finanzas descentralizadas (DeFi) de Crypto.com, utilizando CRO para staking, lo que permite ganar recompensas y participar en la gobernanza de protocolos DeFi en la plataforma.

3. **Acceso a Servicios Exclusivos:** Almacena y usa CRO en la plataforma Crypto.com para obtener acceso a servicios exclusivos, como tarjetas de débito con recompensas, mejores tasas de interés en productos de ahorro, y más.

4. **Inversión y Especulación:** Considera mantener CRO como una inversión a largo plazo, especulando sobre el crecimiento potencial del ecosistema de Cronos y la adopción general de CRO en transacciones y servicios.

5. **Quema de Tokens y Reducción de Suministro:** Aprovecha la política deflacionaria de CRO, donde las quemas de token pueden potencialmente aumentar el valor de los tokens restantes al reducir la oferta total en circulación.

6. **Participación en la Gobernanza de la Red:** Al realizar staking de CRO, obtienes derechos de gobernanza, permitiéndote participar en decisiones importantes

sobre el futuro de la blockchain de Cronos y sus diversos protocolos y aplicaciones.

7. **Interoperabilidad y Transferencia de Activos:** Utiliza CRO para interactuar con una variedad de blockchains a través del protocolo IBC, lo que permite una transferencia y comunicación fluida de activos entre diferentes cadenas.

8. **Soporte a Creadores y Desarrolladores:** Contribuye al ecosistema participando en el fondo de desarrollo de Cronos, apoyando a creadores y desarrolladores que deseen construir aplicaciones innovadoras en la blockchain.

9. **Aprovechamiento de Stablecoins:** Utiliza CRO para respaldar o adquirir stablecoins como USDC, aprovechando la estabilidad y liquidez que ofrecen estas monedas en el ecosistema de criptomonedas.

10. **Diversificación de Cartera:** Incorpora CRO en tu cartera de inversiones como parte de una estrategia de diversificación, mitigando riesgos y aprovechando el potencial de crecimiento de las criptomonedas y la tecnología blockchain.

20 KAVA - Kava

Qué es KAVA

KAVA es una criptomoneda que funciona dentro de un sistema financiero descentralizado basado en la blockchain de Kava.

La plataforma Kava se centra en ofrecer servicios financieros descentralizados (DeFi) y productos como préstamos y stablecoins. En términos sencillos, se puede entender como un banco en el mundo de las criptomonedas, pero sin una autoridad central que lo controle.

La criptomoneda KAVA se utiliza principalmente para:

1. **Gobernanza:** Los poseedores de KAVA pueden participar en la toma de decisiones de la plataforma, votando en propuestas de cambios o mejoras en el sistema.

2. **Estabilidad de la red:** KAVA se usa como garantía para asegurar la estabilidad del sistema y de otras criptomonedas emitidas en la plataforma, como las stablecoins.

3. **Incentivos:** Se ofrece KAVA a los usuarios como recompensa por participar en la red, por ejemplo, a través del staking o prestando sus criptomonedas en la plataforma.

La idea es ofrecer un ecosistema donde los usuarios puedan prestar, pedir prestado y comerciar con activos digitales sin necesidad de intermediarios tradicionales como bancos, todo esto respaldado por la seguridad y transparencia de la tecnología blockchain.

A - Resumen del Whitepaper de Kava

Kava se presenta como una plataforma DeFi dedicada que ofrece préstamos colateralizados y stablecoins para activos criptográficos mayores. Utiliza una estructura de Deuda Colateralizada Múltiple, aceptando criptomonedas como BTC, XRP y ATOM como garantías. Los préstamos se emiten en una stablecoin vinculada al dólar, USDX. Kava busca liderar en el espacio DeFi aprovechando su construcción sobre el SDK de Cosmos, lo que le permite desarrollar y mejorar rápidamente sus servicios.

Puntos Destacados para Inversores Potenciales:

1. **Oportunidad de Mercado:** Kava se propone ser la primera plataforma dedicada a servicios DeFi para criptoactivos mayores, llenando un vacío en el mercado.

2. **Gobernanza y Participación:** Los poseedores de KAVA pueden votar en propuestas para cambiar la blockchain o parámetros del sistema, implicando una participación activa en la dirección de la plataforma.

3. **Seguridad y Validación:** KAVA es un activo de staking utilizado para la seguridad de la red, permitiendo a los usuarios delegar sus derechos de voto a validadores a cambio de una participación en las tarifas de transacción y estabilidad.

Proyectos Similares o Competidores:

1. **MakerDAO:** Ofrece una plataforma similar de DeFi con su propia stablecoin, DAI, y estructura de Deuda Colateralizada Múltiple, pero limitada a activos ERC20.

2. **Compound:** Otra plataforma de DeFi que permite a los usuarios ganar intereses sobre sus criptomonedas y tomar préstamos colateralizados.

3. **Aave:** Un protocolo de préstamos descentralizado que permite a los usuarios prestar y tomar prestado una amplia gama de criptomonedas.

La diferenciación de Kava parece estar en su enfoque en activos criptográficos mayores y su construcción rápida y flexible gracias al SDK de Cosmos.

B - Tokenomics de Kava

Kava presenta una estructura de tokenomics dinámica, sin un máximo de oferta, permitiendo la acuñación de nuevos tokens como recompensas de bloque para validadores.

Con un suministro circulante actual de 1,082,861,778 KAVA y una tasa de inflación anual del 5-7% a través de recompensas de bloque, la economía de Kava busca un equilibrio entre seguridad de red y conservación de valor.

Los tokens KAVA se utilizan para pagos, staking, y gobernanza, con un sistema de quema que añade una presión deflacionaria.

Aspectos Clave de los Tokenomics de Kava:

- **Suministro Circulante:** 1,082,861,778 KAVA, sin tope máximo.

- **Mecanismo de Inflación:** Nuevos KAVA acuñados como recompensas de bloque, con una tasa de inflación anual del 5-7%.

- **Uso de Tokens:** Pagos, staking para seguridad de red, y votos de gobernanza.

- **Presión Deflacionaria:** Tokens KAVA quemados en comisiones no se reinyectan en circulación.

- **Distribución Inicial:** 12.5% para Kava Development Foundation, el resto entre IEO, patrocinadores tempranos, y recompensas comunitarias.

C - Ideas Prácticas para Kava

Uso Práctico de Kava:

1. **Inversiones Deflacionarias:** Aprovechar la presión deflacionaria de la quema de tokens para inversiones a largo plazo.

2. **Participación en Gobernanza:** Influir en decisiones clave votando en propuestas de gobernanza.

3. **Staking para Seguridad:** Participar en el staking de KAVA para asegurar la red y obtener recompensas.

4. **Plataforma DeFi para Grandes Criptoactivos:** Usar Kava para préstamos y stablecoins, especialmente para usuarios de BTC, XRP, y ATOM.

5. **Equilibrio de Inflación y Deflación:** Invertir en un token cuya economía busca un balance entre la inflación (por recompensas de bloque) y deflación (por quema de comisiones).

21 CHZ - Chiliz

Qué es CHZ Chiliz

Chiliz (CHZ) es una criptomoneda diseñada principalmente para el mundo de los deportes y el entretenimiento. Funciona como una moneda digital que permite a los fanáticos comprar tokens de sus equipos favoritos.

Estos tokens, conocidos como Fan Tokens, se utilizan dentro de la plataforma de Chiliz, llamada Socios.com, y ofrecen a los poseedores ciertos derechos como votar en decisiones menores relacionadas con sus equipos, acceso a contenido exclusivo, mercancía y experiencias únicas.

El objetivo de Chiliz es mejorar la interacción y la participación de los fanáticos en el ámbito deportivo, creando una nueva forma de relación entre los equipos y sus seguidores.

A través de la blockchain, Chiliz garantiza transparencia y seguridad en las transacciones, permitiendo un ecosistema directo y auténtico para los fanáticos del deporte y el entretenimiento.

A - Resumen del Whitepaper de Chiliz (CHZ)

Chiliz presenta un ecosistema blockchain diseñado para mejorar la interacción y participación de los aficionados en el ámbito deportivo y de los esports.

A través de la plataforma Socios.com, Chiliz permite a los fans comprar tokens de fanáticos, proporcionando influencia y poder de voto en decisiones de equipos deportivos y de esports.

Este modelo busca transformar a los espectadores en participantes activos, ofreciendo un enfoque innovador para la gestión y el compromiso de la comunidad.

Puntos Destacados para Inversores Potenciales:

1. **Innovación en la Participación de Aficionados:** Chiliz y Socios.com posibilitan una nueva forma de interacción entre los equipos y sus seguidores, permitiendo una participación directa en decisiones importantes a través de tokens de fanáticos.

2. **Crecimiento del Mercado de Esports:** Dado el crecimiento exponencial del mercado de esports y el deporte tradicional, Chiliz se posiciona en un mercado en expansión, prometiendo un potencial de crecimiento significativo.

3. **Adopción por Grandes Equipos:** Equipos de renombre como Paris Saint-Germain y Juventus ya están integrados en la plataforma, lo que demuestra la viabilidad y el atractivo del modelo de negocio de Chiliz.

4. **Seguridad y Transparencia Blockchain:** La infraestructura basada en blockchain asegura un proceso de votación transparente y seguro, aumentando la confianza y la participación de los usuarios.

Proyectos Similares o Competidores:

1. **Fan Tokens de Socios:** Aunque están integrados con Chiliz, los Fan Tokens son una oferta directa de Socios.com, compitiendo indirectamente en el mercado de tokens deportivos.

2. **Plataformas de Fantasy Sports:** Empresas como DraftKings y FanDuel, que ofrecen una participación activa en deportes, aunque no basada en blockchain, son competidores indirectos en términos de captar la atención y el tiempo de los aficionados.

3. **Otros Proyectos Blockchain en Deportes:** Proyectos como SportyCo y TokenStars ofrecen diferentes enfoques para integrar blockchain en el mundo

deportivo, presentando posibles competencias en términos de inversión y atención del público.

Estos puntos proporcionan una visión general del proyecto Chiliz, destacando sus fortalezas, oportunidades y competencia en el mercado actual.

B - Tokenomics de Chiliz

Los tokenomics de Chiliz (CHZ) reflejan un modelo cuidadosamente diseñado para respaldar y promover la participación en su plataforma Socios.com.

Con un suministro máximo de 8,888,888,888 CHZ y un enfoque en la distribución a través de recompensas y asociaciones, Chiliz busca mantener un ecosistema vibrante y activo.

Los tokens CHZ son fundamentales en la plataforma, utilizados tanto para la participación en decisiones de clubes como para el staking y la gobernanza en la blockchain de Chiliz, con stakers ganando recompensas a partir de las tarifas de transacción.

Aspectos Clave de los Tokenomics de Chiliz:

- **Suministro Máximo Definido:** 8,888,888,888 CHZ tokens, asegurando previsibilidad en la oferta total.

- **Suministro en Circulación:** 8,888,290,622 CHZ, mostrando una distribución amplia hasta febrero de 2023.

- **Suministro Inicial y Minting:** Inicio con 5,000,000,000 tokens, con minting adicional para recompensas y asociaciones.

- **Utilidad y Participación:** CHZ es esencial para interactuar en Socios.com y para la participación y gobernanza en la blockchain.

- **Mecanismo de Staking:** Posibilita staking de CHZ para obtener recompensas de las tarifas de transacción.

- **Ausencia de Minería:** Todos los tokens CHZ son minted inicialmente o creados para recompensas, sin minería tradicional.

- **Foco en Utilidad y Adopción:** Orientados a fortalecer su presencia en el nicho de deportes y entretenimiento.

Estos aspectos destacan el enfoque estratégico de Chiliz en crear un ecosistema sostenible y participativo, incentivando la actividad y el compromiso de los usuarios a través de su modelo de tokenomics.

C - Ideas Prácticas para CHZ

Uso Práctico de CHZ Chiliz:

1. **Participación de Fanáticos en Decisiones del Club:** Utilizar CHZ para influir en decisiones menores de los equipos a través de votaciones en la plataforma Socios.com.

2. **Recompensas y Experiencias Exclusivas:** Adquirir tokens para acceder a mercancía exclusiva, experiencias únicas y contenido especial de los equipos.

3. Staking para Gobernanza y Recompensas: Participar en el staking de CHZ para contribuir a la seguridad de la red y obtener recompensas de las tarifas de transacción.

4. **Inversión a Largo Plazo:** Considerar CHZ como una inversión a largo plazo, dada la adopción creciente y asociaciones estratégicas en el ámbito deportivo y de entretenimiento.

5. **Colección y Comercio de Fan Tokens:** Recolectar Fan Tokens de diferentes equipos como activos digitales y potencialmente comerciarlos en el mercado.

6. **Desarrollo de Proyectos en Chiliz Chain:** Invertir o participar en proyectos innovadores que se construyen sobre la blockchain de Chiliz, explorando nuevas aplicaciones de la tecnología blockchain en el deporte y entretenimiento.

22 CORE - Core

Qué es CORE

La criptomoneda CORE es parte de Core DAO, una plataforma que integra las características de seguridad y descentralización de Bitcoin con la escalabilidad y funcionalidad de contratos inteligentes compatibles con Ethereum.

Este sistema utiliza un mecanismo de consenso llamado Satoshi Plus, que combina Delegated Proof of Work (DPoW) de las piscinas de minería de Bitcoin y Delegated Proof of Stake (DPoS) de los poseedores de tokens CORE. Este enfoque busca equilibrar la seguridad, la descentralización y la escalabilidad.

Core DAO se presenta como una comunidad enfocada en el crecimiento de la plataforma y en impulsar la adopción global de la tecnología blockchain, en lugar de adoptar una mentalidad de "el ganador se lo lleva todo".

La red Core prioriza la construcción de una economía descentralizada y apoya a las comunidades que más lo necesitan.

A - Resumen del Whitepaper de CORE

El whitepaper de Core Chain presenta una blockchain innovadora potenciada por Bitcoin, compatible con EVM, centrada en un mecanismo de consenso llamado Satoshi Plus.

Este sistema fusiona Delegated Proof of Work (DPoW) con Delegated Proof of Stake (DPoS), permitiendo a los mineros de Bitcoin participar en la seguridad de contratos inteligentes completos de Turing, ampliando sus funciones más allá del mantenimiento del ledger de Bitcoin.

Core Chain busca reforzar Bitcoin sin consumir espacio de bloque ni restarle a la función principal de los mineros.

Puntos Destacados para Inversores Potenciales:

1. **Innovación en Consenso:** Satoshi Plus combina DPoW y DPoS, ofreciendo seguridad y descentralización a través de la participación de mineros de Bitcoin y poseedores de tokens CORE.

2. **Escalabilidad y Utilidad:** Permite una escalabilidad significativa y la utilización de contratos inteligentes, intentando superar las limitaciones conocidas de Bitcoin en términos de tamaño de bloque y rendimiento de transacciones.

3. **Comunidad y Descentralización:** El énfasis en la comunidad y la descentralización sugiere un enfoque en el crecimiento sostenible y la adopción tecnológica en lugar de la competencia de suma cero.

4. **Recompensas y Economía de Tokens:** Propone un modelo de recompensas atractivo para mineros y poseedores de tokens, incentivando la participación y seguridad de la red.

Proyectos Similares o Competidores:

1. **Ethereum:** Aunque Ethereum ha cambiado a PoS, sigue siendo un competidor clave en el espacio de contratos inteligentes y dApps.

2. **BNB Smart Chain (BSC):** Core Chain se inspira en BSC en términos de volumen de transacciones y costos reducidos pero se diferencia en su enfoque de consenso y descentralización.

3. **Solana:** A pesar de su alta capacidad de procesamiento y cortos tiempos de bloque, enfrenta problemas de centralización y disponibilidad de red.

4. **Polygon:** Actúa como una solución de escalabilidad para Ethereum, destacando en la comunidad de desarrolladores por su compatibilidad con EVM y facilidad de portabilidad de dApps.

Este resumen destaca la singularidad de Core Chain en el ecosistema de blockchain, su enfoque en la seguridad, descentralización, y escalabilidad, y cómo se posiciona frente a otros proyectos importantes.

B - Tokenomics de CORE

La criptomoneda CORE, utilizada en la red Core, actúa como un token tanto para utilidades como para gobernanza. Se utiliza para pagar transacciones y gas, participar en el staking dentro de la red Core, y también en la gobernanza en cadena de la red Core.

Aspectos Clave de los Tokenomics de CORE:

- **Suministro Limitado:** Inspirado en Bitcoin, el suministro de CORE está limitado a 2.1 mil millones de tokens.

- **Quema de Tokens:** Al igual que el modelo "Ultra Sound Money" de Ethereum, se quemará un porcentaje de todas las recompensas de bloques y tarifas de transacción, determinado por la DAO.

- **Emisiones a Largo Plazo:** Las recompensas de bloques de CORE se distribuirán durante un período de 81 años, incentivando la participación a largo plazo en la red.

- **Ingresos Suplementarios para Mineros de Bitcoin:** Los mineros de Bitcoin pueden convertirse en validadores en la red Core y delegar su poder de hash, obteniendo recompensas de CORE además de las transacciones de Bitcoin.

C - Ideas Prácticas para CORE

Uso Práctico de CORE:

- **Pagos y Transacciones:** Utilizar CORE para transacciones rápidas y seguras, aprovechando su escalabilidad y bajas tarifas.

- **Staking:** Participar en el staking de CORE para obtener recompensas y fortalecer la seguridad de la red.

- **Gobernanza:** Participar activamente en la toma de decisiones de la red Core votando en propuestas de gobernanza.

- **Minería y Validación:** Mineros de Bitcoin pueden convertirse en validadores en la red Core, diversificando sus fuentes de ingresos al recibir recompensas en CORE además de Bitcoin.

- **Inversión a Largo Plazo:** Considerar CORE como una inversión a largo plazo debido a su modelo de emisión prolongada y la quema de tokens que potencialmente aumenta su escasez y valor a lo largo del tiempo.

23 ZIL - Zilliqa

Que es ZIL Zilliqa

Zilliqa (ZIL) es una criptomoneda y una plataforma blockchain diseñada para ofrecer soluciones de alta velocidad y alta seguridad para transacciones y aplicaciones descentralizadas (dApps).

Fue creada con el objetivo de resolver problemas de escalabilidad que enfrentan muchas blockchains, como Ethereum, al manejar una gran cantidad de transacciones.

Características clave:

1. **Sharding:** Zilliqa utiliza una técnica llamada sharding, que divide la red en varios fragmentos más pequeños (shards). Cada shard puede procesar transacciones de forma independiente, lo que permite que la red maneje más transacciones a medida que más nodos se unen. Esto es esencial para su capacidad de escalar y manejar un gran volumen de operaciones sin congestionar la red.

2. **Smart Contracts:** Al igual que otras plataformas blockchain, Zilliqa permite la creación de contratos inteligentes. Estos son programas autoejecutables que realizan, verifican o hacen cumplir la negociación o el rendimiento de un contrato de manera automática y descentralizada.

3. **Scilla:** Zilliqa introduce su propio lenguaje de programación para contratos inteligentes llamado Scilla (Smart Contract Intermediate-Level Language). Este lenguaje está diseñado para ser seguro y eficiente, facilitando a los desarrolladores la creación de contratos inteligentes que son menos propensos a bugs y vulnerabilidades.

4. **Transacciones rápidas y bajas comisiones:** Gracias al sharding, Zilliqa puede procesar un gran número de transacciones por segundo, ofreciendo tiempos de transacción rápidos y costos de transacción relativamente bajos en comparación con otras blockchains sin sharding.

En palabras sencillas

Zilliqa quiere ser una base fuerte para apps que necesitan trabajar rápido y seguro, como videojuegos, finanzas y publicidad online.

La moneda digital de Zilliqa, ZIL, se usa en su sistema para hacer transacciones, hacer funcionar acuerdos automáticos y también para dar premios a quienes ayudan a mantener todo funcionando.

A - Resumen del Whitepaper de Zilliqa

Zilliqa (ZIL) es una criptomoneda enfocada en resolver los problemas de escalabilidad de las blockchains tradicionales mediante sharding, que divide la red en segmentos más pequeños, permitiendo el procesamiento paralelo de transacciones.

Introduce un lenguaje de contrato inteligente propio, Scilla, diseñado para ser seguro y eficiente. Zilliqa promete altas velocidades de transacción y es ideal para aplicaciones que requieren una gran capacidad de procesamiento y seguridad.

Puntos Destacados para Inversores Potenciales

1. **Escalabilidad:** Zilliqa ofrece soluciones a los problemas de escalabilidad en blockchains con su enfoque de sharding.

2. **Seguridad y Eficiencia:** El lenguaje de contrato inteligente Scilla de Zilliqa apunta a reducir la posibilidad de errores de seguridad y optimizar el procesamiento.

3. **Alto Rendimiento:** Con capacidad para procesar miles de transacciones por segundo, Zilliqa se posiciona como una solución robusta para aplicaciones de alta demanda.

4. **Innovación y Desarrollo Continuo:** Zilliqa ha estado en desarrollo e investigación durante más de 2 años, mostrando un compromiso con la innovación y la mejora continua.

Proyectos Similares o Competidores

1. **Ethereum (ETH):** Aunque Zilliqa y Ethereum comparten algunas similitudes, como la capacidad de ejecutar contratos inteligentes, Zilliqa se centra más en la escalabilidad y la eficiencia de transacción.

2. **EOS:** Conocido por su escalabilidad y capacidad para procesar un gran número de transacciones por segundo.

3. **Cardano (ADA):** Al igual que Zilliqa, Cardano pone un fuerte énfasis en la seguridad y la rigurosidad académica en su diseño y desarrollo.

4. **Polkadot (DOT) y Cosmos (ATOM):** Ambos proyectos buscan resolver problemas de interoperabilidad entre cadenas y escalabilidad, algo que también aborda Zilliqa con su enfoque único.

Estos detalles dan una idea clara y comparativa para quien esté interesado en Zilliqa y cómo se ubica en el mercado de las monedas digitales.

B - Tokenomics de Zilliqa

La estructura económica de Zilliqa (ZIL), conocida como tokenomics, está diseñada para respaldar su blockchain escalable. Se destaca por tener un suministro fijo de 21 mil millones de tokens, con el 60% disponible en el evento de generación de tokens (TGE).

Los fondos recaudados están principalmente destinados a investigación, desarrollo y operaciones, además de reconocimientos a Anquan Capital y al equipo fundador. Los tokens se asignan a mineros, contribuyentes tempranos y comunitarios, así como a la empresa, equipo y asesores.

Aspectos Clave de los Tokenomics de Zilliqa:

- **Suministro Fijo:** 21 mil millones de ZIL, con 60% disponible en el TGE.

- **Distribución de Tokens:** 40% para recompensas de minería, 30% para contribuciones tempranas y comunitarias, 30% para la empresa, equipo y asesores.

- **Uso de Fondos:** Mayormente para investigación, desarrollo y operaciones.

- **Bonificación por Contribución Temprana:** Bonificación del 10%-15% para contribuyentes tempranos.

- **Precio de ZIL:** Determinado por una fórmula que considera el ETH recaudado y bonificaciones.

- **Vestimenta de Tokens:** Distribución trimestral a lo largo de 3 años para ciertos grupos.

C - Ideas Prácticas para ZIL

Uso Práctico de Zilliqa:

1. **Pagos y Transacciones:** Utilizar ZIL para transacciones rápidas y con bajas comisiones en negocios y comercios.

2. **Desarrollo de dApps:** Crear aplicaciones descentralizadas en sectores como juegos, finanzas y publicidad digital, aprovechando la escalabilidad y seguridad de Zilliqa.

3. **Staking y Minería:** Participar en la red mediante staking o minería para obtener recompensas en ZIL, beneficiándose del modelo de recompensas de la red.

4. **Inversión y Especulación:** Comprar ZIL como activo de inversión, especulando sobre el crecimiento y la adopción futura de la plataforma.

5. **Integración en Proyectos de Blockchain:** Utilizar Zilliqa en proyectos que requieran alta capacidad de procesamiento y transacciones, como plataformas de intercambio y servicios financieros descentralizados.

24 DESO - Decentralized Social

Qué es DESO Decentralized Social

DESO (Decentralized Social) es una criptomoneda y una plataforma blockchain diseñada específicamente para revolucionar las redes sociales. Su objetivo es descentralizar las redes sociales, que tradicionalmente han estado controladas por unas pocas grandes empresas.

DESO busca proporcionar una infraestructura en la que los desarrolladores puedan construir redes sociales descentralizadas, dando a los usuarios y creadores de contenido un control y propiedad más directos sobre sus datos y su interacción en las plataformas.

En palabras sencillas

Piensa en DESO como la base o fundamento para una nueva era de redes sociales, donde en lugar de depender de grandes empresas para gestionar y controlar las plataformas, la gente puede interactuar en un espacio más libre, abierto y descentralizado.

Además, DESO también facilita la posibilidad de monetizar el contenido de manera más eficiente y transparente, aprovechando la tecnología blockchain.

A - Resumen del Whitepaper de DeSo (Decentralized Social)

El Whitepaper de DeSo presenta una visión audaz para el futuro de las redes sociales, enfocándose en la descentralización como solución a los problemas inherentes a las plataformas centralizadas actuales. DeSo propone una blockchain diseñada específicamente para escalar aplicaciones sociales a un nivel sin precedentes, posiblemente hasta mil millones de usuarios.

A diferencia de los esfuerzos centrados en "finanzas descentralizadas" o DeFi, DeSo se enfoca en las redes sociales, una categoría que considera igualmente grande y prometedora.

La plataforma apunta a abordar la centralización extrema de las redes sociales actuales, donde unas pocas compañías controlan el discurso público y se benefician del contenido sin compensar justamente a los creadores.

DeSo propone un modelo donde el contenido es parte de un blockchain público, permitiendo a cualquiera ejecutar un nodo y crear feeds curados. Esto, según DeSo, democratizará y descentralizará las redes sociales, ofreciendo nuevas formas de monetización y distribución para los creadores de contenido.

Puntos Destacados para Inversores Potenciales:

1. **Innovación en Descentralización:** DeSo ofrece una propuesta única, descentralizando una categoría dominada por gigantes como Facebook, Instagram y Twitter.

2. **Escalabilidad para Redes Sociales:** DeSo está diseñada específicamente para manejar las demandas de las aplicaciones sociales en gran escala, un enfoque relativamente sin explotar en el espacio de la blockchain.

3. **Monetización para Creadores:** La plataforma promete nuevas formas de monetización para creadores de contenido, superando los modelos de negocios basados en anuncios y mejorando la relación entre creadores y su audiencia.

4. **Potencial de Crecimiento:** Con el objetivo de atraer mil millones de usuarios, DeSo apunta a un mercado masivo, ofreciendo un potencial significativo de crecimiento y adopción.

5. **Ecosistema Abierto:** DeSo enfatiza un modelo abierto donde cualquier desarrollador puede construir aplicaciones, creando un ecosistema potencialmente rico y diverso.

Proyectos Similares o Competidores:

1. **Steemit:** Una plataforma de blogs y redes sociales que recompensa a sus usuarios con la criptomoneda STEEM por publicar y curar contenido.

2. **Voice:** Lanzado por Block.one, busca también descentralizar el espacio de las redes sociales, enfocándose en la autenticidad y la transparencia del usuario.

3. **Minds:** Una alternativa a Facebook que se centra en la privacidad, la monetización para los creadores y la transparencia de la plataforma.

Cada uno de estos proyectos comparte la visión de descentralizar aspectos de las redes sociales, aunque con enfoques y tecnologías distintas.

DeSo se distingue por su enfoque específico en la escalabilidad y la capacidad de manejar las demandas de aplicaciones sociales de alto volumen, ofreciendo un nuevo paradigma en un espacio cada vez más saturado y controlado por unas pocas grandes entidades.

B - Tokenomics de DeSo

La estructura económica de DeSo, conocida como tokenomics, está diseñada para alinear los incentivos de los usuarios, creadores y validadores, apoyando al mismo tiempo el crecimiento y la seguridad de la red. DeSo tiene un suministro máximo fijo de 10,808,492 tokens DESO.

Hasta la fecha, la cantidad de tokens DESO en circulación es de 8,884,536. Este suministro limitado busca crear escasez y potencialmente aumentar el valor del token a medida que la red crece y la demanda de tokens aumenta.

A diferencia de muchas otras criptomonedas, DeSo no tuvo una venta pública o ICO. En cambio, la distribución inicial de tokens se asignó a los fundadores, inversores, asesores y a la Fundación DeSo. La introducción de nuevos tokens DESO al mercado se realiza a través de recompensas destinadas a creadores de contenido, validadores y otras actividades que contribuyen al crecimiento del ecosistema.

DESO no solo actúa como un medio de intercambio dentro de la plataforma, sino que también tiene múltiples usos, como comprar perfiles de usuario, dar propinas a creadores de contenido, apostar en validadores y pagar por transacciones en la blockchain de DeSo.

Un aspecto distintivo de DeSo es su mecanismo de quema de tarifas de transacción, que retira tokens DESO de circulación, creando una presión deflacionaria sobre la oferta.

Con el tiempo, se espera que esta dinámica aumente el valor de los tokens DESO restantes, especialmente después de alcanzar el suministro máximo, momento en el cual no se podrán acuñar más tokens DESO.

Aspectos Clave de los Tokenomics de DeSo:

- **Suministro Máximo:** 10,808,492 tokens DESO.

- Suministro en Circulación: 8,884,536 DESO (a febrero de 2023).

- **Distribución Inicial:** Sin venta pública o ICO; asignación a fundadores, inversores, asesores y la Fundación DeSo.

- **Incentivos para el Ecosistema:** Nuevos DESO se introducen como recompensas para creadores, validadores y actividades que fomentan el crecimiento del ecosistema.

- **Usos de DESO:** Compras de perfiles de usuario, propinas a creadores, apuestas en validadores y pagos de transacciones.

- **Mecanismo Deflacionario:** Quema de tarifas de transacción, retirando DESO de circulación.

- **Expectativa de Adopción:** A medida que aumenta la adopción, se queman más tarifas mientras la acuñación de nuevos DESO disminuye con el tiempo.

- **Cap de Suministro:** Una vez alcanzado el suministro máximo, no se pueden acuñar más DESO, aumentando la presión deflacionaria.

En resumen, la manera en que DeSo maneja sus tokens busca fomentar un ambiente próspero y en expansión, concentrándose en premiar a quienes forman parte de este espacio y en hacer que su moneda digital aumente su valor con el tiempo.

C - Ideas Prácticas para DeSo

Uso Práctico de DeSo:

1. **Monetización de Contenido:** Creadores pueden utilizar DeSo para monetizar su contenido directamente, recibiendo propinas y pagos sin intermediarios, lo que garantiza una mayor parte de las ganancias para los creadores.

2. **Adquisición de Perfiles de Usuario:** Inversionistas y usuarios pueden comprar perfiles en la plataforma DeSo, especulando sobre el crecimiento y la popularidad futura de estos perfiles, similar a cómo se negocian los nombres de dominio en internet.

3. **Validación y Seguridad de la Red:** Los poseedores de DESO pueden participar en la validación de transacciones y el mantenimiento de la red, recibiendo recompensas por su contribución, lo que incentiva la participación activa y la seguridad de la red.

4. **Desarrollo de Aplicaciones Descentralizadas (DApps):** Desarrolladores pueden utilizar la blockchain de DeSo para construir aplicaciones sociales descentralizadas, beneficiándose de la infraestructura existente y de un mercado potencialmente grande.

5. **Votación y Gobernanza:** Poseedores de DESO pueden tener un papel en la gobernanza de la red, votando en propuestas clave que determinan el futuro de la plataforma y asegurando que los intereses de la comunidad estén alineados con el desarrollo de la red.

6. **Curación de Contenido y Nodos:** Usuarios interesados en temas específicos pueden ejecutar nodos que curan contenido en nichos particulares, como deportes o

política, creando valor y atrayendo a audiencias específicas.

7. **Integración con Industrias Tradicionales:** Medios de comunicación, marcas y otras entidades pueden integrar DeSo para ofrecer experiencias sociales innovadoras y monetizar sus audiencias de manera más efectiva y directa.

8. **Inversión a Largo Plazo:** Con un modelo deflacionario y una adopción creciente, DeSo presenta una oportunidad de inversión a largo plazo, con el potencial de aumentar en valor a medida que el ecosistema crece y se queman tokens DESO.

Cada uno de estos usos prácticos no solo destaca la versatilidad y el potencial de DeSo como criptomoneda, sino que también subraya las oportunidades que ofrece para diferentes stakeholders, desde creadores de contenido hasta desarrolladores, inversores y usuarios comunes.

25 MANA - Decentraland

Qué es MANA Decentraland

MANA es una criptomoneda asociada con Decentraland, una plataforma de realidad virtual basada en la tecnología blockchain. En términos sencillos, MANA se puede considerar como la moneda dentro de Decentraland, utilizada para comprar terrenos y bienes virtuales, así como para interactuar con diversas aplicaciones y servicios dentro de este mundo virtual.

Los usuarios gastan MANA para adquirir terrenos (conocidos como "LAND") y otros activos digitales en Decentraland, lo que les permite construir experiencias, juegos y comunidades en este espacio virtual. Además, MANA funciona como una criptomoneda estándar en el sentido de que se puede comprar, vender e intercambiar en diversas plataformas de intercambio de criptomonedas.

A - Resumen del Whitepaper de MANA (Decentraland):

Decentraland es una plataforma de realidad virtual basada en la blockchain de Ethereum. Ofrece una infraestructura para un mundo virtual compartido (metaverso), donde los usuarios pueden crear, experimentar y monetizar contenido y aplicaciones.

El terreno en Decentraland, conocido como LAND, es un activo digital no fungible que se adquiere utilizando el token ERC20, MANA. MANA también se utiliza para realizar compras dentro del mundo de Decentraland.

La plataforma se distingue por su naturaleza descentralizada, asegurando que no está controlada por una entidad centralizada, lo que permite a los usuarios tener control total sobre el contenido de sus parcelas de tierra.

Puntos Destacados para Inversores Potenciales:

1. **Propiedad Descentralizada:** Los usuarios tienen control total y propiedad permanente sobre sus parcelas de LAND.

2. **Usos de MANA:** MANA se utiliza para adquirir LAND, así como para comprar bienes y servicios dentro de Decentraland.

3. **Innovación en Realidad Virtual:** Decentraland añade una dimensión inmersiva a las interacciones virtuales, permitiendo la creación de comunidades y experiencias en un mundo 3D.

4. **Independencia de Entidades Centralizadas:** A diferencia de otras plataformas, Decentraland opera de manera descentralizada, lo que significa que no hay una sola entidad con el poder de modificar las reglas o el contenido.

Proyectos Similares o Competidores:

1. **Second Life:** Una de las plataformas de realidad virtual más antiguas que permite a los usuarios crear contenido, interactuar y comerciar dentro de un mundo virtual.

2. **The Sandbox:** Una plataforma de juego basada en blockchain que permite a los usuarios crear, poseer y monetizar sus experiencias de juego utilizando la criptomoneda SAND.

3. **Cryptovoxels:** Un mundo virtual basado en Ethereum donde los usuarios pueden comprar tierras, construir tiendas y galerías de arte, y participar en una economía virtual.

Este resumen ofrece una visión general del Whitepaper de Decentraland, destacando sus características únicas, el papel de la criptomoneda MANA y proporcionando un contexto sobre sus competidores en el espacio de la realidad virtual y los mundos basados en blockchain.

B - Tokenomics de MANA

MANA es tanto un token de utilidad como de gobernanza en Decentraland, con un suministro circulante actual de 1.85 mil millones de MANA de un total de 2.193 mil millones.

La tokenómica se centra en la deflación, quemando MANA con cada compra de LAND y transacción en el mercado de Decentraland, con una tasa de quema del 2.5%.

La distribución inicial del token fue estructurada durante la ICO y destinada a incentivos comunitarios, equipo de desarrollo, contribuyentes tempranos y una reserva para Decentraland.

Aspectos Clave de los Tokenomics de MANA:

- **Suministro Circulante:** 1,893,095,371 MANA
- **Suministro Total:** 2,193,179,327 MANA
- **Quema de Token:** Con la compra de LAND y transacciones en el mercado, se quema un porcentaje de MANA.
- **Distribución del Token:**
    - ICO: 40%
    - Incentivos Comunitarios: 20%
    - Equipo de Desarrollo y Contribuyentes Tempranos: 20%
    - Reserva de Decentraland: 20%
- **Periodo de Vesting:** Los tokens del equipo ya han pasado su periodo de vesting.

- **Dinámica de Precio:** El precio de MANA ha fluctuado, siendo testigo de una disminución significativa desde su máximo histórico, reflejando la volatilidad y las condiciones del mercado.

C - Ideas Prácticas para MANA

Uso Práctico de MANA:

1. **Compra de Terrenos Virtuales (LAND):** Inversión en bienes raíces digitales, permitiendo la creación y monetización de experiencias y servicios en Decentraland.

2. **Desarrollo de Aplicaciones y Juegos:** Utilizar MANA para financiar y monetizar proyectos creativos y de entretenimiento en este espacio virtual.

3. **Gobernanza de la Comunidad:** Participar en la toma de decisiones sobre el desarrollo y las reglas de Decentraland, ejerciendo influencia en la plataforma.

4. **Inversión y Especulación:** Aprovechar la volatilidad de MANA para inversiones a corto o largo plazo, teniendo en cuenta su potencial de crecimiento con la expansión del metaverso.

5. **Mercado de Bienes y Servicios Virtuales:** Comerciar bienes y servicios dentro de Decentraland, aprovechando la creciente economía digital.

26 CAKE - PancakeSwap

Qué es CAKE PancakeSwap

CAKE es el token nativo de PancakeSwap, que es una plataforma descentralizada de finanzas (DeFi) que funciona sobre la cadena de bloques Binance Smart Chain (BSC). En términos sencillos, CAKE es una criptomoneda que se utiliza principalmente dentro del ecosistema de PancakeSwap para una variedad de propósitos.

Los usuarios de PancakeSwap pueden ganar CAKE participando en diversas actividades como proporcionar liquidez a los pools del exchange, participando en loterías, o apostando (staking) sus tokens para obtener recompensas. CAKE también se utiliza para participar en la gobernanza de la plataforma, lo que permite a los tenedores de tokens votar sobre propuestas que afectan al proyecto.

En resumen, CAKE es un token multifuncional dentro de PancakeSwap que permite a los usuarios participar en actividades de finanzas descentralizadas, ganar recompensas, y tener una voz en la dirección del proyecto.

A - Resumen del Whitepaper de CAKE (PancakeSwap)

PancakeSwap es un proyecto de finanzas descentralizadas (DeFi) basado en la Binance Smart Chain (BSC). Su objetivo principal es permitir a los usuarios intercambiar tokens, participar en pools de liquidez y otras actividades financieras sin necesidad de intermediarios.

El Whitepaper detalla la estructura y funcionamiento de PancakeSwap, incluyendo su token nativo CAKE, que desempeña un papel central en la plataforma.

El documento destaca la naturaleza de código abierto del proyecto, invitando a los desarrolladores a contribuir y mejorar el ecosistema. Se enfatiza en la configuración del entorno de desarrollo, el uso de herramientas específicas para mantener la calidad del código, y la participación activa de la comunidad para proponer y discutir mejoras.

También se mencionan las diversas repositorios en Github que componen la infraestructura de PancakeSwap, incluyendo el frontend, los contratos inteligentes, y las herramientas para la integración con otras blockchains como Aptos.

Puntos Destacados para Inversores Potenciales

1. **Innovación y Flexibilidad:** PancakeSwap se destaca por su capacidad de adaptación e innovación, incorporando constantemente nuevas funciones y mejoras.

2. **Token CAKE:** CAKE es utilizado para staking, votaciones de gobernanza, y como recompensa en diversas actividades dentro de la plataforma, lo que le da un valor intrínseco y utilidad.

3. **Seguridad:** PancakeSwap tiene un programa de recompensas por errores (bug bounty) muy sólido que muestra su compromiso con la seguridad de la plataforma y la protección de los fondos de los usuarios.

4. **Ecosistema Activo:** La plataforma cuenta con un ecosistema activo y una comunidad robusta, factores

cruciales para el éxito a largo plazo de cualquier proyecto DeFi.

Proyectos Similares o Competidores

1. **Uniswap:** Una de las primeras y más populares plataformas DeFi basadas en Ethereum, conocida por su protocolo de intercambio descentralizado.

2. **SushiSwap:** Un fork de Uniswap que ha agregado características únicas y una comunidad activa, operando también en la Binance Smart Chain entre otras.

3. **BakerySwap:** Otro proyecto DeFi en Binance Smart Chain, que también ofrece servicios de exchange y pools de liquidez, con un enfoque en la integración de NFTs.

Estos competidores directos comparten características comunes con PancakeSwap pero cada uno tiene sus propias propuestas de valor y comunidades, lo que hace crucial para los inversores entender las diferencias y evoluciones de cada proyecto para tomar decisiones informadas.

B - Tokenomics de CAKE

CAKE, el token nativo de PancakeSwap, presenta una estructura de tokenomics diseñada para equilibrar la emisión con mecanismos deflacionarios. La tasa de emisión actual es de 40 CAKE por bloque, resultando en aproximadamente 1,152,000 CAKE emitidos por día.

Sin embargo, esta cifra no representa la cantidad neta de CAKE que ingresa en circulación debido a un sistema de quema (burning) activo y otros mecanismos deflacionarios. De los 40 CAKE por bloque, un promedio de 38.6373 CAKE se queman, dejando una emisión efectiva de aproximadamente 1.3626 CAKE por bloque o 39,245 CAKE por día.

Además, el 9.09% de los CAKE cosechados (harvested) se acuña adicionalmente y se envía a la dirección de los desarrolladores, pero estos nunca entran en circulación ya que se queman en la quema semanal.

Aspectos Clave de los Tokenomics de CAKE:

- **Estructura de Emisión y Quema:** Aproximadamente 1,152,000 CAKE se emiten diariamente, con una tasa de quema significativa que reduce la emisión neta a aproximadamente 39,245 CAKE por día.

- **Mecanismos Deflacionarios:** CAKE implementa múltiples mecanismos deflacionarios. Estos incluyen:

  - Quema de CAKE en porcentajes variables en cada transacción realizada en las diferentes versiones del Exchange (V3, V2, StableSwap).

  - Quema del 100% de CAKE en varias situaciones como tarifas de rendimiento de IFOs, creación de perfil y acuñación de NFT, y más.

  - Uso de un porcentaje de CAKE en loterías, trading perpetuo, y otros para la compra y quema de CAKE.

- **Quema Manual de CAKE:** Inicialmente, PancakeSwap manejaba la quema de CAKE de manera manual a través de dos pools en MasterChef v1. Con la transición a MasterChef v2 en abril de 2022, la quema se controla ahora mediante un contrato dedicado, permitiendo una mayor precisión y control sobre la tasa de quema.

- **Transparencia y Verificación:** La cantidad total de CAKE quemado y la oferta circulante pueden ser verificadas por los usuarios en BscScan, proporcionando transparencia y facilitando la confirmación independiente del suministro de CAKE.

Estos puntos muestran una estrategia de manejo de tokens que busca mantener un equilibrio entre la cantidad de tokens que se crean y los que se eliminan, para asegurar una economía estable y duradera para el token CAKE en el mundo de PancakeSwap.

C - Ideas Prácticas para CAKE

Uso Práctico de CAKE:

1. **Staking y Yield Farming:** Los usuarios pueden hacer staking de CAKE en PancakeSwap para ganar recompensas. También pueden participar en yield farming depositando pares de tokens en pools de liquidez para obtener recompensas en CAKE.

2. **Participación en Gobernanza:** Los tenedores de CAKE pueden utilizar sus tokens para participar en propuestas de gobernanza y votar sobre decisiones importantes del proyecto, influyendo así en la dirección y políticas de PancakeSwap.

3. **Lotería y Juegos en la Plataforma:** CAKE se puede utilizar para comprar boletos de lotería en la plataforma, ofreciendo la posibilidad de ganar premios

mayores. Además, se pueden participar en otros juegos y actividades que se ofrecen en la plataforma.

4. **Acceso a Initial Farm Offerings (IFOs):** Los usuarios pueden utilizar CAKE para acceder a nuevas oportunidades de inversión a través de IFOs, que permiten comprar tokens de nuevos proyectos que se lanzan en PancakeSwap.

5. **Uso en NFTs y Perfiles:** CAKE se puede gastar para crear perfiles de usuario en PancakeSwap, acuñar NFTs, y participar en subastas de NFTs y mercados.

6. **Inversión a Largo Plazo:** Dada la estructura de tokenomics de CAKE, con mecanismos de quema que reducen la oferta total y una emisión controlada, algunos inversores pueden considerar a CAKE como una inversión a largo plazo, esperando que su valor se aprecie con el tiempo.

7. **Trading y Especulación:** Como cualquier criptomoneda, CAKE puede ser objeto de trading y especulación en diferentes exchanges. Los traders pueden intentar aprovechar la volatilidad del mercado para obtener ganancias.

8. **Potencial de Integración y Colaboración:** Dado el ecosistema activo y las constantes innovaciones de PancakeSwap, CAKE tiene el potencial de ser integrado en nuevos proyectos y colaboraciones dentro del espacio DeFi, ofreciendo más utilidades y valor para los tenedores del token.

Estas sugerencias destacan cómo el token CAKE se puede usar de varias maneras en el sistema de PancakeSwap y su posible valor como inversión en el mundo de las criptomonedas y las finanzas descentralizadas (DeFi).

27 GMT - Gmt

Qué es GMT

GMT es el token nativo de la plataforma STEPN, un proyecto que combina elementos de finanzas descentralizadas (DeFi) y juegos para ganar dinero (GameFi) con actividad física, específicamente caminar, correr y trotar. La idea detrás de STEPN es incentivar a los usuarios a llevar un estilo de vida más activo y saludable, mientras interactúan con el mundo de las criptomonedas.

Los usuarios de STEPN usan zapatillas deportivas virtuales, que son NFTs (tokens no fungibles), para ganar tokens GMT y otro token llamado GST (Green Satoshi Token) mientras caminan, corren o trotan al aire libre. Los tokens ganados pueden ser utilizados dentro del ecosistema de STEPN para comprar nuevas zapatillas o mejorar las existentes, participar en eventos especiales o convertirlos a otras criptomonedas o dinero fiduciario.

GMT, específicamente, actúa como el token de gobernanza dentro del ecosistema de STEPN, lo que significa que los poseedores de GMT pueden tener ciertos derechos para votar en decisiones importantes relacionadas con el desarrollo y las políticas de la plataforma.

En resumen, GMT es una criptomoneda que forma parte de una plataforma que busca fusionar la actividad física con la tecnología blockchain, incentivando un estilo de vida activo mientras introduce a los usuarios al mundo de las criptomonedas y las finanzas descentralizadas.

A - Resumen del Whitepaper de GMT (STEPN)

El Whitepaper de GMT detalla STEPN como una aplicación de estilo de vida integrada con Web3, combinando elementos de Game-Fi y Social-Fi. STEPN innova alrededor de una actividad cotidiana: el movimiento, siendo el primer proyecto en materializar con éxito el concepto de "moverse para ganar", destacándose en el Solana Ignition Hackathon 2021.

Los usuarios, equipados con NFTs en forma de zapatillas, ganan moneda del juego (GST y GMT) al moverse al aire libre.

La plataforma no solo promueve un estilo de vida saludable y combate el cambio climático, sino que también sirve como puente para introducir al público en Web 3.0, fomentando la creación de contenido generado por los usuarios.

Puntos Destacados para Inversores Potenciales:

1. **Modelo de Negocio Innovador:** STEPN se posiciona en la intersección de salud, tecnología blockchain y gaming, abriendo un nuevo nicho en el mercado de criptomonedas.

2. **Doble Tokenomic:** GST para transacciones y recompensas en el juego, y GMT para gobernanza, ofreciendo múltiples vías para la participación y el beneficio de los usuarios.

3. **Integración de NFTs:** Las zapatillas son NFTs, proporcionando un caso de uso tangible y valioso en el mundo real para la tecnología blockchain.

4. **Enfoque en la Salud y el Medio Ambiente:** Promoción de un estilo de vida activo y saludable, con un enfoque en la sostenibilidad y el combate al cambio climático.

5. **Facilidad de Entrada y Seguridad:** Sistema de alquiler para facilitar la entrada de nuevos usuarios y un robusto sistema anti-fraude para proteger las inversiones.

Proyectos Similares o Competidores:

1. **Nike y RTFKT:** Nike adquirió RTFKT, una empresa de zapatillas NFT, destacando el interés de grandes marcas en el espacio de NFTs y fitness, aunque STEPN se distingue por su funcionalidad move-to-earn.

2. **Zed Run:** Juego de carreras de caballos basado en NFT, aunque enfocado en la cría y carreras de caballos virtuales, comparte la integración de NFTs en el gaming.

3. **Axie Infinity y Decentraland:** Juegos basados en blockchain que integran NFTs y criptomonedas, aunque con un enfoque distinto al de STEPN.

En conclusión, STEPN se distingue por su enfoque en combinar salud, tecnología blockchain y gaming, ofreciendo una propuesta única que atrae a un público diverso y abre nuevas oportunidades de mercado.

B - Tokenomics de GMT (Green Metaverse Token)

Los tokenomics de GMT (Green Metaverse Token) se centran en un ecosistema dual de tokens dentro de la plataforma

STEPN, donde GMT funciona como el token de gobernanza y GST (Green Satoshi Token) como el token de juego.

GMT tiene una oferta fija de 6 mil millones de tokens, destinados a ser quemados, utilizados y apostados en varios productos del ecosistema Find Satoshi Lab (FSL) para desbloquear funciones y ventajas.

Por otro lado, GST tiene una oferta ilimitada y se gana al moverse en modos Solo o Fondo. La dinámica de quema de GST involucra actividades como la acuñación de zapatillas, la reparación y restauración de HP, la mejora de zapatillas, y más. GMT, que se puso en marcha el 28 de septiembre de 2022, se distribuye diariamente entre varios pools y su ganancia no tiene un tope, ajustándose dinámicamente cada minuto en función del poder total de Rainbow y Comfort utilizado.

Aspectos Clave de los Tokenomics de GMT:

- **Suministro Fijo de GMT:** 6 mil millones de tokens, destinados a ser utilizados en todo el ecosistema FSL para funciones clave y beneficios.

- **Mecánica de Quema de GST:** Involucra actividades dentro del juego como la acuñación de zapatillas, la mejora de gemas, y la apertura de cajas misteriosas, contribuyendo a un ecosistema sostenible.

- **Ganancia de GMT:** No tiene un límite máximo, se ajusta dinámicamente en función del poder de Rainbow y Comfort utilizado por los usuarios en tiempo real.

- **Mecánica de Halving de GMT:** La cantidad diaria de GMT liberada se reduce a la mitad exactamente dos años después de que se habilite la ganancia de GMT, asegurando un modelo sostenible a largo plazo.

- **Mecánica de Prorrateo:** La ganancia de GMT por persona es proporcional, significando que la cantidad de GMT ganado por persona varía inversamente con el número de usuarios que ganan GMT al mismo tiempo.

- **Mecánica de Quema de GMT:** Incluye la mejora de zapatillas, la redistribución de puntos de atributo, y el incremento de la probabilidad de éxito en diversas actividades dentro del juego.

- **Staking de GMT y Utilidad Adicional:** Detalles sobre el staking de GMT y su utilidad adicional en DOOAR y MOOAR están por anunciarse, indicando una expansión en las funciones y el valor de GMT.

La estrategia de manejo de tokens está diseñada para equilibrar la creación y destrucción de tokens, motivando la participación activa en la plataforma y garantizando el éxito sostenible del proyecto a futuro.

C - Ideas Prácticas para GMT

Uso Práctico de GMT (Green Metaverse Token):

1. **Incentivos para Estilos de Vida Saludables:** Los usuarios pueden ganar GST y GMT simplemente por moverse, lo que incentiva la actividad física y promueve estilos de vida saludables.

2. **Participación en el Ecosistema de Juegos:** Los tokens se utilizan dentro de la aplicación STEPN para funciones como la acuñación de zapatillas, mejoras, reparaciones y desbloqueo de características en el juego, creando un ecosistema de juego interactivo.

3. **Gobernanza de la Plataforma:** GMT actúa como un token de gobernanza, permitiendo a los poseedores de tokens participar en decisiones clave y la dirección futura de la plataforma STEPN.

4. **Inversión y Especulación:** Dada la estructura de tokenomics única de GMT, que incluye mecanismos de quema y un modelo de halving, GMT posee un potencial de inversión y especulación.

5. **NFTs y Coleccionables:** Los usuarios pueden invertir en NFTs únicos como zapatillas, mejorarlas y potencialmente venderlas en el mercado abierto, aprovechando la tendencia de coleccionables digitales.

6. **Potencial de Revalorización a Largo Plazo:** El modelo de tokenomics de GMT está diseñado para incentivar la retención y el uso a largo plazo, lo que podría resultar en una apreciación del valor del token a lo largo del tiempo.

7. **Quema de Tokens y Escasez:** Los mecanismos de quema de GMT y GST reducen la oferta total de tokens con el tiempo, lo que potencialmente puede aumentar el valor de los tokens restantes.

8. **Diversificación de Cartera de Criptomonedas:** Invertir en GMT podría ser una estrategia para diversificar una cartera de criptomonedas, especialmente para aquellos interesados en el nicho de fitness y sostenibilidad.

9. **Acceso a Eventos y Contenidos Exclusivos:** Los poseedores de GMT podrían tener acceso a eventos exclusivos, lanzamientos de productos y contenido dentro del ecosistema STEPN.

10. **Potencial de Crecimiento de la Comunidad:** Dado el enfoque único de STEPN en combinar fitness, blockchain y gaming, la plataforma tiene un potencial significativo para crecer y atraer a una gran comunidad, beneficiando a los poseedores de tokens a través de la red y el efecto de valor.

Estas sugerencias subrayan cómo GMT se puede usar de muchas maneras y su posible valor como inversión, además de cómo logra atraer a los usuarios a un mundo combinado de salud, juegos y monedas digitales.

28 HOT - Holo

Qué es HOT Holo

Holo (HOT) es una criptomoneda asociada con Holo, un proyecto que busca facilitar la creación y el uso de aplicaciones descentralizadas (dApps). La idea detrás de Holo es permitir que las aplicaciones funcionen en una red peer-to-peer en lugar de depender de servidores centralizados, lo que es común en las arquitecturas de internet actuales.

Holo se enfoca en proporcionar alojamiento distribuido, lo que significa que cualquier persona con un dispositivo conectado a internet puede convertirse en un anfitrión ofreciendo capacidad de procesamiento y almacenamiento.

A cambio, esos anfitriones reciben compensación en la criptomoneda HOT. HOT se utiliza principalmente para pagar los servicios de alojamiento en la red Holo.

En resumen, HOT es una criptomoneda que soporta el ecosistema Holo, incentivando y facilitando el alojamiento de aplicaciones descentralizadas en una red distribuida.

A - Resumen del Whitepaper de Holo (HOT)

Holo propone un cambio en el paradigma de aplicaciones descentralizadas (dApps) y hosting, utilizando la tecnología Holochain para ofrecer un sistema eficiente y escalable, sin los cuellos de botella de las blockchains tradicionales.

La criptomoneda del proyecto, HoloFuel, está diseñada para transacciones de alto volumen y bajo costo, basada en principios de la economía compartida. Holo busca solventar las limitaciones de la infraestructura de hosting centralizada y proporcionar un método de transacciones y almacenamiento de datos más eficiente y distribuido.

Puntos Destacados para Inversores Potenciales

1. **Innovación Tecnológica:** Holo introduce una arquitectura distribuida que supera las limitaciones de escalabilidad y eficiencia energética de blockchains tradicionales.

2. **HoloFuel:** Una moneda estable respaldada por poder computacional, diseñada para microtransacciones y un alto volumen de operaciones, representando una alternativa a las criptomonedas tradicionales.

3. **Modelo de Negocio Centrado en la Comunidad:** Holo se beneficia de la economía compartida, permitiendo a los usuarios proporcionar hosting y ser compensados en HoloFuel.

4. **Potencial de Crecimiento:** Holo apunta a capturar una porción significativa del mercado de hosting, con un modelo que permite escalar con una inversión de capital relativamente baja.

5. **Riesgos y Consideraciones:** Como cualquier criptomoneda y tecnología emergente, existen riesgos asociados con la adopción, la competencia tecnológica y la regulación del mercado.

Proyectos Similares o Competidores

1. **Ethereum:** Aunque no es directamente comparable, Ethereum es el líder actual en dApps y contratos inteligentes, pero enfrenta problemas de escalabilidad y costos de transacción.

2. **EOS, SONM, y otros proyectos de infraestructura de dApps:** Varios proyectos buscan resolver problemas de escalabilidad y eficiencia, aunque muchos dependen de la estructura de blockchain tradicional.

3. **Proyectos de almacenamiento descentralizado como Filecoin y Storj:** Aunque se centran más en el almacenamiento de datos, comparten el enfoque de aprovechar la capacidad no utilizada en una red descentralizada.

Este análisis del Whitepaper de Holo destaca su enfoque novedoso hacia las aplicaciones y servicios de hosting descentralizados, así como su capacidad para atraer a un amplio mercado gracias a su sólida estructura y una propuesta económica ventajosa para los usuarios y miembros de la red.

B - Tokenomics de Holo (HOT)

La estructura económica de Holo (HOT) se centra en un modelo de suministro ilimitado, diseñado para respaldar el crecimiento sostenible de la red y mantener las tarifas de transacción bajas.

Los tokens HOT se acuñan según sea necesario para compensar a los anfitriones por sus servicios, lo que facilita la adaptación del suministro a la demanda real de servicios de hosting y computación distribuida.

La circulación actual y el bajo ratio de volumen de mercado/capitalización sugieren que HOT tiene un margen significativo para un mayor flujo a medida que la adopción crece, aunque actualmente puede estar poco negociado.

Aspectos Clave de los Tokenomics de Holo (HOT):

- **Suministro Ilimitado:** La acuñación de nuevos tokens responde a la necesidad de pagar a los anfitriones, apuntando a mantener tarifas estables.

- **Circulación y Suministro Total:** Con una circulación actual de alrededor de 173 mil millones y un total cercano a los 178 mil millones, hay espacio para una mayor circulación.

- **Ratio Volumen de Mercado/Capitalización:** Un 3.02%, indicando que HOT podría beneficiarse de una mayor liquidez y volumen de negociación.

- **Modelo de Prueba de Servicio:** Los anfitriones bloquean tokens HOT para proporcionar servicios, potencialmente disminuyendo la presión de venta.

- **Token de Utilidad:** El valor de HOT está teóricamente vinculado al crecimiento en la demanda de servicios de Holo.

- **Mecanismos de Consenso:** Ausencia de staking o minería, con un suministro centralizado que aumenta según la necesidad.

La meta de los tokenomics de Holo es apuntar hacia la estabilidad de precios y fomentar la adopción masiva, esperando que la demanda de los servicios de Holo impulse el valor de HOT a largo plazo.

C - Ideas Prácticas para HOT

Uso Práctico de Holo (HOT):

1. **Alojamiento de Aplicaciones Descentralizadas (dApps):** Utilizar HOT para pagar servicios de hosting en la red Holo, facilitando una web más democrática y resistente a la censura.

2. **Microtransacciones y Servicios Digitales:** Pagar por servicios computacionales, almacenamiento de datos, y otros servicios digitales con una criptomoneda diseñada para transacciones rápidas y de bajo costo.

3. **Inversión y Especulación:** Participar en el mercado de criptomonedas con una moneda que busca estabilidad y crecimiento a través de la adopción de servicios, en lugar de la especulación pura.

4. **Contribuir como Anfitrión:** Participar en la red Holo proporcionando capacidad de procesamiento y

almacenamiento, recibiendo HOT a cambio y fortaleciendo el ecosistema.

5. **Innovación en Tecnología de Cadena de Bloques:** Invertir en un proyecto que busca superar las limitaciones de las blockchains convencionales, con potencial para redefinir el futuro de las aplicaciones descentralizadas y servicios en línea.

29 CELO - Celo

Qué es CELO

CELO es una criptomoneda y una plataforma blockchain diseñada con el objetivo de hacer que las transacciones financieras sean más accesibles y sencillas para usuarios de teléfonos móviles, especialmente en regiones con acceso limitado a los servicios bancarios tradicionales.

Características principales:

1. **Accesibilidad en móviles:** CELO está optimizado para funcionar en teléfonos móviles. La idea es que incluso las personas con dispositivos de gama baja y conexiones a internet limitadas puedan realizar transacciones de manera segura y eficiente.

2. **Estabilidad:** CELO intenta abordar la volatilidad de las criptomonedas mediante la vinculación de sus tokens a activos estables como el dólar estadounidense, lo que significa que intenta mantener un valor estable en lugar de las fluctuaciones salvajes vistas en muchas otras criptomonedas.

3. **Enfoque en la inclusión financiera:** La visión detrás de CELO es permitir la inclusión financiera de las personas que actualmente están desbancarizadas o subbancarizadas, es decir, aquellas que no tienen acceso fácil o no tienen acceso en absoluto a los servicios bancarios tradicionales.

4. **Gobernanza descentralizada:** CELO permite a sus usuarios participar en la gobernanza de la red. Los poseedores de tokens pueden votar sobre las propuestas de mejora del protocolo, lo que significa que tienen una palabra en el futuro de la plataforma.

5. **Plataforma de contratos inteligentes:** Al igual que Ethereum, CELO permite el desarrollo de aplicaciones descentralizadas (dApps) y contratos inteligentes en su plataforma, lo que abre un amplio abanico de posibilidades para desarrolladores y usuarios.

En resumen, CELO es tanto una moneda digital como una plataforma de cadena de bloques diseñada para facilitar las transacciones financieras para todos, enfocándose especialmente en personas de regiones con pocos servicios bancarios.

Utiliza una plataforma compatible con teléfonos móviles que fomenta la estabilidad y la inclusión financiera.

A - Resumen del Whitepaper de CELO

El Whitepaper de CELO presenta un protocolo destinado a facilitar pagos sociales descentralizados, abordando las barreras principales de la adopción masiva de criptomonedas: la facilidad de uso y la volatilidad del poder adquisitivo.

CELO introduce una encriptación basada en direcciones permitiendo usar números de teléfono como claves públicas, y una moneda con valor estabilizado mediante políticas monetarias de suministro elástico respaldadas por reservas variables.

Además, incorpora una estructura de gobernanza descentralizada que permite la creación de una ecología monetaria diversa, incluyendo monedas estables locales y regionales, y dividendos sociales.

Puntos Destacados para Inversores Potenciales

1. **Facilidad de Uso:** CELO simplifica transacciones mediante encriptación basada en direcciones, permitiendo transacciones intuitivas y seguras a través de números telefónicos.

2. **Estabilidad de Valor:** Implementa políticas de suministro elástico y reservas compartidas para estabilizar el valor de su moneda, haciéndola atractiva para transacciones diarias y reduciendo la barrera de volatilidad.

3. **Gobernanza Descentralizada:** Ofrece un modelo de gobernanza inclusivo, permitiendo a los usuarios participar en la toma de decisiones y en la introducción de nuevas monedas estables regionales.

4. **Ecosistema Monetario Diversificado:** CELO no solo se enfoca en pagos, sino también en crear un ecosistema robusto con monedas estables locales y regionales, potencialmente aumentando la demanda y estabilidad a largo plazo.

Proyectos Similares o Competidores

1. **MakerDAO (DAI):** Un protocolo de criptomoneda que también ofrece una moneda estable, DAI, que mantiene su valor cercano al del dólar estadounidense mediante mecanismos de gobernanza y colaterales de criptoactivos.

2. **Terra (LUNA):** Similar a CELO, Terra usa una combinación de monedas estables y un token de reserva (LUNA) para mantener el precio de sus monedas estables y fomentar la adopción en el comercio electrónico.

3. **Reserve (RSV y RSR):** Un sistema de moneda estable que utiliza una cesta de activos para mantener el valor de su moneda estable, RSV, y un token de gobernanza, RSR, para la estabilización y gobernanza del protocolo.

Estos aspectos proporcionan una visión general sobre cómo trabaja CELO y lo que lo hace diferente, además del entorno competitivo donde se mueve. Esto ayuda a los inversores interesados a tomar decisiones basadas en información clara y completa.

B - Tokenomics de CELO

El documento proporciona un análisis profundo de la economía y estabilidad de CELO, centrándose en los mecanismos de estabilidad de su moneda estable, el Celo Dollar, y el token nativo CELO. La plataforma utiliza un modelo híbrido de cripto-colateralización y seigniorage para manejar la oferta y demanda de Celo Dollar, asegurando su estabilidad de valor.

CELO actúa como un token de utilidad y es fundamental para el mecanismo de estabilidad, sirviendo para la gobernanza del protocolo y como respaldo en el contrato inteligente de reserva.

La estabilidad se logra mediante ajustes de oferta incentivados, donde los usuarios pueden crear o quemar Celo Dollars en respuesta a las variaciones de demanda, manteniendo así el valor cercano al dólar estadounidense.

Aspectos Clave de los Tokenomics de CELO:

- **Modelo Híbrido de Estabilidad:** Utiliza una combinación de cripto-colateralización y seigniorage para estabilizar el valor de Celo Dollar.

- **Token CELO:** Sirve como token de utilidad para la gobernanza y es esencial en el mecanismo de estabilidad, manteniendo un suministro fijo y valor variable.

- **Ajuste de Oferta:** Los usuarios pueden ajustar la oferta de Celo Dollar enviando CELO al contrato de reserva o quemando Celo Dollars, manteniendo así la paridad con el dólar estadounidense.

- **Reserva Diversificada:** Incluye CELO y una cesta diversificada de criptoactivos no-CELO, rebalanceada periódicamente según la gobernanza en cadena.

- **Riesgos de Estabilidad:** La estabilidad de Celo Dollar podría verse comprometida por una disminución en la demanda que exceda el valor total de las reservas o por una liquidez insuficiente en el mercado para ajustar la oferta de manera oportuna.

C - Ideas Prácticas para CELO

Uso Práctico de CELO:

- **Remesas y Transferencias Internacionales:** CELO puede facilitar transacciones rápidas y económicas para trabajadores que envían dinero a sus países de origen, especialmente en regiones con acceso limitado a servicios bancarios.

- **Micropagos y Pagos Sociales:** Ideal para micropagos debido a bajas tarifas de transacción, permitiendo pagos sociales y recompensas en plataformas digitales.

- **Inclusión Financiera:** Ofrece servicios financieros a personas desbancarizadas o subbancarizadas, permitiéndoles participar en la economía global.

- **Diversificación de Cartera de Inversión:** CELO puede ser una adición valiosa para inversores buscando diversificar sus carteras con criptomonedas centradas en la utilidad social y la estabilidad financiera.

- **Plataforma para dApps y Contratos Inteligentes:** Proporciona una base sólida para el desarrollo de aplicaciones descentralizadas y contratos inteligentes, abriendo un abanico de posibilidades en servicios financieros y más allá.

30 POLY - Polymath

Qué es POLY Polymath

POLY, la criptomoneda de Polymath, es un token utilizado dentro de la plataforma Polymath, diseñada para simplificar y facilitar el proceso de emisión y gestión de tokens de valores en la blockchain.

En términos sencillos, Polymath proporciona una solución que ayuda a las empresas a crear, emitir y gestionar tokens de seguridad (security tokens) de una forma que cumple con las regulaciones legales. Estos tokens de seguridad representan una inversión en activos reales, empresas o ingresos y están sujetos a regulaciones federales de valores.

El token POLY se utiliza para acceder a las funciones y servicios de la plataforma, como crear un token de seguridad, pagar tarifas y recompensar a los participantes en el ecosistema. Esencialmente, POLY actúa como una moneda dentro del ecosistema de Polymath, facilitando las transacciones y proporcionando un mecanismo para que los usuarios interactúen con los servicios de la plataforma.

A - Resumen del Whitepaper de Polymesh

Polymesh es una plataforma blockchain diseñada específicamente para tokens de seguridad, abordando los desafíos que enfrentan las instituciones financieras al trabajar con la tecnología blockchain tradicional, como Ethereum.

A pesar del éxito inicial de Polymath en Ethereum, al crear el estándar ERC-1400 para tokens de seguridad y facilitar la creación y gestión de estos, la plataforma reconoció limitaciones fundamentales en Ethereum, especialmente en áreas críticas como gobernanza, identidad, confidencialidad, cumplimiento y liquidación.

Para superar estos desafíos, Polymath desarrolló Polymesh, una blockchain dedicada, con características y capacidades específicas para mejorar la emisión, gestión y operación de tokens de seguridad.

Polymesh se distingue por características únicas, como:

- La formación de la Polymesh Association, una entidad sin fines de lucro basada en Suiza, para promover la adopción y diversificación del ecosistema Polymesh.

- La colaboración con operadores de nodos globales para garantizar una operación descentralizada y eficiente de la blockchain.

- Un testnet incentivado que demostró la participación activa y el cumplimiento de los usuarios, resaltando la singularidad del proceso de KYC en Polymesh.

- La auditoría independiente del código antes del lanzamiento para asegurar la seguridad y solidez de la plataforma.

Puntos Destacados para Inversores Potenciales

1. **Polymesh como Solución Especializada:** La blockchain está diseñada para superar las limitaciones de plataformas como Ethereum en la gestión de tokens de seguridad, ofreciendo una solución adaptada a las necesidades del sector financiero.

2. **Adopción y Reconocimiento del Estándar ERC-1400:** La influencia de Polymath en la creación del estándar de tokens de seguridad ERC-1400 y su adopción por entidades importantes, como el gobierno de Noruega y potencialmente un banco global importante, resalta la relevancia de la plataforma en el mercado.

3. **POLYX como Token Regulado:** Polymesh introduce POLYX, un token regulado por FINMA (Autoridad de Supervisión del Mercado Financiero de Suiza), lo que añade una capa de legitimidad y seguridad para los inversores, alineándose con marcos regulatorios claros.

4. **Arquitectura y Funcionalidad Específica:** Polymesh ofrece una arquitectura optimizada para tokens de seguridad, con tarifas de red bajas, estructura de cumplimiento integrada, y capacidades de liquidación únicas que permiten una confirmación bilateral de las transacciones, diferenciándola de otras blockchains.

Proyectos Similares o Competidores

1. **Ethereum:** Aunque Polymesh se originó para superar las limitaciones de Ethereum en el espacio de los tokens de seguridad, Ethereum sigue siendo un competidor significativo debido a su amplia adopción y comunidad establecida.

2. **Tezos:** Con su enfoque en la seguridad y la gobernanza, Tezos es otro competidor en el espacio de tokens de seguridad, ofreciendo una plataforma que se auto-actualiza y reduce la necesidad de hard forks.

3. **Securitize y Harbor:** Estas plataformas también están trabajando para simplificar la creación y gestión de tokens de seguridad, aunque con diferentes enfoques y tecnologías subyacentes.

Polymesh destaca por su enfoque especializado en el sector de tokens de seguridad, su alineación con marcos regulatorios y su arquitectura diseñada específicamente para abordar los desafíos del sector financiero en la blockchain.

Esto lo posiciona como una opción atractiva para las entidades interesadas en la tokenización de activos y la inversión en tokens de seguridad, aunque sigue en competencia con otras plataformas blockchain que buscan innovar en el mismo espacio.

B - Tokenomics de POLYX

POLYX es el token nativo de Polymesh, utilizado tanto para la participación (staking) como para el pago de transacciones en la red. Este token desempeña un papel esencial en la seguridad y funcionalidad de Polymesh, al medir el costo de cómputo y almacenamiento a través de tarifas de transacción, lo que previene ataques de denegación de servicio, y al incentivar el comportamiento adecuado de los operadores mediante recompensas por actuar correctamente y penalizaciones por tiempo de inactividad o datos inconsistentes.

El suministro total de POLYX está vinculado al de POLY, el token ERC20 de Polymath en Ethereum, que tiene un suministro total fijo de 1,000,000,000 POLY.

Los tokens POLY pueden ser convertidos a POLYX en la red Polymesh en una base uno a uno a través de un puente (bridge) entre POLY y POLYX, sin afectar el suministro total.

Además, la red Polymesh acuña recompensas que se distribuyen a operadores y participantes en el staking al final de cada era, incentivando así la participación y asegurando la red.

Aspectos Clave de los Tokenomics de POLYX:

- **Staking y Seguridad:** POLYX se usa para el staking, asegurando la red y motivando a los operadores a mantener un comportamiento adecuado a través de recompensas y penalizaciones.

- **Suministro de POLY/POLYX:** Existe un suministro total fijo de 1,000,000,000 POLY en Ethereum, convertible a POLYX en Polymesh sin alterar el suministro total.

- **Curva de Recompensas:** Las recompensas varían según la cantidad de POLYX en staking, con un ratio ideal inicial de staking del 70% del suministro total. Las recompensas son más altas cuando el ratio de staking es bajo para incentivar la participación, y disminuyen exponencialmente una vez alcanzado el ratio ideal para fomentar la liquidez.

- **Tarifas de Transacción:** Polymesh utiliza tarifas de transacción para prevenir ataques de spam, basándose en los costos de cómputo y almacenamiento. A diferencia de Ethereum, no existe un "precio de gas" y no se permite dar propinas para priorizar transacciones.

- **Recompensas y Penalizaciones para Operadores:** Existe un límite superior fijo en la cantidad de nodos operadores. Los operadores con mayor participación son elegidos, fomentando la competencia y asegurando la estabilidad de la red. Los operadores pueden establecer una comisión, pero hay un límite global. Las recompensas se distribuyen proporcionalmente entre todos los participantes que han hecho staking con un operador específico, después de deducir la comisión del operador.

  Los operadores pueden ser penalizados por estar fuera de línea o por votar de manera contradictoria en diferentes bloques.

Estos elementos de los tokenomics de POLYX están diseñados para promover una red segura, estable y eficiente, con incentivos alineados para operadores y participantes, asegurando la integridad y la funcionalidad óptima de la plataforma Polymesh.

C - Ideas Prácticas para POLYX

Uso Práctico de POLYX:

1. **Inversión en Infraestructura de Seguridad de Tokens:** POLYX permite a los inversores participar en la infraestructura de tokens de seguridad, un área en crecimiento debido a su capacidad para representar activos en el mundo real de manera segura y regulada.

2. **Participación en la Red Polymesh:** A través del staking de POLYX, los inversores no solo pueden

obtener recompensas, sino también contribuir a la seguridad y estabilidad de la red Polymesh, esencial para la emisión y gestión de tokens de seguridad.

3. **Pago de Tarifas de Transacción:** POLYX se utiliza para pagar tarifas de transacción en Polymesh, lo que significa que cualquier entidad que emita, gestione o intercambie tokens de seguridad necesitará POLYX, asegurando una demanda constante del token.

4. **Participación en la Gobernanza:** Poseer POLYX podría ofrecer derechos de gobernanza en el futuro, permitiendo a los tenedores de tokens influir en la dirección y políticas de la red Polymesh.

5. **Inversión en una Plataforma Regulada:** Dado que POLYX es reconocido por FINMA como un token de utilidad, los inversores pueden tener cierto grado de confianza en la estabilidad y el cumplimiento regulatorio de la inversión.

6. **Diversificación de Cartera de Criptomonedas:** Invertir en POLYX ofrece una oportunidad para diversificar en una criptomoneda que no está directamente ligada a las fluctuaciones de mercados más amplios de cripto, dado su enfoque único en tokens de seguridad y su modelo económico diferenciado.

7. **Uso en Servicios Financieros Descentralizados (DeFi):** Dado que Polymesh se enfoca en tokens de seguridad y cumple con las regulaciones, POLYX podría integrarse en el futuro en productos DeFi que requieran un nivel más alto de cumplimiento y seguridad legal.

Estas sugerencias destacan cómo POLYX no solo es interesante para invertir, sino también cómo juega un papel crucial en el ámbito emergente de los tokens de seguridad y la estructura de la cadena de bloques que sigue normativas.

31 GRT - The Graph

Qué es GRT The Graph

The Graph (GRT) es una criptomoneda y un protocolo que tiene como objetivo indexar y organizar datos provenientes de blockchains, para que estos datos sean fácilmente accesibles.

Funciona de manera similar a cómo los motores de búsqueda indexan y organizan los datos de internet, pero The Graph se enfoca específicamente en la información almacenada en blockchains.

En términos más técnicos, The Graph es un protocolo descentralizado para indexar y consultar datos de blockchains a través de lo que llaman subgrafos. Los desarrolladores pueden construir y publicar estos subgrafos, que son esencialmente APIs que permiten consultar datos de blockchain de manera eficiente.

GRT, el token nativo de The Graph, se utiliza dentro del ecosistema para incentivar el comportamiento correcto de los participantes, como recompensar a los indexadores (quienes procesan y sirven los datos), a los curadores (quienes señalan qué datos son valiosos) y a los delegadores (quienes apoyan a los indexadores con sus tokens para mejorar la seguridad y la eficiencia de la red).

En palabras simples

The Graph tiene como objetivo facilitar el acceso y la utilidad de los datos de las cadenas de bloques, permitiendo así el desarrollo de aplicaciones descentralizadas (dApps) más complejas y eficientes.

A - Resumen del Whitepaper de The Graph

The Graph es un protocolo descentralizado para indexar y consultar datos de blockchain, simplificando el acceso a información compleja almacenada en blockchains como Ethereum.

Es fundamental para proyectos con contratos inteligentes complejos y colecciones de NFT, donde las consultas directas son limitadas y poco prácticas.

The Graph utiliza subgrafos, definidos por el manifiesto del subgrafo, para detallar cómo se indexarán y almacenarán los datos. Utiliza Graph Node para escanear bloques de Ethereum, procesar eventos, y almacenar respuestas a consultas en su base de datos, lo que permite a las dApps consultar estos datos de forma eficiente mediante GraphQL.

El ecosistema de The Graph consta de Indexadores, Curadores y Delegadores, cada uno cumpliendo roles esenciales para mantener y operar la red. El token nativo, GRT, es un token de trabajo y utilidad que se usa para asignar recursos en la red, incentivando y recompensando a los participantes basados en su desempeño y participación.

Puntos Destacados para Inversores Potenciales

1. **Funcionalidad Clave:** Facilita consultas complejas y agrega eficiencia a las dApps, permitiendo operaciones avanzadas como agregación, búsqueda y filtrado no trivial.

2. **Descentralización y Seguridad:** A diferencia de soluciones centralizadas, The Graph ofrece una infraestructura descentralizada sin un único punto de fallo, potenciando la seguridad y la transparencia.

3. **Estructura de Costos:** Ofrece una estructura de costos más baja y flexible en comparación con soluciones centralizadas, sin costos de infraestructura y con costos promedio por consulta extremadamente bajos.

4. **Tokenomics:** GRT es fundamental para la operación de la red, con Indexadores, Curadores y Delegadores que participan activamente y son recompensados por sus contribuciones y el trabajo realizado.

5. **Adopción y Uso:** Soporta proyectos importantes y complejos, lo que indica un uso práctico significativo y potencial para más adopciones en el futuro.

6. **Soporte y Confiabilidad:** La red ofrece un alto tiempo de actividad y soporte técnico 24/7, mejorando la confiabilidad y la experiencia del usuario final.

Proyectos Similares o Competidores

1. **Chainlink (LINK):** Aunque más conocido por sus oráculos, Chainlink también ofrece servicios de indexación de datos para contratos inteligentes.

2. **Band Protocol (BAND):** Similar a Chainlink en su función de oráculo, pero también proporciona servicios que pueden solaparse con las ofertas de indexación de datos.

3. **Covalent:** Proporciona soluciones de indexación completa para blockchain, ofreciendo visibilidad completa en activos a través de múltiples cadenas de bloques.

4. **Ocean Protocol (OCEAN):** Se centra en la tokenización de datos y la creación de un mercado de datos, pero su enfoque en la gestión de datos puede colocarlo en competencia indirecta en ciertas áreas.

Para inversores interesados en The Graph, es crucial entender el papel único que desempeña en el ecosistema de blockchain, sus sólidos fundamentos tecnológicos, y su potencial de crecimiento en un campo donde los datos son cada vez más valiosos y su manejo más complejo.

B - Tokenomics de The Graph

The Graph (GRT) es un protocolo descentralizado diseñado para facilitar el acceso y la indexación de datos de blockchain, actuando como un puente entre los proveedores de datos y los consumidores. GRT es el token de utilidad que coordina estas interacciones dentro de la red, incentivando a los participantes a organizar y proveer datos de manera efectiva. La red se compone de varios participantes: Delegadores, Curadores, Desarrolladores e Indexadores, cada uno desempeñando roles cruciales en el funcionamiento y la seguridad de la red. Los Delegadores apoyan a los Indexadores, los Curadores señalan subgrafos de alta calidad, los Desarrolladores construyen y consultan subgrafos, y los Indexadores son la columna vertebral de los datos de blockchain en The Graph.

La economía de tokens de The Graph está diseñada para promover la participación activa, con mecanismos de recompensa y penalización que aseguran la integridad y eficiencia de la red.

La emisión de tokens y los mecanismos de quema están equilibrados para mantener una economía sostenible, con una emisión anual del 3% para recompensar a los Indexadores y una quema de aproximadamente el 1% de la oferta de GRT a través de varias actividades.

Aspectos Clave de los Tokenomics de The Graph:

- **Roles de Participantes en la Red:** Incluyen Delegadores, Curadores, Desarrolladores e Indexadores, cada uno con mecanismos de incentivo específicos.

- **Mecanismos de Incentivo y Recompensa:**

    - **Delegadores:** Aportan GRT a Indexadores y ganan una parte de las comisiones de consulta y recompensas de indexación.

    - **Curadores:** Señalan subgrafos de calidad y ganan una parte de las comisiones de consulta futuras.

    - **Desarrolladores:** Construyen y consultan subgrafos, pagando por sus consultas en GRT.

- **Indexadores:** La columna vertebral de la red, ganan GRT a través de comisiones de consulta y recompensas de indexación.

- **Mecanismos de Quema de Tokens:** Incluyen un impuesto de delegación del 0.5%, un impuesto de curación del 1%, y un 1% de las comisiones de consulta para datos de blockchain, ayudando a equilibrar la emisión de nuevos tokens.

- **Suministro de Tokens y Emisión:** El suministro inicial es de 10 mil millones de GRT, con una emisión anual del 3% destinada a recompensar a los Indexadores.

- **Mecanismos de Penalización:** Los Indexadores pueden ser penalizados por comportamiento malicioso o irresponsable, lo que incluye la quema del 50% de sus recompensas de indexación y una reducción del 2.5% en su auto-apuesta.

La estrategia de tokenomics de The Graph está pensada para impulsar una participación activa y consciente, garantizando la integridad y eficacia de la red mientras se preserva una economía de tokens equilibrada y duradera.

C - Ideas Prácticas para GRT
Uso Práctico de The Graph:

1. Para Desarrolladores de dApps:

- Utilizar The Graph para indexar y consultar datos de contratos inteligentes de manera eficiente, mejorando la experiencia del usuario y la funcionalidad de sus aplicaciones descentralizadas.

- Aprovechar subgrafos existentes para integrar datos de blockchain en sus dApps sin la necesidad de construir su propia infraestructura de indexación.

2. Para Curadores:

- Identificar y señalar subgrafos de alta calidad, ganando participación en las comisiones de consulta futuras, lo que proporciona una fuente de ingresos pasivos basada en la precisión de sus elecciones.

3. Para Delegadores:

- Contribuir al fortalecimiento de la red delegando GRT a Indexadores confiables, obteniendo una parte de las recompensas y comisiones de consulta, lo que ofrece una forma de ganar ingresos pasivos.

4. Para Indexadores:

- Operar nodos de indexación para servir datos a consumidores, ganando GRT a través de comisiones de consulta y recompensas de indexación, lo que proporciona una fuente de ingresos activos basada en la calidad del servicio y la eficiencia.

5. Para Consumidores de Datos:

- Acceder a datos de blockchain indexados y organizados de manera eficiente para sus proyectos o investigaciones, pagando solo por las consultas específicas que necesitan, lo que reduce costos y mejora la accesibilidad de datos de blockchain.

6. Como Inversión:

- Considerar GRT como una inversión a largo plazo en el ecosistema de datos de blockchain, donde el crecimiento en la adopción de dApps y la necesidad de datos de blockchain eficientes pueden impulsar la demanda de servicios de The Graph.

- Monitorear la participación de la comunidad, las actualizaciones del protocolo y el crecimiento del uso de subgrafos para evaluar el potencial de apreciación de GRT.

Estas ideas prácticas subrayan la utilidad de The Graph no solo como una herramienta para desarrolladores y participantes en su red, sino también como una posible inversión en el creciente campo de las infraestructuras de datos en blockchain.

Sin embargo, como con cualquier inversión, es fundamental realizar tu propia na investigación exhaustiva y considerar los riesgos antes de invertir.

32 THETA - Theta Network

Qué es THETA Network

THETA es una criptomoneda que opera en la red blockchain de Theta, diseñada principalmente para descentralizar la entrega de contenido de video en Internet. La idea es mejorar la calidad de transmisión y reducir los costos asociados con las redes de entrega de contenido (CDN, por sus siglas en inglés) tradicionales.

Theta permite a los usuarios compartir su ancho de banda y recursos de computación no utilizados en su red, y a cambio, los participantes son recompensados con tokens THETA. Esto crea un sistema más eficiente y descentralizado para transmitir videos, ya que reduce la necesidad de infraestructuras costosas y centralizadas.

Además, Theta incorpora varios conceptos de blockchain, como la descentralización y la tokenización, para permitir un ecosistema donde los creadores de contenido, los espectadores y los desarrolladores de aplicaciones se benefician de una manera más directa y transparente comparado con las plataformas tradicionales de distribución de contenido.

A - Resumen del Whitepaper de Theta

El whitepaper de Theta Mainnet 3.0 introduce importantes mejoras en la red Theta, especialmente en la economía de la red y el modelo de incentivos. Se destacan dos innovaciones: los Elite Edge Nodes, que permiten la "Minería de Tiempo Activo" (Uptime Mining) y la quema de TFuel (TFuel Burning), estableciendo un ciclo de retroalimentación de calidad de servicio.

Estas mejoras buscan equilibrar la inflación de TFuel, manteniendo el valor de utilidad de la red.

Puntos Destacados para Inversores Potenciales

1. **Elite Edge Nodes y Uptime Mining:** Los nodos mejorados permiten una minería basada en el tiempo de actividad, incentivando la participación y fortaleciendo la red.

2. **TFuel Burning y Equilibrio Económico:** Introduce un mecanismo de quema de TFuel como tarifa de red, destinado a equilibrar la oferta y la demanda de TFuel, potencialmente aumentando su valor.

3. **Innovación en el Modelo de Incentivos:** Theta 3.0 mejora el modelo de incentivos para los participantes, equilibrando fuentes y sumideros de TFuel en la red.

4. **Extensión a la Computación de Borde:** Más allá de la entrega de video, Theta se posiciona como una plataforma de computación de borde descentralizada, abriendo posibilidades para una amplia gama de aplicaciones.

Proyectos Similares o Competidores

1. **Livepeer:** Focalizado en transcodificación de video descentralizada, compite en el espacio de infraestructura de video.

2. **Filecoin y Siacoin:** Aunque se centran más en el almacenamiento descentralizado, su modelo de aprovechamiento de recursos ociosos de los usuarios es similar.

3. **Binance Smart Chain y Ethereum:** Por soportar contratos inteligentes y aplicaciones descentralizadas,

compiten en la funcionalidad de la computación de borde.

Este resumen destaca cómo Theta Mainnet 3.0 innova en el mundo de las criptomonedas, mejorando su economía de red y ampliando sus capacidades más allá de la transmisión de videos, situándose así en el naciente mercado de la computación periférica descentralizada.

B - Tokenomics de Theta Network

La tokenomics de Theta Network refleja un modelo económico con un equilibrio único entre oferta y demanda. Con una capitalización de mercado de $949 millones y un suministro circulante que coincide con el suministro máximo de 1,000 millones de tokens THETA, la red presenta una estructura económica cerrada y deflacionaria.

Esta configuración implica que no habrá una inflación de tokens, y el precio de THETA dependerá exclusivamente de las fuerzas de mercado de oferta y demanda.

Aspectos Clave de los Tokenomics de Theta Network:

- **Capitalización de Mercado Baja:** Con $949 millones, hay un potencial de crecimiento comparado con criptomonedas más establecidas.

- **Suministro Circulante Máximo:** Los 1,000 millones de THETA representan el suministro total, sin más emisión futura.

- **Capitalización de Mercado Totalmente Diluida:** Equivalente a casi $950 millones, refleja la valoración de mercado con el suministro total en circulación.

- Modelo Deflacionario: Sin inflación de tokens, cualquier aumento en la demanda podría incrementar significativamente el precio de THETA.

- **Potencial de Crecimiento:** La combinación de baja capitalización de mercado, suministro fijo y modelo deflacionario sugiere un buen potencial para el crecimiento del valor del token.

- **Necesidad de Análisis Integral:** Además de los aspectos positivos de la tokenomics, es crucial evaluar otros factores como la actividad en la blockchain y el desarrollo del proyecto para tener una visión completa.

En palabras sencillas

Theta Network ofrece una estrategia de tokens atractiva que sugiere un potencial de crecimiento en el valor del token. Sin embargo, es crucial realizar un análisis completo y detallado para entender verdaderamente su capacidad de expansión.

C - Ideas Prácticas para THETA

Uso Práctico de Theta Network:

1. **Distribución de Video Descentralizada:** Aprovechar Theta para mejorar la entrega de contenido en streaming, reduciendo costos y mejorando la calidad.

2. **Micropagos en la Industria del Entretenimiento:** Utilizar TFuel para transacciones y pagos dentro de plataformas de video.

3. **Computación de Borde y Servicios de DApp:** Implementar Theta para aplicaciones descentralizadas (DApps) que requieren computación de borde, aprovechando su infraestructura.

4. **Participación Comunitaria y Recompensas:** Incentivar la participación de la comunidad en la red, recompensando a los usuarios por compartir recursos.

El potencial de Theta Network como inversión reside en su innovadora aproximación a la entrega de contenido de video y su extensibilidad hacia servicios de computación de borde y DApps, lo que podría atraer a un amplio rango de usuarios y desarrolladores, impulsando la demanda y, potencialmente, el valor de THETA y TFuel.

33 ENJ - Enjin

Qué es ENJ Enjin

ENJ es la abreviatura de Enjin Coin, una criptomoneda que forma parte del ecosistema de Enjin, una plataforma que permite a los desarrolladores crear y gestionar bienes virtuales en la blockchain.

Enjin se enfoca principalmente en el mercado de los videojuegos y el contenido digital, permitiendo que los artículos dentro de los juegos, como personajes, armas, y otros accesorios, puedan ser tokenizados y comercializados como activos digitales únicos.

En términos sencillos, ENJ se utiliza como un token dentro de la plataforma Enjin para realizar diversas operaciones, como:

1. **Creación de Activos:** Los desarrolladores pueden usar ENJ para crear activos digitales únicos, conocidos como tokens no fungibles (NFTs), que pueden ser integrados en juegos y aplicaciones.

2. **Economía de Juegos:** Los jugadores pueden comprar, vender o intercambiar estos activos digitales dentro del ecosistema de Enjin, lo que permite una economía de juego más rica y descentralizada.

3. **Garantía de Valor:** Cada activo creado en la plataforma Enjin tiene una cantidad de ENJ "bloqueada" en su interior, lo que le proporciona un valor base y garantiza que nunca esté por debajo de un cierto valor de mercado.

Enjin Coin busca proporcionar una forma fácil y segura para que los desarrolladores integren elementos de blockchain en sus juegos y comunidades, añadiendo una nueva dimensión a la experiencia de juego y al valor de los bienes digitales.

A - Resumen del Whitepaper de Enjin Coin (ENJ)

Enjin Coin (ENJ) se presenta como el combustible que impulsa el ecosistema de Enjin, ofreciendo una solución integrada para la gestión de bienes virtuales en su blockchain. ENJ se utiliza principalmente para dos propósitos clave: pagar las tarifas de transacción, también conocidas como Gas, y añadir un valor de respaldo a los tokens en la blockchain de Enjin.

Tres formas en las cuales puede presentarse ENJ:

1. **ENJ:** La versión nativa de Enjin Coin, disponible para su compra en exchanges de criptomonedas y utilizada para transacciones en la blockchain o para crear nuevos tokens.

2. **cENJ:** Versión de Testnet de Enjin Coin, gratuita y con funcionalidades similares a ENJ pero en la Enjin Canary Testnet.

3. **sENJ:** Representa ENJ apostado. Se emite al apostar ENJ y se destruye al deshacer la apuesta. sENJ puede ser intercambiado por ENJ mediante un proceso específico en la plataforma.

El documento también aborda conceptos clave como el precio unitario de un token, que indica cuánto ENJ está bloqueado dentro de cada token como valor de respaldo, y la importancia de mantener un saldo mínimo en las cuentas de Enjin Coin para evitar su eliminación automática.

Además, detalla el proceso de creación de tokens en la blockchain de Enjin, incluyendo el depósito inicial de ENJ requerido, y ofrece una guía sobre cómo utilizar la plataforma Enjin para construir juegos Web3 rentables.

Puntos Destacados para Inversores Potenciales

1. **Versatilidad de ENJ:** ENJ no es solo una moneda, sino una herramienta multifacético para la creación de

tokens, lo que la hace esencial para el ecosistema de Enjin.

2. **Seguridad en la Inversión:** Cada token creado en Enjin tiene un valor de respaldo en ENJ, lo que asegura que cada token tiene un valor mínimo garantizado.

3. **Accesibilidad para Desarrolladores:** La plataforma Enjin facilita a los desarrolladores la creación de juegos y aplicaciones en blockchain, con un enfoque especial en activos digitales y NFTs.

4. **Innovación en el Juego:** ENJ permite una nueva dimensión en la economía de los juegos, con bienes digitales únicos y transaccionables.

5. **Infraestructura Robusta:** El Whitepaper detalla una infraestructura sólida y bien pensada para la gestión de tokens y cuentas, lo que puede inspirar confianza en los inversores.

Proyectos Similares o Competidores

1. **Decentraland (MANA):** Plataforma de realidad virtual basada en Ethereum que permite a los usuarios crear, experimentar y monetizar contenido y aplicaciones.

2. **The Sandbox (SAND):** Juego de blockchain que permite a los jugadores crear, poseer y monetizar sus experiencias de juego en un mundo virtual.

3. **Flow by Dapper Labs:** Blockchain diseñado desde cero para aplicaciones de alto rendimiento como juegos y NFTs, conocido por ser el hogar de CryptoKitties y NBA Top Shot.

4. **WAX (Worldwide Asset eXchange):** Blockchain especializada en NFTs y coleccionables digitales, ofreciendo una plataforma segura y conveniente para la creación y transacción de NFTs.

Es crucial que los inversores evalúen lo especial que es ENJ por su manera de crear tokens y cómo se usa en el mundo de los videojuegos, comparando esto con lo que ofrecen y cómo trabajan otros proyectos parecidos o competidores en el ámbito de la blockchain y los NFT.

B - Tokenomics de Enjin Coin (ENJ)

La tokenómica de Enjin Coin (ENJ) se estructura en torno a una oferta máxima fija de 1,000,000,000 ENJ, con un suministro circulante actual de 846,734,704.57 ENJ.

La distribución inicial de los tokens fue meticulosamente planificada, con un 40% (400,000,000 ENJ) vendido en la preventa, otro 40% (400,000,000 ENJ) disponible para los compradores en la venta pública, un 10% (100,000,000 ENJ) reservado por la empresa para incentivar a la comunidad, beta testers, marketing y socios estratégicos, y el 10% restante (100,000,000 ENJ) destinado al equipo de Enjin Coin y a los asesores.

Enjin Coin integra conceptos como la "rareza forzada" en sus NFTs y colecciones, permitiendo a los creadores limitar la cantidad de tokens en una colección y asegurar la unicidad de cada token dentro de ella.

Además, la opción de "Fuerza de Minteo Único" en la política de acuñación garantiza que una vez que un token es creado, su suministro inicial se convierte en su límite máximo perpetuo, manteniendo así su valor y escasez a lo largo del tiempo.

Aspectos Clave de los Tokenomics de Enjin Coin (ENJ):

- **Oferta Máxima Fija:** ENJ tiene una oferta máxima de 1,000,000,000 tokens, lo que proporciona previsibilidad y transparencia en su economía.

- **Distribución Planificada:** La distribución inicial incluye ventas en preventa y pública, además de reservas para el equipo, la comunidad y socios estratégicos.

- **Enfoque en la Rareza:** La configuración de la política de acuñación permite la creación de colecciones de tokens con un suministro limitado y único, reforzando la rareza y el valor de los NFTs.

- **Immutable Tokenomics:** La opción de "Fuerza de Minteo Único" asegura que los tokens no puedan ser acuñados más de una vez, garantizando la inmutabilidad y la escasez de los tokens a lo largo del tiempo.

- **Dinámica de Suministro y Demanda:** La estructura de los tokenomics está diseñada para equilibrar el suministro y la demanda, potencialmente influyendo en el valor percibido y la utilidad de ENJ en el ecosistema de Enjin.

C - Ideas Prácticas para ENJ

Uso Práctico de Enjin Coin (ENJ):

1. **Creación de NFTs Únicos:** Utilizar ENJ para acuñar activos digitales únicos como NFTs, aprovechando la posibilidad de crear colecciones limitadas y artículos exclusivos dentro de juegos o como coleccionables digitales.

2. **Incorporación en Juegos y Aplicaciones:** Integrar ENJ en juegos y aplicaciones para facilitar las transacciones in-game, permitiendo a los usuarios comprar, vender o intercambiar activos dentro del ecosistema de Enjin.

3. **Fomento de la Economía de Juegos:** Aprovechar la plataforma de Enjin para desarrollar una economía de juegos más rica y descentralizada, donde los jugadores pueden tener una propiedad real y verificable de sus activos digitales.

4. **Participación en Staking:** Participar en el staking de ENJ para obtener sENJ, lo que podría ofrecer recompensas o incentivos dentro del ecosistema de Enjin, además de contribuir a la seguridad y operatividad de la red.

5. **Desarrollo de Plataformas de Mercado:** Crear o utilizar plataformas de mercado basadas en Enjin para la compra, venta e intercambio de NFTs y otros activos digitales, aprovechando la infraestructura segura y transparente de la blockchain.

6. **Incentivos para la Comunidad y Socios:** Utilizar ENJ para incentivar a la comunidad, beta testers y socios

estratégicos, fomentando así un ecosistema activo y comprometido alrededor de la plataforma de Enjin.

7. **Inversión a Largo Plazo:** Considerar ENJ como una inversión a largo plazo, especialmente si se cree en el crecimiento y adopción del ecosistema de Enjin, los NFTs y la economía de juegos en blockchain.

8. **Promoción de la Escasez y Exclusividad:** Utilizar la política de acuñación de Enjin para crear tokens que sean inmutables y únicos, aumentando su valor percibido y la exclusividad en el mercado.

Estas sugerencias destacan cómo Enjin Coin tiene potencial no solo como moneda digital, sino también como una herramienta importante para traer innovación al mundo de los activos digitales y los juegos basados en blockchain.

Ofrece varias oportunidades para usuarios, desarrolladores, inversores y aficionados interesados en este ecosistema.

34 SC - Siacoin

Qué es SC Siacoin

Siacoin (SC) es una criptomoneda que forma parte de la plataforma Sia, un sistema de almacenamiento en la nube descentralizado. Sia permite a cualquier persona alquilar espacio de almacenamiento o poner a disposición su espacio de disco no utilizado, y todas las transacciones en esta red se realizan con Siacoin.

En términos sencillos, puedes entender a Siacoin como el "dinero" utilizado dentro de la red de Sia para pagar y recibir pagos por servicios de almacenamiento. La idea detrás de Sia y Siacoin es proporcionar un entorno más seguro, privado y asequible para el almacenamiento en la nube, eliminando intermediarios y utilizando la tecnología de blockchain para facilitar las transacciones y asegurar los datos.

Los usuarios que necesitan almacenamiento suben sus archivos a la red de Sia, donde se dividen en fragmentos, se cifran y se distribuyen a varios nodos (computadoras) en todo el mundo. Los usuarios que tienen espacio de almacenamiento disponible pueden convertirse en proveedores de la red alquilando su espacio no utilizado y recibiendo Siacoin a cambio.

La naturaleza descentralizada de la red tiene como objetivo mejorar la seguridad y reducir la dependencia de una sola entidad o un grupo de entidades para almacenar y manejar datos.

A - Resumen del Whitepaper de Sia (Siacoin)

Sia propone un ecosistema de almacenamiento descentralizado basado en blockchain, donde los usuarios alquilan espacio de almacenamiento entre sí. Los contratos de almacenamiento, verificados y almacenados en blockchain, definen términos y pruebas periódicas de almacenamiento.

Sia se distingue por su estructura transaccional, seguridad mejorada a través de esquemas de firma múltiple y un enfoque en la descentralización para mitigar ataques y ofrecer un almacenamiento confiable y privado.

Puntos Destacados para Inversores Potenciales

1. **Descentralización y Seguridad:** Sia se enfoca en la descentralización para proporcionar almacenamiento seguro y privado, reduciendo la dependencia de entidades únicas y mitigando riesgos de ataques centralizados.

2. **Modelo Económico Innovador:** Utiliza siafunds para generar ingresos, vinculando los beneficios de la empresa al uso de la red y proporcionando un incentivo directo para el crecimiento y mantenimiento de la plataforma.

3. **Adaptabilidad y Escalabilidad:** La arquitectura de Sia permite actualizaciones y adaptaciones, como los micropagos para transacciones rápidas y eficientes, lo que sugiere un enfoque en la escalabilidad y la adaptabilidad a largo plazo.

Proyectos Similares o Competidores

1. **Filecoin:** Ofrece un modelo similar de almacenamiento descentralizado basado en incentivos, donde los usuarios pueden alquilar espacio o almacenar archivos, y participar en el mantenimiento de la red.

2. **Storj:** Proporciona almacenamiento en la nube descentralizado, con énfasis en la seguridad y la privacidad, permitiendo a los usuarios alquilar su espacio no utilizado.

3. **IPFS (InterPlanetary File System):** Es un protocolo y red de pares para almacenar y compartir datos en un sistema de archivos distribuido.

Estos competidores comparten la visión de un almacenamiento descentralizado pero tienen diferencias en implementación, incentivos económicos y mecanismos de seguridad, lo cual es crucial considerar al analizar Sia y su posición en el mercado.

B - Tokenomics de Siacoin

La tokenomía de Siacoin se caracteriza por un suministro circulante y total extremadamente alto, con la posibilidad de creación infinita de tokens, lo que introduce un elemento inflacionario.

Esta estructura está diseñada para mantener bajas las tarifas de almacenamiento y fomentar el uso de la red en lugar de la acumulación de tokens como inversión.

Sin embargo, este enfoque puede diluir el valor del token y requerir un aumento significativo de la demanda para una apreciación sustancial del valor del token SC.

Aspectos Clave de los Tokenomics de Siacoin:

- **Suministro Elevado:** Con 56 mil millones de SC en circulación, el valor individual del token puede verse diluido.

- **Cercanía del Suministro Total al Circulante:** Casi todos los tokens planificados están en circulación, limitando la emisión de nuevos tokens.

- **Suministro Máximo Infinito:** Capacidad para crear tokens adicionales, potencialmente llevando a inflación.

- Capitalización de Mercado Moderada: Con $498 millones, hay potencial de crecimiento, pero también desafíos.

- **Enfoque en Utilidad sobre Valor de Inversión:** La estructura incentiva el uso de la red para almacenamiento, más que la acumulación del token como inversión.

C - Ideas Prácticas para SC

Uso Práctico de Siacoin:

1. **Almacenamiento en la Nube Descentralizado:** Usar Siacoin para pagar y recibir pagos por alquilar espacio de almacenamiento, aprovechando la seguridad y privacidad mejoradas de la red Sia.

2. **Micropagos para Transacciones de Datos:** Realizar micropagos para transacciones eficientes relacionadas con el almacenamiento y la recuperación de datos.

3. **Incentivo para Contribuir al Ecosistema:** Recibir Siacoin al ofrecer espacio de almacenamiento no utilizado, contribuyendo así al mantenimiento y crecimiento de la red Sia.

4. **Participación en una Economía de Almacenamiento Emergente:** Invertir en Siacoin podría ser visto como una apuesta en el crecimiento y adopción de soluciones de almacenamiento descentralizado, aunque con la comprensión de sus riesgos y dinámicas de suministro.

35 HT - Huobi Token

Qué es HT Huobi Token

Huobi Token (HT) es una criptomoneda emitida por Huobi Group, que es una de las plataformas de intercambio de criptomonedas más grandes del mundo. En términos sencillos, HT funciona principalmente como un token de utilidad dentro del ecosistema de Huobi.

Principales Funciones clave del Huobi Token:

1. **Descuentos en Comisiones de Transacción:** Los usuarios que poseen HT pueden recibir descuentos en las comisiones de transacción al operar en la plataforma Huobi, lo cual es un incentivo para que los traders mantengan y usen el token.

2. **Huobi VIP Access:** HT también se puede usar para comprar niveles VIP en Huobi, que ofrecen tasas de trading preferenciales, servicios exclusivos y otros beneficios.

3. **Participación en Decisiones de la Plataforma:** HT permite a los usuarios participar en decisiones de la plataforma, como votaciones en eventos de listado de tokens, dando a los titulares de tokens una voz en la dirección del desarrollo de la plataforma.

4. **Programas de Recompensas y Buybacks:** Huobi a menudo utiliza parte de sus ingresos para recomprar HT en el mercado abierto y luego quemar esos tokens (eliminarlos de la circulación), lo que puede influir en el valor del token debido a la reducción de la oferta.

En resumen, el Huobi Token es una criptomoneda que ofrece varios beneficios y funciones dentro del ecosistema de Huobi, incluyendo descuentos en comisiones, acceso a servicios VIP, derecho a participar en la gobernanza de la plataforma, y potencialmente, un aumento en el valor a través de programas de recompra y quema de tokens.

A - Resumen del Whitepaper de Huobi y Huobi Token (HT)

Huobi Global se destaca como una de las principales plataformas de intercambio de criptomonedas en el ecosistema Web3, ofreciendo una experiencia de trading simplificada y un conjunto de servicios profesionales y opciones de staking competitivas. Huobi Token (HT), lanzado en 2018, es un token ERC-20 que proporciona beneficios exclusivos a los usuarios del intercambio, incluyendo descuentos en comisiones de trading y acceso a eventos exclusivos.

Huobi Group, establecido en 2013 y reubicado en Seychelles para una regulación más amigable con las criptomonedas, ha expandido sus operaciones globalmente y ha adquirido proyectos Web3, como "Quick Wallet". La compañía también es responsable del lanzamiento de Huobi Eco Chain (HECO), una cadena pública eficiente en energía que utiliza HT como moneda base, albergando un ecosistema de protocolos DeFi y aplicaciones Web3 sin permisos.

Puntos Destacados para Inversores Potenciales

- **Token con Múltiples Usos:** HT ofrece descuentos en comisiones, acceso a eventos de lanzamiento de tokens, airdrops, recompensas de staking y más.

- **Ecosistema Expansivo:** Huobi no solo ofrece una plataforma de intercambio, sino que también ha desarrollado HECO para aplicaciones DeFi y Web3, aumentando la utilidad de HT.

- **Adopción y Liquidez:** Siendo una de las plataformas de intercambio más grandes, la liquidez y adopción de HT está respaldada por una gran base de usuarios y variedad de servicios.

- **Mecanismo de Buyback y Burn:** HT utiliza un mecanismo que reduce la oferta circulante, potencialmente aumentando su valor en el tiempo.

- **Servicios para Instituciones:** Huobi ofrece servicios de trading profesional, préstamos y servicios de minería adaptados a instituciones y usuarios con alto patrimonio neto.

Proyectos Similares o Competidores

- **Binance Coin (BNB):** Token nativo de Binance y Binance Smart Chain, ofrece descuentos en comisiones y es fundamental para un ecosistema de DeFi en crecimiento.

- **Cronos (CRO):** Token de Crypto.com, proporciona acceso a beneficios exclusivos y recompensas de staking, y es usado en la cadena pública Crypto.com Chain.

- **FTX Token (FTT):** Token de FTX, ofrece descuentos en comisiones y oportunidades de staking, y es interoperable con múltiples cadenas.

- **LEO Token:** Token de Bitfinex, proporciona reducciones en comisiones de trading y oportunidades de rendimiento a través del rango de productos de Bitfinex.

- **PancakeSwap (CAKE):** Token BEP-20 para el DEX PancakeSwap en BNB Chain, ofrece incentivos económicos para competencias de trading y es una pieza clave en su gobernanza.

Este análisis enfoca la situación de Huobi y su token HT en el mercado de criptomonedas, ofreciendo un panorama general para quienes estén interesados en profundizar en las oportunidades de inversión que presenta este ecosistema.

B - Tokenomics de Huobi Token (HT)

Los tokenomics de Huobi Token (HT) revelan una estructura diseñada para equilibrar la oferta y la demanda, manteniendo al mismo tiempo incentivos para los tenedores y usuarios del token.

Con un suministro circulante actual de 162 millones HT, que representa aproximadamente el 32% del suministro máximo, hay una percepción de escasez que puede ayudar a impulsar el precio del token.

El suministro total existente de 204 millones de HT indica que todavía hay una cantidad significativa de tokens, exactamente 296 millones de HT, que están programados para entrar en circulación. Esta liberación gradual de tokens al mercado puede ser vista como una estrategia para mantener la estabilidad del precio y promover un crecimiento sostenible.

La capitalización de mercado totalmente diluida, situada alrededor de $1.33 mil millones de dólares, refleja el potencial valor total del token si todo el suministro máximo estuviera en circulación. Este número proporciona una visión del valor de mercado teórico de HT y su relevancia en el espacio de las criptomonedas.

Los mecanismos deflacionarios, como la quema periódica de tokens, juegan un papel crucial en la gestión de la inflación del suministro no circulante, ayudando a mantener un equilibrio saludable entre la oferta y la demanda.

Aspectos Clave de los Tokenomics de Huobi Token (HT):

- **Suministro Circulante:** 162 millones HT, alrededor del 32% del suministro máximo.

- **Suministro Total:** 204 millones HT, con 296 millones HT restantes para entrar en circulación.

- **Suministro Máximo:** 500 millones de HT.

- **Capitalización de Mercado:** Aproximadamente $1.33 mil millones de dólares en términos de capitalización de mercado totalmente diluida.

- **Estrategia de Suministro:** Mantener una parte del suministro total fuera de circulación para potencialmente impulsar el precio.

- **Presión de Suministro Futura:** La entrada pendiente de casi 300 millones de HT podría ejercer presión bajista en el precio en el futuro.

- **Mecanismos Deflacionarios:** La quema periódica de tokens ayuda a contrarrestar la inflación del suministro no circulante.

En conjunto, la tokenomía de HT está estructurada para fomentar la utilización dentro del ecosistema de Huobi, a la vez que implementa estrategias para manejar la inflación y promover un crecimiento estable del valor del token.

La efectividad de estos mecanismos y la adopción continua del token por parte de los usuarios y los inversores serán factores determinantes en el éxito a largo plazo de HT.

C - Ideas Prácticas para HT
Uso Práctico de Huobi Token (HT):

1. **Descuentos en Comisiones de Trading:** Utiliza HT para recibir descuentos significativos en las comisiones al realizar operaciones en la plataforma Huobi, lo que puede ser especialmente beneficioso para traders frecuentes o con volúmenes altos.

2. **Acceso a Servicios VIP:** Adquiere niveles VIP en Huobi con HT para disfrutar de beneficios exclusivos, como tasas de trading preferenciales y servicios personalizados, lo que añade valor para inversores serios y usuarios institucionales.

3. **Participación en Eventos Exclusivos:** Usa HT para acceder a eventos de lanzamiento de tokens, airdrops y otras promociones únicas, permitiéndote ser parte de oportunidades de inversión tempranas y beneficios exclusivos.

4. **Gobernanza y Votación:** Participa en decisiones clave del ecosistema Huobi al utilizar HT para votar en propuestas de la plataforma, dándote un papel activo en la dirección y el desarrollo de la comunidad y los servicios.

5. **Staking y Recompensas:** Involúcrate en programas de staking con HT para obtener recompensas y participa en programas de yield farming disponibles en la plataforma, proporcionando una posible fuente de ingresos pasivos.

6. **Inversión a Largo Plazo:** Considera mantener HT como parte de una estrategia de inversión a largo plazo, especialmente si crees en el crecimiento y la adopción futura del ecosistema Huobi y sus servicios asociados.

7. **Interacción con Huobi Eco Chain (HECO):** Utiliza HT dentro de la red HECO para interactuar con una variedad de dapps y protocolos DeFi, aprovechando las bajas tarifas de transacción y la alta eficiencia de la red.

8. **Mecanismo de Quema de Tokens:** Benefíciate de los eventos de quema de tokens que pueden reducir la oferta total de HT y potencialmente aumentar su valor a largo plazo, añadiendo un elemento deflacionario a tu inversión.

Estas sugerencias revelan que el Huobi Token (HT) no solo sirve como una inversión, sino también como una herramienta útil en el ecosistema de Huobi. Ofrece una serie de ventajas para inversores, comerciantes y otros miembros del mundo de las criptomonedas.

36 DCR - Decred

Qué es DCR Decred

Decred (DCR) es una criptomoneda que se centra en la comunidad, la seguridad, y la descentralización. Fue lanzada en febrero de 2016 con el objetivo de resolver problemas asociados con la gobernanza en otras criptomonedas, asegurando que todas las partes interesadas tengan voz en las decisiones que afectan a la red.

Aquí hay algunas características clave de Decred:

1. **Gobernanza Integrada:** Decred tiene un sistema de gobernanza integrado que permite a los poseedores de DCR participar en la toma de decisiones sobre el futuro de la red. Esto incluye decisiones sobre cambios técnicos y propuestas de financiamiento para mejorar la red.

2. **Híbrido PoW/PoS:** Utiliza un sistema híbrido de Prueba de Trabajo (PoW) y Prueba de Participación (PoS) para asegurar la red. La Prueba de Trabajo permite a los mineros crear nuevos bloques y asegurar la red a través del poder de cómputo, mientras que la Prueba de Participación permite a los poseedores de DCR votar en decisiones importantes y validar transacciones, lo que ayuda a proteger contra ataques maliciosos.

3. **Auto-Financiamiento:** Una parte de las recompensas de bloque se reserva para financiar el desarrollo futuro de la red. Esto significa que Decred tiene un modelo de

autofinanciamiento que le permite evolucionar y crecer sin depender de donaciones o patrocinios externos.

4. **Seguridad y Descentralización:** La combinación de PoW y PoS busca ofrecer un alto nivel de seguridad y descentralización, ya que ambas formas de participación (minería y staking) son necesarias para el funcionamiento de la red.

En resumen, Decred es una criptomoneda que busca crear una red segura, descentralizada y gobernada de manera equitativa por su comunidad, con mecanismos integrados para la toma de decisiones y el financiamiento de su desarrollo futuro.

A - Resumen del Whitepaper de Decred

Decred es una criptomoneda basada en blockchain que enfatiza la entrada de la comunidad, la gobernanza abierta y la financiación sostenible para el desarrollo.

Utiliza un sistema híbrido de minería Proof-of-Work (PoW) y Proof-of-Stake (PoS) para prevenir el dominio de un pequeño grupo sobre la red.

Los aspectos clave incluyen la gobernanza integrada en el protocolo, un sistema de recompensas dividido entre mineros PoW, votantes PoS y el Tesoro de Decred, y un mecanismo de votación PoS central para la gobernanza.

Puntos Destacados para Inversores Potenciales

- **Gobernanza Comunitaria:** Los poseedores de DCR pueden participar directamente en la toma de decisiones, lo que incluye la dirección futura del proyecto y el uso del tesoro.

- **Sistema Híbrido PoW/PoS:** Proporciona seguridad y equidad mejoradas, evitando que un pequeño grupo domine la red.

- **Financiación Sostenible:** El Tesoro de Decred financia el desarrollo y las iniciativas comunitarias, asegurando la sostenibilidad a largo plazo.

- **Innovación Técnica:** Incorpora características como transacciones atómicas y soporte para Lightning Network.

Proyectos Similares o Competidores

- **Dash:** Ofrece gobernanza y financiación comunitaria a través de su sistema de masternodes.

- **Tezos:** Utiliza un mecanismo de Proof-of-Stake para la gobernanza y las actualizaciones de protocolo.

- **Ethereum 2.0:** Con su transición a Proof-of-Stake, Ethereum 2.0 presenta gobernanza y seguridad mejoradas.

Este análisis destaca el enfoque único de Decred en la gobernanza comunitaria y la financiación sostenible, diferenciándolo de otros proyectos de criptomonedas.

B - Tokenomics de Decred

Decred presenta una oferta máxima fija de 21 millones de tokens DCR, lo que asegura escasez y contribuye al valor de los tokens.

Con una oferta circulante actual de 15.8 millones de DCR, aproximadamente el 75% de la oferta máxima ya está en circulación, dejando espacio para que más tokens se introduzcan en el futuro.

El mecanismo de consenso híbrido PoW/PoS de Decred permite a los mineros y a los participantes de PoS ganar recompensas en DCR, con una disminución programada de la recompensa de bloque PoW a lo largo del tiempo, lo que garantiza una emisión transparente y predecible de nuevos tokens.

Aspectos Clave de los Tokenomics de Decred:

- **Oferta Máxima Fija:** 21 millones de DCR, promoviendo la escasez.

- **Oferta Circulante:** 15.8 millones de DCR, el 75% de la oferta máxima.

- **Capacidad de Mercado Totalmente Diluida:** Basada en la oferta máxima y el precio actual por token.

- **Consenso Híbrido PoW/PoS:** Mineros y participantes de PoS ganan DCR.

- **Disminución Programada de Recompensas:** Reduce la tasa de nueva oferta acercándose a la oferta máxima.

- **Modelo de Emisión Transparente y Predecible:** Con escasez incorporada y distribución descentralizada de nuevos tokens.

C - Ideas Prácticas para DCR

Uso Práctico de Decred:

- **Gobernanza Descentralizada:** Participación activa en la toma de decisiones de la blockchain para mejorar la plataforma.

- **Inversión a Largo Plazo:** Dado su modelo económico predecible y su enfoque en la sostenibilidad y la gobernanza comunitaria.

- **Staking y Minería:** Oportunidades para ganar recompensas a través de la participación en la seguridad y gobernanza de la red.

- **Transacciones Seguras:** Uso para transacciones seguras y privadas gracias a sus características avanzadas de seguridad.

- **Desarrollo y Financiación de Proyectos:** Apoyo a proyectos dentro del ecosistema Decred utilizando su tesoro descentralizado.

37 SXP Solar

Qué es SXP Solar

SXP (anteriormente conocida como Swipe) es una criptomoneda y una plataforma diseñada para potenciar y facilitar los pagos y las transacciones financieras usando tecnología blockchain. La visión detrás de SXP es permitir una integración más fluida de las criptomonedas en la vida diaria, permitiendo a los usuarios gastar sus criptomonedas como si fueran moneda tradicional a través de tarjetas de débito y otros medios de pago.

Una de las características clave de SXP es que funciona como el token nativo dentro de su ecosistema, utilizándose para pagar las tarifas de transacción, participar en programas de recompensas y acceder a diversas funciones dentro de la plataforma, como emisión de tarjetas de crédito/de débito criptográficas, intercambios en la plataforma y servicios financieros descentralizados (DeFi).

Solar, en este contexto, podría referirse a una evolución o proyecto relacionado con SXP, posiblemente centrado en ampliar su alcance o mejorar su tecnología de blockchain para hacerla más eficiente, segura o accesible. Sin embargo, para obtener detalles específicos y actualizados sobre "SXP Solar", sería necesario revisar las fuentes oficiales o los anuncios recientes, ya que el mundo de las criptomonedas está en constante evolución y los proyectos pueden cambiar rápidamente en cuanto a sus objetivos, tecnología y aplicaciones.

A - Resumen del Whitepaper de SXP Solar

El whitepaper de SXP Solar presenta una plataforma blockchain diseñada para pagos descentralizados y contratos inteligentes, utilizando un modelo de consenso DPoS. SXP actúa como la moneda nativa, esencial para las transacciones y el ecosistema Solar.

Destaca la seguridad mediante productores de bloques electos, un mecanismo de quema de monedas para reducir la oferta circulante y planes para introducir mejoras significativas con Solar Core 5.0, incluyendo un cambio al modelo de consenso BFT y la implementación de la Solar Virtual Machine (SVM) para compatibilidad con contratos inteligentes.

Puntos Destacados para Inversores Potenciales

- **Modelo de Consenso DPoS Mejorado:** Transición a un modelo de consenso BFT con Solar Core 5.0, aumentando la seguridad y eficiencia.

- **Quema de Monedas:** Reducción de la oferta circulante a través de mecanismos de quema, lo cual puede potenciar el valor de SXP.

- **Solar Virtual Machine (SVM):** Compatibilidad con contratos inteligentes, tokens NFT y aplicaciones descentralizadas, ampliando el alcance de SXP.

- **Desarrollo de Ecosistema:** Iniciativas como Dokdo y productos como Solar Debit Cards y moon.store promueven el uso de SXP en aplicaciones reales.

Proyectos Similares o Competidores

- **Ethereum:** Como la principal plataforma de contratos inteligentes, Ethereum compite en el ámbito de aplicaciones descentralizadas y tokens NFT.

- **Binance Smart Chain (BSC):** Ofrece transacciones rápidas y económicas, compitiendo en el espacio de DeFi y contratos inteligentes.

- **Solana:** Conocida por su alta velocidad y baja latencia, Solana es un competidor directo en el sector de contratos inteligentes y dApps.
- **Cardano:** A través de su enfoque en la escalabilidad y sostenibilidad, Cardano compite en el desarrollo de soluciones DeFi y contratos inteligentes.

Este análisis revela que SXP Solar está posicionándose como un jugador sólido en el espacio blockchain, con innovaciones tecnológicas y un enfoque en la usabilidad y seguridad. La inversión en SXP Solar debe considerar tanto sus fortalezas internas como el panorama competitivo amplio.

B - Tokenomics de Solar (SXP)

Solar (SXP) se centra en ser una blockchain de capa uno, de código abierto para pagos descentralizados entre pares. Utiliza un mecanismo de consenso de prueba de participación delegada (DPoS) y es gobernado por una DAO.

Su token nativo, SXP, se utiliza para transacciones, votaciones en propuestas de gobernanza, y es esencial para el funcionamiento de la blockchain.

Solar promueve un enfoque comunitario y ha implementado mecanismos deflacionarios para controlar la oferta de SXP.

Aspectos Clave de los Tokenomics de Solar (SXP):

- **Suministro Inflacionario y Fijo:** 530 SXP por ronda para recompensas de bloques, con posibilidad de ajuste por propuestas de gobernanza.

- **Mecanismo de Consenso DPoS:** 53 delegados elegidos por votación son responsables de la seguridad y mantenimiento de la blockchain.

- **Mecanismos Deflacionarios:** La creación de tokens fungibles y no fungibles quema SXP, contribuyendo a una dinámica deflacionaria.

- **Recompensas para Delegados y Votantes:** Los delegados reciben SXP por ronda, con una distribución que incentiva la contribución al ecosistema.

- **Gobernanza Comunitaria:** Los titulares de SXP votan en propuestas que pueden ajustar los mecanismos económicos de la red.

Estos elementos reflejan un enfoque en la sostenibilidad y participación comunitaria, con el objetivo de crear una plataforma descentralizada robusta y eficiente.

C - Ideas Prácticas para SXP

Uso Práctico de Solar (SXP):

- **Pagos y Transacciones:** Utilizar SXP para pagos descentralizados entre pares de manera rápida y segura.

- **Gobernanza de la Red:** Participar en la toma de decisiones de la blockchain mediante votaciones en propuestas de gobernanza.

- **Staking:** Obtener recompensas por participar en el mecanismo de consenso DPoS al apostar tokens y votar por delegados.

- **Creación de Tokens y NFTs:** Usar el protocolo de Ledger Lateral de Solar para crear tokens fungibles y no fungibles, impulsando proyectos y colecciones digitales.

- **Inversión y Especulación:** Adquirir SXP con la expectativa de valorización basada en el crecimiento y desarrollo futuro del ecosistema de Solar.

Estas ideas destacan el potencial de SXP no solo como una herramienta para transacciones y gobernanza en la blockchain, sino también como una inversión con varias avenidas para el crecimiento y la participación en el ecosistema criptográfico más amplio.

38 LPT - Livepeer

Qué es LPT Livepeer

Livepeer (LPT) es una criptomoneda que opera en la red Livepeer, una plataforma descentralizada de video en vivo que utiliza la tecnología blockchain.

La red Livepeer está diseñada para permitir la transcodificación de video en tiempo real, un proceso esencial para adaptar los videos a diferentes formatos y calidades para su reproducción en varios dispositivos y conexiones a internet.

Al usar una red descentralizada, Livepeer busca ofrecer una solución más eficiente y menos costosa que las opciones de transcodificación tradicionales, que suelen depender de infraestructuras centralizadas y costosas.

Uso de los tokens de Livepeer (LPT) dentro de la red:

1. **Estímulo para los participantes:** Los nodos que participan en la red y contribuyen con su poder de cómputo para la transcodificación de video son recompensados con tokens LPT. Esto incentiva la participación y ayuda a asegurar que haya suficientes recursos disponibles para el procesamiento de videos.

2. **Gobernanza:** Los poseedores de LPT pueden participar en decisiones importantes sobre el desarrollo y las políticas de la red Livepeer, votando en propuestas de gobernanza.

3. **Seguridad de la red:** A través de un mecanismo de staking, los usuarios pueden bloquear (o "apostar") sus tokens LPT como una forma de garantizar su compromiso con el correcto funcionamiento de la red. Esto ayuda a proteger la red contra ataques y mal uso.

En resumen, Livepeer (LPT) es tanto una plataforma descentralizada para la transcodificación de video en vivo como un ecosistema económico que incentiva y remunera a los participantes por su contribución y participación en la red, utilizando su criptomoneda nativa, LPT, como medio de intercambio y gobernanza.

A - Resumen del Whitepaper de Livepeer

El whitepaper de Livepeer presenta un protocolo para una red descentralizada de streaming de video en vivo, que busca ser una solución eficiente y económica frente a las soluciones centralizadas de transmisión.

Utiliza un modelo de incentivos basado en tokens de criptomoneda (Livepeer Token, LPT) y un protocolo de participación delegada para motivar a los participantes a contribuir con sus recursos (computación y ancho de banda) para la transcodificación y distribución de video.

La red se diseñó para ser escalable, segura y alineada económicamente con los intereses de los participantes, asegurando que el trabajo realizado sea verificado correctamente y evitando el trabajo inútil o el intento de manipular las asignaciones de tokens.

Puntos Destacados para Inversores Potenciales

1. **Incentivos Criptoeconómicos:** Livepeer utiliza un mecanismo de staking y delegación para asegurar la red y distribuir el trabajo de manera eficiente entre los transcodificadores, quienes son recompensados con LPT y ETH por su trabajo.

2. **Escalabilidad y Eficiencia:** Ofrece una solución descentralizada para el streaming de video en vivo, que es más escalable y potencialmente más barata que las alternativas centralizadas.

3. **Gobernanza Descentralizada:** Los poseedores de LPT pueden participar en la gobernanza de la red, votando sobre decisiones importantes y contribuyendo al desarrollo y mejora del protocolo.

4. **Seguridad y Verificación del Trabajo:** Livepeer implementa mecanismos para la verificación de trabajo y la prevención de trabajo inútil, asegurando la integridad y la calidad del servicio de transcodificación.

Proyectos Similares o Competidores

- **Theta Network:** Una red de entrega de contenido descentralizada (CDN) que permite la transmisión de video de alta calidad mediante un modelo de incentivos basado en blockchain.

- **VideoCoin:** Una plataforma descentralizada que reinventa la infraestructura de video, reduciendo costos al eliminar intermediarios y utilizando centros de datos subutilizados.

- **Decentralized Video Streaming (DVS):** Diferentes iniciativas y protocolos que buscan descentralizar el streaming de video, aunque pueden variar en enfoque, tecnología y modelo de incentivos.

Para inversores interesados en el espacio de blockchain y streaming de video, Livepeer representa una oportunidad única por su enfoque descentralizado y sus sólidos mecanismos de incentivos y gobernanza.

La capacidad de contribuir a una infraestructura de video más eficiente y menos costosa, junto con la participación en la gobernanza de la red, hacen de Livepeer una opción atractiva para aquellos que buscan invertir en tecnologías disruptivas y descentralizadas.

B - Tokenomics de Livepeer

La tokenomía de Livepeer (LPT) se caracteriza por un diseño intencionado para incentivar y recompensar la participación en su red de streaming de video descentralizada.

A diferencia de muchas criptomonedas que tienen un suministro máximo fijo, Livepeer adopta un enfoque de suministro infinito para facilitar una emisión continua de tokens. Este mecanismo es esencial para motivar a los validadores y delegadores que contribuyen con su poder computacional y ancho de banda para la transcodificación y distribución de video en la red.

Con un suministro circulante actual de 30.7 millones de LPT y una capitalización de mercado totalmente diluida de $223 millones, el modelo económico de Livepeer se enfoca en la utilidad práctica y la participación activa en la red más que en la escasez artificial de tokens.

La inflación objetivo del 10% anual juega un papel crucial en la expansión controlada de la oferta monetaria, recompensando a los participantes mientras promueve el crecimiento y la seguridad de la red.

Aspectos Clave de los Tokenomics de Livepeer:

- **Suministro Infinito:** No hay un límite máximo fijo en el suministro de LPT, lo que permite una emisión continua de tokens como recompensas para los participantes de la red.

- **Suministro Circulante Actual:** 30.7 millones de LPT están actualmente en circulación, disponibles para los inversores y participantes de la red.

- **Capitalización de Mercado Totalmente Diluida:** Valuada en $223 millones, esta cifra representa el valor de mercado si todo el suministro estuviera en circulación al precio actual.

- **Emisión de Recompensas:** Los participantes en el protocolo, incluidos validadores y delegadores, ganan comisiones en forma de nuevos tokens LPT, incentivando su participación y contribución a la red.

- **Control de la Inflación:** La inflación objetivo actual del 10% anual regula la emisión de nuevas recompensas, buscando un equilibrio entre el incentivo para los participantes y la preservación del valor del token.

- **Valor Basado en Utilidad:** El diseño de suministro infinito orienta el valor de LPT hacia su utilidad y la demanda dentro de la red más que hacia la escasez del token.

- **Impacto a Largo Plazo:** Para que el valor de LPT se mantenga o aumente a largo plazo, es crucial que la adopción y la demanda de los servicios de Livepeer superen la tasa de inflación y la emisión continua de tokens.

Este modelo de tokenomics refleja un enfoque pragmático para fomentar el crecimiento y la sostenibilidad de la red Livepeer, subrayando la importancia de la utilidad, la participación y la seguridad dentro de su ecosistema descentralizado.

C - Ideas Prácticas para LPT

Uso Práctico de Livepeer (LPT):

1. **Participación en la Transcodificación de Video:** Invertir en LPT permite a los usuarios participar como transcodificadores o delegadores en la red, contribuyendo al procesamiento de videos y ganando

recompensas en forma de tokens LPT y ETH por su trabajo.

2. **Gobernanza de la Red:** Los poseedores de LPT pueden participar en la gobernanza de la plataforma, votando en decisiones importantes que afectan el futuro y la mejora del protocolo Livepeer, lo que les da una voz directa en la dirección del proyecto.

3. **Inversión a Largo Plazo:** Considerando el suministro infinito y la inflación controlada, invertir en LPT con una perspectiva a largo plazo podría ser rentable si la demanda y adopción de los servicios de Livepeer crecen a un ritmo que supere la inflación de su token.

4. **Desarrollo y Lanzamiento de Aplicaciones de Video Descentralizadas (DApps):** Los desarrolladores pueden utilizar LPT para acceder a servicios de transcodificación de video descentralizados, creando DApps que requieren streaming de video en vivo sin depender de infraestructuras centralizadas y costosas.

5. **Ayudar a Ecosistema de Video Descentralizado:** A través de la inversión o participación directa, los usuarios pueden contribuir al crecimiento de un ecosistema de video más abierto, escalable y menos costoso, democratizando el acceso al streaming de video en vivo.

6. **Staking y Delegación para Seguridad de la Red:** Al hacer staking de LPT y delegar a transcodificadores confiables, los inversores pueden ayudar a asegurar la red y su correcto funcionamiento, mientras ganan recompensas por su contribución a la seguridad y eficiencia de la plataforma.

7. **Especulación de Mercado:** Dado el modelo económico único de Livepeer y su enfoque en la utilidad más que en la escasez, los inversores pueden especular con el valor futuro de LPT basándose en su adopción, demanda y el crecimiento del ecosistema de streaming de video descentralizado.

8. **Creación de Contenido y Monetización:** Los creadores de contenido pueden utilizar Livepeer para distribuir su contenido de manera eficiente y a un costo menor, al mismo tiempo que exploran modelos de monetización directa a través de la plataforma, ofreciendo una alternativa a las plataformas centralizadas tradicionales.

Estas ideas subrayan el potencial de Livepeer no solo como una inversión financiera, sino también como una contribución a la evolución de las tecnologías de streaming de video y la web descentralizada, ofreciendo oportunidades tanto para inversores como para participantes activos en su red.

39 SAND - The Sandbox

Qué es SAND The Sanbox

La criptomoneda SAND es el token nativo de The Sandbox, un juego de blockchain orientado a la comunidad que permite a los usuarios crear, compartir y monetizar activos y experiencias de juego en un mundo virtual.

En términos sencillos, SAND es una forma de dinero digital o criptomoneda que se utiliza dentro de la plataforma de The Sandbox para una variedad de propósitos, incluyendo:

1. **Compra de terrenos virtuales**: Los usuarios pueden comprar parcelas de tierra digital, conocidas como "LAND", en The Sandbox metaverso. Estas parcelas se pueden usar para construir experiencias, juegos y activos digitales.

2. **Creación y gestión de activos**: SAND permite a los usuarios crear activos digitales (como avatares, equipos y edificaciones) que pueden venderse o intercambiarse dentro del ecosistema de The Sandbox.

3. **Gobernanza**: SAND otorga a sus poseedores derechos de gobernanza en la plataforma, permitiéndoles votar sobre decisiones clave del proyecto y la dirección futura del metaverso.

4. **Interacciones y transacciones**: Los jugadores utilizan SAND para interactuar dentro del juego, como comprar equipos, personalizar avatares o participar en experiencias y juegos creados por otros usuarios.

SAND es un token ERC-20 basado en la blockchain de Ethereum, lo que significa que se beneficia de la seguridad y la infraestructura de Ethereum para transacciones y almacenamiento.

Como muchas criptomonedas, el valor de SAND puede fluctuar en función de la demanda del mercado, la especulación y los cambios en el ecosistema de criptomonedas en general.

A - Resumen del Whitepaper de SAND

El Whitepaper de The Sandbox describe la creación de un metaverso virtual impulsado por la tecnología blockchain, donde los jugadores pueden construir, poseer y monetizar sus experiencias de juego utilizando el token SAND.

La visión es ofrecer un metaverso inmersivo donde la creación colaborativa y sin autoridad central sea posible, ofreciendo a los creadores verdadera propiedad de sus creaciones como tokens no fungibles (NFT) y recompensándolos con SAND.

Se enfatiza en superar las limitaciones de los sistemas de juegos centralizados y promover la adopción de blockchain para expandir el mercado de juegos basados en blockchain.

Puntos Destacados para Inversores Potenciales

- **Propiedad Verdadera y Descentralización:** Los jugadores y creadores tienen verdadera propiedad de sus activos digitales y decisiones de gobernanza a través de SAND.

- **Ecosistema de Contenido Generado por Usuarios:** Facilita la creación, venta e intercambio de activos y experiencias de juego.

- **Modelo Play-to-Earn:** Incentiva tanto a jugadores como a creadores a participar activamente en el ecosistema.

- **Partnerships Estratégicos:** Colaboraciones con marcas reconocidas para expandir el alcance y la adopción.

- **Innovación en Blockchain:** Uso de NFTs y un modelo de economía circular para asegurar la escasez y autenticidad de los activos digitales.

Proyectos Similares o Competidores

- **Decentraland (MANA):** Un mundo virtual descentralizado que permite a los usuarios crear, experimentar y monetizar contenido y aplicaciones.

- **Axie Infinity (AXS):** Un juego de blockchain basado en la cría y batalla de criaturas llamadas Axies, con un fuerte componente de play-to-earn.

- **CryptoVoxels:** Un mundo virtual centrado en la creación y comercialización de arte digital y espacios virtuales como NFTs.

Estos proyectos comparten la visión de integrar la tecnología blockchain en el espacio de los juegos y metaversos para ofrecer propiedad digital verificable, economías internas basadas en criptomonedas y modelos de ingresos innovadores para usuarios y creadores.

B - Tokenomics de The Sandbox (SAND)

La estructura de tokenomics de The Sandbox (SAND) está diseñada para apoyar su economía de metaverso, con un suministro máximo fijado y una distribución pensada para el crecimiento y la sostenibilidad del ecosistema. SAND actúa como un token de utilidad para transacciones y gobernanza, reflejando la participación de la comunidad en el desarrollo del proyecto.

Aspectos Clave de los Tokenomics de The Sandbox (SAND)

- **Suministro Circulante vs. Total:** De los 3,000,000,000 SAND totales, 2,237,731,926 SAND están actualmente en circulación, lo que representa el 74.59% del suministro máximo.

- **Capacidad Máxima:** El suministro máximo de SAND está limitado a 3,000,000,000 tokens, sin la posibilidad de crear más.

- **Valoración de Mercado Total Diluida:** Con un suministro circulante actual, la valoración total diluida es de $1.342 mil millones.

- **Distribución:** Inicialmente distribuido a través de una Oferta de Exchange Inicial (IEO), ventas privadas, y asignaciones para el equipo, asesores, y la fundación, con solo un 12% vendido públicamente en Binance Launchpad.

- **Desbloqueo de Suministro:** Todo el suministro de tokens se liberará completamente para febrero de 2025, lo que podría generar presión sobre el precio a menos que la demanda aumente.

C - Ideas Prácticas para SAND

Uso Práctico de The Sandbox (SAND)

- **Compra de Terrenos y Activos Virtuales:** Invertir en LAND y otros NFTs dentro del metaverso para desarrollo o reventa.

- **Creación y Monetización de Contenido:** Diseñar experiencias, juegos o activos digitales para vender en el mercado de The Sandbox.

- **Participación en Eventos Exclusivos:** Acceder a eventos dentro del metaverso que pueden ofrecer recompensas únicas o experiencias de networking.

- **Gobernanza del Ecosistema:** Utilizar SAND para votar en decisiones clave que afectan el futuro de la plataforma.

- **Inversión a Largo Plazo:** Considerar la compra de SAND como una inversión en el crecimiento potencial del metaverso y su economía.

40 1INCH - 1inch Network

Qué es 1inch Network

1INCH es un token de criptomoneda asociado con la plataforma 1inch Network, que es un agregador de exchanges descentralizados (DEX) y una red de protocolos de finanzas descentralizadas (DeFi). La idea principal detrás de 1inch Network es optimizar las operaciones de intercambio de criptomonedas para los usuarios, proporcionando acceso a las mejores tarifas posibles a través de múltiples DEXs con un único punto de entrada.

El token 1INCH se utiliza dentro de la plataforma para varias funciones, incluyendo:

1. **Gobernanza:** Los poseedores de tokens 1INCH pueden participar en la toma de decisiones de la plataforma a través de votaciones, influyendo en el desarrollo y las actualizaciones del protocolo.

2. **Staking:** Los usuarios pueden "apostar" sus tokens 1INCH, es decir, bloquearlos en la plataforma para recibir recompensas y, en algunos casos, mejorar las condiciones de intercambio.

3. **Incentivos:** 1INCH se puede utilizar para incentivar ciertas acciones dentro de la plataforma, como proporcionar liquidez a sus pools.

En resumen, 1INCH no solo es un activo digital que se puede comprar, vender o intercambiar, sino que también desempeña un papel crucial en el funcionamiento y la gobernanza de la plataforma 1inch Network, contribuyendo a su objetivo de hacer que el intercambio de criptomonedas sea más eficiente y económico.

A - Resumen del Whitepaper de 1INCH

1INCH Network introduce un token de gobernanza y utilidad ERC-20 diseñado para mejorar la eficiencia y seguridad en el intercambio de activos digitales a través de su protocolo de agregación y el nuevo modo Fusion. Este último permite intercambios competitivos sin necesidad de tokens nativos para las tarifas de gas, protegiendo contra ataques de front-running.

El token facilita la gobernanza dentro de la red 1INCH, permitiendo a los poseedores participar en decisiones importantes y recompensando a los usuarios por staking y delegación a resolvers que completan swaps de Fusion.

Puntos Destacados para Inversores Potenciales

- **Lanzamiento y Suministro:** El token se lanzó el 25 de diciembre de 2020, con un suministro total de 1.5 mil millones, de los cuales 817 millones están en circulación.

- **Distribución de Tokens:** Un 30% se destina a programas de incentivos comunitarios, y un 14.5% al fondo de crecimiento y desarrollo.

- **Utilidad y Gobernanza:** Usado para la gobernanza de la red, staking, y delegación, mejorando las transacciones y protegiendo contra ataques MEV.

- **Modo Fusion:** Innovación para intercambios eficientes y seguros sin necesidad de tokens nativos para tarifas de gas.

Proyectos Similares o Competidores

1. **Uniswap:** Uno de los mayores DEX del mercado, ofrece intercambio automatizado de tokens a través de pools de liquidez.

2. **SushiSwap:** Fork de Uniswap que añade características comunitarias y de gobernanza adicionales.

3. **Balancer:** Plataforma de finanzas automatizadas que permite a los usuarios crear pools de liquidez con múltiples tokens.

4. **Curve Finance:** Especializado en el intercambio eficiente de stablecoins y otros activos con baja desviación de precios.

1INCH se diferencia por su capacidad para agregar ofertas de múltiples DEX y optimizar las rutas de intercambio, buscando siempre la mejor tasa para el usuario y protegiendo contra ataques de front-running a través de su modo Fusion.

B - Tokenomics de 1INCH

La estructura de tokenomics de 1INCH es integral para su funcionamiento dentro del ecosistema de intercambio descentralizado.

La criptomoneda tiene un suministro circulante actual de 1,141,189,314 tokens de un total de 1,500,000,000 1INCH, lo que representa aproximadamente el 76% del suministro total en circulación.

Aunque el suministro máximo de 1INCH no está definitivamente limitado, ya que el proyecto admite la posibilidad de acuñar tokens adicionales para incentivos del ecosistema, su valoración de mercado completamente diluida es de $614.9 millones, basada en el suministro circulante actual y el precio.

Como token ERC-20, 1INCH sirve tanto para utilidades como para la gobernanza en el protocolo agregador de intercambios descentralizados 1inch.

Aspectos Clave de los Tokenomics de 1INCH

- **Suministro Circulante:** 1,141,189,314 de un total de 1,500,000,000 1INCH.

- **Capacidad de Suministro:** No hay un límite máximo definitivo, con posibilidad de acuñación adicional.

- **Valoración de Mercado Completamente Diluida:** $614.9 millones, asumiendo el total de 1.5 mil millones de suministro.

- **Funcionalidad del Token:** Utilidad y gobernanza en el protocolo 1inch.

- **Distribución:** A través de minería de liquidez, airdrop, reserva de la fundación 1inch y el equipo.

- **Incentivos de Minería de Liquidez:** 30% del suministro inicial para proveedores de liquidez.

- **Presión de Precio:** Aumento potencial del suministro sin un incremento correspondiente en la demanda puede crear presión a la baja en el precio de 1INCH.

C - Ideas Prácticas para 1INCH

Uso Práctico de 1INCH

- **Intercambio de Tokens a Mejores Tarifas:** Utilizar 1INCH para intercambiar tokens a través de diferentes DEXs obteniendo las mejores tarifas posibles.

- **Participación en la Gobernanza:** Invertir en 1INCH permite participar en las decisiones de gobernanza del ecosistema 1inch, influenciando su desarrollo.

- **Staking para Recompensas:** Apostar 1INCH para obtener recompensas y mejorar las condiciones de intercambio en la plataforma.

- **Protección contra la Volatilidad:** Diversificar en 1INCH como parte de un portafolio de criptomonedas para mitigar riesgos asociados con la volatilidad del mercado.

- **Inversión a Largo Plazo:** Considerar 1INCH como una inversión a largo plazo basada en el crecimiento y la adopción creciente de las finanzas descentralizadas (DeFi).

41 ALGO - Algorand

Qué es ALGO Algorand

Algorand es una criptomoneda y una plataforma de blockchain diseñada para ofrecer alta velocidad de transacciones, seguridad, y descentralización. Fue creada por Silvio Micali, un profesor del MIT y ganador del Premio Turing, con el objetivo de resolver el trilema de blockchain, que plantea que es difícil lograr simultáneamente la seguridad, descentralización y escalabilidad en las redes de blockchain.

Algorand utiliza un mecanismo de consenso de prueba de participación pura (PPoS, por sus siglas en inglés), que permite a los usuarios con una cierta cantidad de tokens de Algorand (ALGO) participar en el proceso de validación de transacciones y creación de nuevos bloques. Este mecanismo es más eficiente y ecológico en comparación con la prueba de trabajo (PoW) utilizada por Bitcoin, ya que no requiere de una gran cantidad de poder computacional.

La red Algorand se caracteriza por su capacidad para procesar un gran número de transacciones por segundo (TPS) con tiempos de confirmación bajos, lo que la hace una plataforma atractiva para aplicaciones financieras, juegos, y otros usos que requieren alta velocidad y fiabilidad.

Además, Algorand está diseñada para soportar contratos inteligentes, lo que permite la creación de aplicaciones descentralizadas (dApps) y tokens no fungibles (NFTs) sobre su plataforma.

En resumen, Algorand busca ofrecer una solución robusta y eficiente para las aplicaciones de blockchain, enfocándose en la velocidad, seguridad y descentralización sin sacrificar uno por el otro.

A - Resumen del Whitepaper de Algorand

Algorand aborda el trilema de blockchain ofreciendo una plataforma escalable, segura y descentralizada. Mediante su mecanismo de consenso de prueba de participación pura, permite transacciones rápidas (menos de 3 segundos para la finalización de bloques) y a bajo costo, manejando hasta 10,000 transacciones por segundo.

Destaca por su enfoque en seguridad, evitando ataques tanto en el protocolo como en la red, y su capacidad para permitir una participación masiva sin sacrificar el rendimiento. Algorand introduce innovaciones en contratos inteligentes para minimizar errores y costos, facilitando tareas complejas de manera eficiente.

Puntos Destacados para Inversores Potenciales

- **Escalabilidad y Eficiencia:** Capacidad para procesar miles de transacciones y contratos inteligentes por segundo con finalización instantánea.

- **Seguridad Avanzada:** Protección contra ataques de protocolo y de red, asegurando los activos contra vulnerabilidades comunes en otras cadenas.

- **Descentralización Genuina:** Facilita la participación equitativa en el consenso sin requerir hardware costoso, promoviendo una red más segura y distribuida.

- **Innovación en Contratos Inteligentes:** Soluciones in-protocol para tareas complejas, reduciendo la posibilidad de errores y costos.
- **Sostenibilidad:** Diseño energéticamente eficiente que no compromete la descentralización.

Proyectos Similares o Competidores

- **Ethereum:** A pesar de su transición a prueba de participación, Ethereum sigue siendo un competidor directo debido a su amplia adopción y capacidad para soportar dApps y contratos inteligentes.
- **Cardano:** Ofrece un enfoque similar en cuanto a escalabilidad y seguridad mediante su mecanismo de consenso Ouroboros.
- **Solana:** Conocida por su alta velocidad de transacción y escalabilidad, aunque ha enfrentado críticas por problemas de centralización y seguridad.

Este reporte destaca cómo Algorand se posiciona como una solución innovadora en el espacio de blockchain, ofreciendo ventajas significativas en términos de velocidad, seguridad, y accesibilidad.

B - Tokenomics de Algorand

Algorand presenta un modelo de tokenomics diseñado para sustentar su ecosistema y operaciones de red, con un suministro máximo de 10 mil millones de ALGO.

La oferta circulante actual es de aproximadamente el 80.46% de este máximo, señalando una amplia distribución de tokens.

ALGO se utiliza para transacciones, participación en la gobernanza y staking para recompensas, lo que incentiva la participación activa en la red.

La capitalización de mercado totalmente diluida se calcula en $1.68 mil millones, basada en el suministro máximo.

Aspectos Clave de los Tokenomics de Algorand

- **Suministro Máximo:** Limitado a 10 mil millones de ALGO, sin posibilidad de acuñar más tokens.

- **Uso de Tokens:** Para pagos de transacciones, gobernanza y staking.

- **Distribución Inicial:** 60% a ventas públicas, 26% a patrocinadores tempranos, 10% a la Fundación Algorand, y 4% al equipo.

- **Oferta Circulante:** Aumenta a medida que se liberan tokens de los asignados a patrocinadores tempranos y la fundación.

- **Presión de Precio:** Posible a medida que la oferta circulante se acerca al suministro máximo, a menos que la demanda también aumente.

C - Ideas Prácticas para ALGO

Uso Práctico de Algorand

- **Transacciones Financieras Rápidas y de Bajo Costo:** Ideal para remesas y pagos internacionales.

- **Plataforma para Finanzas Descentralizadas (DeFi):** Soporte robusto para aplicaciones DeFi, permitiendo préstamos, staking, y otros servicios financieros sin intermediarios.

- **Emitir y Gestionar Activos Digitales:** Creación y manejo de tokens personalizados, NFTs y otros activos digitales.

- **Soluciones de Cadena de Suministro:** Rastreo transparente y seguro de productos a través de la cadena de suministro.

- **Votaciones y Gobernanza Descentralizada:** Herramientas para votaciones seguras y transparentes, tanto dentro como fuera de la plataforma.

Como inversión, Algorand ofrece potencial debido a su tecnología avanzada, enfoque en la escalabilidad, seguridad y eficiencia energética.

La demanda creciente por aplicaciones DeFi, servicios financieros descentralizados y soluciones de cadena de suministro podría incrementar la utilidad y, por tanto, el valor de ALGO a largo plazo.

42 NEO - Neo

Qué es Neo

La criptomoneda NEO, a menudo descrita como el "Ethereum de China", es una plataforma de blockchain y criptomoneda que permite el desarrollo de aplicaciones digitales y contratos inteligentes, similar a Ethereum.

Fue lanzada en 2014 por Da HongFei y Erik Zhang bajo el nombre de AntShares, y más tarde fue rebautizada como NEO en 2017.

Características clave:

1. **Objetivo:** NEO se centra en la creación de una economía inteligente, utilizando la tecnología blockchain para digitalizar activos y automatizar la gestión de los mismos mediante el uso de contratos inteligentes. Esto significa que no solo se puede utilizar para transacciones financieras, sino también para representar activos reales como bienes raíces o acciones en la blockchain.

2. **Tecnología de consenso:** Utiliza un mecanismo de consenso llamado dBFT (delegated Byzantine Fault Tolerance), que es una variante del mecanismo de prueba de participación (PoS). Este mecanismo es eficiente en términos de energía y permite que las transacciones sean rápidas y el sistema sea escalable, al mismo tiempo que mantiene la seguridad de la red.

3. **Dualidad de tokens:** NEO tiene dos tipos de criptomonedas en su plataforma: NEO y GAS. NEO representa una participación en la gestión de la plataforma, incluidos los derechos de voto para tomar decisiones sobre la blockchain, mientras que GAS se utiliza para pagar las transacciones y los servicios en la red, como la implementación de contratos inteligentes. Los poseedores de NEO generan GAS automáticamente con el tiempo, lo que incentiva la retención y la participación en la red.

4. **Soporte para múltiples lenguajes de programación:** A diferencia de Ethereum, que utiliza principalmente su propio lenguaje de programación, Solidity, NEO soporta varios lenguajes de programación populares como C#, Java, y Python. Esto hace que sea más accesible para

los desarrolladores, ya que pueden usar lenguajes con los que ya están familiarizados para crear aplicaciones en la plataforma NEO.

En resumen, NEO es una plataforma blockchain que busca crear una economía digital inteligente, permitiendo la digitalización y automatización de activos a través de contratos inteligentes y aplicaciones descentralizadas, con un enfoque particular en ser amigable con los desarrolladores y eficiente en el uso de recursos.

A - Resumen del Whitepaper de NEO

El Whitepaper de NEO describe los fundamentos técnicos de la plataforma NEO, destacando su estructura de blockchain, el mecanismo de consenso dBFT (Delegated Byzantine Fault Tolerance), y su enfoque en la economía digital inteligente.

Se enfatiza en la digitalización de activos mediante contratos inteligentes y la facilitación de una plataforma descentralizada para aplicaciones y servicios financieros.

Puntos Destacados para Inversores Potenciales

1. **Economía Digital Inteligente:** NEO se propone como el fundamento de una economía digital, enfocándose en la digitalización de activos y la identidad digital.

2. **Mecanismo de Consenso dBFT:** Ofrece una alta escalabilidad y soporta la finalización de transacciones en segundos, garantizando la seguridad y la descentralización.

3. **Dualidad de Tokens:** NEO (para derechos de gestión y votación) y GAS (para pagar por las operaciones en la red), incentivando la participación en la red.

4. **Compatibilidad con Múltiples Lenguajes:** Facilita el desarrollo de aplicaciones descentralizadas permitiendo a los desarrolladores utilizar lenguajes de programación conocidos.

Proyectos Similares o Competidores

- **Ethereum (ETH):** Plataforma pionera en contratos inteligentes y aplicaciones descentralizadas con un enfoque similar en la economía digital.

- **EOS:** Ofrece escalabilidad y una experiencia de usuario fluida para aplicaciones descentralizadas, con un mecanismo de consenso diferente.

- **Tezos (XTZ):** Se enfoca en la seguridad y la gobernanza on-chain, permitiendo a los tenedores de tokens votar sobre las propuestas de actualización sin necesidad de bifurcaciones duras.

Este resumen proporciona una visión general para entender la propuesta de valor de NEO y cómo se compara con otros proyectos en el espacio de blockchain y criptomonedas.

B - Tokenomics de NEO

NEO se destaca en el mundo de las criptomonedas con una oferta máxima limitada de 100 millones de tokens, sin posibilidad de creación de nuevos NEO. Con un suministro circulante actual de aproximadamente 70.54 millones de NEO, esto representa el 70.54% del suministro total.

La capitalización de mercado completamente diluida se valora en $1.15 mil millones, considerando el suministro máximo y el precio actual.

NEO funciona como un token de utilidad dentro de su plataforma blockchain, utilizado para transacciones, gobernanza y validación.

Aspectos Clave de los Tokenomics de NEO

- **Suministro Máximo:** Capacidad en 100 millones de NEO, sin posibilidad de emisión de nuevos tokens.

- **Distribución Inicial:** 50% a través de crowdsale, 15% a inversores privados, 10% a desarrolladores y consejo de NEO, 15% a la Fundación NEO, y 10% a grupos comunitarios.

- **Suministro Circulante:** Aumenta a medida que se desbloquean tokens de las asignaciones de la fundación, desarrolladores e inversores privados.

- Presión de Precio: Posible a medida que el suministro circulante se acerca al máximo, a menos que la demanda aumente.

C - Ideas Prácticas NEO

Uso Práctico de NEO

1. **Digitalización de Activos:** Convertir activos físicos en digitales utilizando la blockchain de NEO, permitiendo una gestión y transferencia eficientes y seguras.

2. **Plataforma para Aplicaciones Descentralizadas (DApps):** Desarrollar aplicaciones en diversos sectores como finanzas, seguros, y cadena de suministros.

3. **Sistemas de Votación y Gobernanza Descentralizada:** Utilizar NEO para crear sistemas de votación transparentes y seguros.

4. **Generación de GAS para Inversores:** Mantener NEO en una cartera digital permite a los inversores generar GAS, que se puede utilizar para transacciones o venderse por ganancias.

5. **Participación en la Gobernanza de la Red:** A través de la tenencia de NEO, los inversores pueden participar en decisiones importantes de la red, como actualizaciones del sistema y cambios en las políticas.

El potencial de NEO como inversión radica en su enfoque único en la economía digital inteligente, la limitación de su suministro total, y su mecanismo de incentivos a través de la generación de GAS.

La adopción creciente de tecnologías blockchain y el interés en las aplicaciones descentralizadas pueden aumentar la demanda de NEO, lo que posiblemente impactaría positivamente su valor a largo plazo.

43 BAL - Balancer

Qué es BAL Balancer

Balancer es una plataforma de finanzas descentralizadas (DeFi) que funciona como un protocolo automatizado de creador de mercado (AMM) en la blockchain. En términos simples, puedes pensar en Balancer como una especie de bolsa de valores automatizada para criptomonedas, donde no se necesitan intermediarios para realizar intercambios.

La característica distintiva de Balancer es que permite a los usuarios crear fondos personalizados, conocidos como "piscinas de liquidez" o "balancer pools", que contienen una mezcla de diferentes criptomonedas. Estas piscinas se ajustan automáticamente para mantener los porcentajes deseados de cada activo, basándose en algoritmos matemáticos.

Esto permite una gestión de cartera automatizada y la capacidad de ganar comisiones por proporcionar liquidez al mercado.

Los usuarios de Balancer pueden:

- **Proporcionar liquidez:** Al aportar sus activos a una piscina de liquidez, los usuarios pueden ganar comisiones de las operaciones de intercambio que utilizan su liquidez.

- **Intercambiar criptomonedas:** Los usuarios pueden intercambiar tokens de manera eficiente, aprovechando las piscinas de liquidez disponibles en la plataforma.

- **Crear piscinas personalizadas:** Los usuarios tienen la flexibilidad de crear piscinas con hasta 8 activos diferentes, eligiendo la ponderación de cada uno.

En resumen, Balancer ofrece una plataforma flexible para el intercambio de criptomonedas y la gestión de carteras de activos digitales, con el objetivo de optimizar la rentabilidad y minimizar los riesgos para los proveedores de liquidez y los traders.

A - Resumen del Whitepaper de Balancer

Balancer se presenta como un gestor de carteras no custodio, proveedor de liquidez, y sensor de precios automatizado en el ecosistema de las finanzas descentralizadas (DeFi). Innovando sobre el concepto de fondos indexados, Balancer permite a los usuarios ganar comisiones por proporcionar liquidez en lugar de pagar por la gestión de sus carteras.

Utiliza una superficie N-dimensional para definir una función de coste que mantiene proporciones constantes de valor entre activos, permitiendo así un arbitraje eficiente y la autorregulación de las proporciones de la cartera.

Puntos Destacados para Inversores Potenciales

1. **Autonomía Financiera:** Los usuarios pueden ser proveedores de liquidez, obteniendo ingresos por comisiones sin necesidad de gestores de fondos.

2. **Flexibilidad y Diversificación:** Permite la creación de fondos personalizados con hasta ocho criptoactivos diferentes, ajustando automáticamente su composición.

3. **Eficiencia en el Arbitraje:** La estructura de Balancer promueve un mercado eficiente, donde los precios se ajustan automáticamente para reflejar el valor real de mercado.

4. **Innovación Tecnológica:** Basado en investigaciones avanzadas y comparado con proyectos líderes como Uniswap, Balancer se posiciona a la vanguardia en la creación de mercado automatizado.

Proyectos Similares o Competidores

- **Uniswap:** Posiblemente el competidor más directo, un protocolo AMM que facilita el intercambio de tokens sin necesidad de libros de órdenes tradicionales.

- **Curve Finance:** Especializado en el intercambio de stablecoins con baja desviación de precios, ofreciendo eficiencia en operaciones específicas.
- **Sushiswap:** Fork de Uniswap que introduce el concepto de farming de tokens, proporcionando incentivos adicionales para los proveedores de liquidez.

Este análisis destaca la propuesta de valor única de Balancer en el creciente sector DeFi, ofreciendo autonomía, eficiencia y flexibilidad a los usuarios e inversores interesados en las finanzas descentralizadas.

B- Tokenomics de Balancer

Los tokenomics de Balancer están diseñados para fomentar la participación en la gobernanza y proporcionar incentivos dentro del protocolo. Con un suministro máximo de 96,150,704 BAL, los tokens se distribuyen entre inversores, el equipo, incentivos del ecosistema, Balancer Labs y asesores.

El suministro circulante actual es de aproximadamente el 57% del suministro total, con expectativas de aumento a medida que se distribuyen más tokens.

La capitalización de mercado completamente diluida se sitúa en $350.9 millones, lo que refleja el valor potencial total del suministro de BAL.

Aspectos Clave de los Tokenomics de Balancer

- **Suministro Máximo:** 96,150,704 BAL, sin posibilidad de acuñación adicional.

- **Distribución Inicial de Tokens:** 40% a inversores, 20% al equipo, 20% para incentivos del ecosistema, 15% a Balancer Labs, y 5% a asesores.

- **Uso de Tokens:** BAL sirve como un token de gobernanza y utilidad para votaciones e incentivos en el protocolo.

- **Presión de Precios Potencial:** A medida que el suministro circulante se acerca al máximo, puede haber presión hacia la baja en el precio de BAL, a menos que la demanda aumente.

C- Ideas Prácticas para BAL

Uso Práctico de Balancer

- **Gobernanza Descentralizada:** Utilizar BAL para participar activamente en las decisiones del protocolo, votando en propuestas que influyen en su futuro desarrollo.

- **Provisión de Liquidez:** Aportar criptoactivos a las piscinas de Balancer para recibir comisiones por transacciones, generando ingresos pasivos.

- **Diversificación de Cartera:** Crear y gestionar carteras diversificadas de criptoactivos automáticamente, aprovechando la reequilibración dinámica de Balancer.

- **Arbitraje:** Aprovechar las diferencias de precio entre las piscinas de Balancer y otros mercados para obtener beneficios.

- **Inversión a Largo Plazo:** Adquirir BAL con la expectativa de apreciación de valor a medida que crece la adopción de Balancer y su ecosistema se expande.

Estas aplicaciones no solo muestran la versatilidad de Balancer como herramienta dentro del espacio DeFi, sino también su potencial para ofrecer rendimientos a quienes invierten y participan en el protocolo.

44 COMP - Compound

Qué es COMP Compound

COMP es la criptomoneda nativa del protocolo Compound, una plataforma de finanzas descentralizadas (DeFi) construida sobre la blockchain de Ethereum.

Compound permite a los usuarios prestar y tomar prestadas criptomonedas, ganando intereses sobre los activos que depositan en la plataforma y pagando intereses sobre los activos que toman prestados.

En términos sencillos, COMP actúa como un token de gobernanza dentro del ecosistema Compound. Esto significa que los titulares de COMP pueden votar sobre diversas propuestas de cambios en el protocolo, incluyendo ajustes en las tasas de interés, la incorporación de nuevas criptomonedas a la plataforma, y cambios en el código fuente del protocolo, entre otros aspectos.

De esta manera, COMP sirve para descentralizar la toma de decisiones en Compound, otorgando a la comunidad de usuarios un papel activo en la dirección y desarrollo del proyecto.

Además de su función de gobernanza, COMP también puede ser utilizado para fines especulativos, como cualquier otra criptomoneda, donde su valor fluctúa en base a la oferta y demanda del mercado.

A - Resumen del Whitepaper de Compound

Compound III es una evolución del protocolo Compound, diseñado para optimizar las operaciones de préstamo y empréstito de activos criptográficos mediante el uso de colaterales. Introduce un sistema más eficiente y flexible, centrado en el uso de USDC como activo base para el suministro de colaterales y el préstamo. Este protocolo es compatible con EVM (Ethereum Virtual Machine), permitiendo su implementación en la blockchain de Ethereum y potencialmente en otras blockchains compatibles con EVM en el futuro.

El protocolo introduce varias mejoras y características, como un sistema de recompensas, gobernanza más integrada y herramientas de gestión de cuentas avanzadas.

Está diseñado para facilitar a los desarrolladores la creación de aplicaciones sobre Compound, incentivando la participación y el feedback de la comunidad a través de su servidor de Discord y foros online.

Puntos Destacados para Inversores Potenciales

1. **Eficiencia en Gas y Flexibilidad:** Compound III introduce un sistema de configuración que permite ahorros significativos en el costo del gas para los usuarios, gracias a la optimización de los parámetros del protocolo.

2. **Enfoque en USDC:** La elección de USDC como el activo base subraya un enfoque en la estabilidad y la eficiencia, atrayendo a usuarios que buscan evitar la volatilidad de otras criptomonedas.

3. **Gobernanza y Recompensas:** Los titulares de tokens tienen voz en las decisiones del protocolo, y hay un sistema de recompensas diseñado para incentivar la participación y la inversión en el protocolo.

4. **Seguridad:** La alta prioridad en la seguridad del protocolo, junto con auditorías por parte de firmas reconocidas como OpenZeppelin y ChainSecurity, ofrece una capa de confianza importante para los inversores.

Proyectos Similares o Competidores

1. **Aave:** Un protocolo de DeFi que permite a los usuarios prestar y tomar prestadas diferentes criptomonedas, conocido por su innovación en el sector y una gama amplia de activos soportados.

2. **MakerDAO:** Centrado en la creación de DAI, una stablecoin descentralizada, MakerDAO también permite a los usuarios bloquear colaterales para generar préstamos.

3. **Yearn.finance:** Aunque más enfocado en la optimización de rendimientos para los depósitos en DeFi, Yearn compite en el espacio de préstamos al integrar diversas estrategias de inversión y préstamos.

Compound III se diferencia por su enfoque específico en USDC como base para operaciones de préstamo y su estructura optimizada para eficiencia en gas y flexibilidad en la gestión de colaterales y préstamos.

La implementación de funciones avanzadas como la gestión de cuentas, liquidaciones, y recompensas del protocolo apunta a una evolución significativa en el espacio DeFi, ofreciendo un marco robusto para el desarrollo de aplicaciones financieras descentralizadas.

B - Tokenomics de Compound (COMP)

Los tokenomics de Compound (COMP) ofrecen una visión detallada de cómo se estructura la economía alrededor del token COMP, que es central para el funcionamiento y gobernanza del protocolo de préstamo de Compound.

Con un suministro máximo y total de 10 millones de COMP, el protocolo establece un límite fijo para la creación de nuevos tokens, asegurando así una política de emisión predecible y limitada. Hasta la fecha, el 80.72% de este suministro ya está en circulación, lo que indica una distribución avanzada hacia los participantes del ecosistema.

El valor de mercado completamente diluido, basado en el suministro máximo de 10 millones de COMP, es de aproximadamente 534.2 millones de dólares, proporcionando una valoración teórica del token en caso de que todo el suministro estuviera en circulación. COMP actúa como un token de gobernanza, permitiendo a los titulares votar sobre cambios importantes en el protocolo y ganar recompensas por participar en la plataforma de préstamos de Compound.

La distribución inicial del token fue meticulosamente planeada para asegurar un equilibrio entre los desarrolladores, los inversores iniciales, y la comunidad en general, con una porción significativa destinada al tesoro comunitario para incentivar la participación activa de los usuarios en el ecosistema.

Aspectos Clave de los Tokenomics de Compound (COMP)

- **Suministro Máximo y Circulante:** El suministro máximo está fijado en 10 millones de COMP, con 8,071,605 COMP, o el 80.72% del total, actualmente en circulación.

- **Cap de Suministro:** No se pueden crear más COMP más allá del límite máximo establecido.

- **Valor de Mercado Completamente Diluido:** Aproximadamente $534.2 millones, basado en el suministro máximo.

- **Uso de COMP:** Actúa como un token de gobernanza, permitiendo votaciones sobre cambios en el protocolo y ganancias de recompensas.

- **Distribución Inicial:** Incluye 4.22% para Compound Labs, 2.89% para fundadores, 2.89% para inversores semilla, 10.28% para minería de liquidez, y 77.95% para el tesoro comunitario.

- **Incremento de la Oferta Circulante:** La oferta circulante aumenta a medida que el COMP se distribuye desde el tesoro comunitario a los proveedores de liquidez.

- **Presión de Precio Potencial:** A medida que la oferta circulante se acerca al máximo, puede haber presión hacia la baja en el precio a menos que la demanda por el protocolo aumente.

C - Ideas Prácticas para COMP

Uso Práctico de Compound (COMP)

La criptomoneda COMP de Compound ofrece una serie de usos prácticos y potenciales como inversión, basados en su diseño y los tokenomics del protocolo.

1. **Gobernanza del Protocolo:** Los titulares de COMP pueden participar activamente en la gobernanza del protocolo Compound, votando en propuestas que afectan a la plataforma, como ajustes en las tasas de interés, adiciones de nuevos mercados de criptomonedas, y cambios en las políticas de recompensas. Esto no solo les da una voz en el futuro del protocolo, sino que también les permite contribuir directamente a su éxito y sostenibilidad.

2. **Ganancia de Recompensas:** A través de la minería de liquidez y otras actividades incentivadas dentro del protocolo Compound, los usuarios pueden ganar COMP como recompensa por proporcionar liquidez o participar en el préstamo y empréstito de criptomonedas. Esto ofrece una forma de generar ingresos pasivos mientras se participa en el ecosistema de finanzas descentralizadas (DeFi).

3. **Especulación de Precios:** Dado que COMP es una criptomoneda con un suministro máximo limitado y un papel integral en el funcionamiento del protocolo Compound, posee un potencial de apreciación de precios. Los inversores pueden comprar COMP con la expectativa de que su valor aumente a medida que el protocolo crece y atrae más usuarios y capital.

4. **Participación en el Tesoro Comunitario:** A medida que COMP se distribuye desde el tesoro comunitario, hay oportunidades para que los usuarios participen en programas y propuestas financiados por este tesoro, promoviendo el desarrollo y la adopción del protocolo.

5. **Diversificación de Cartera de Inversión en Criptomonedas:** Incluir COMP en una cartera de inversión en criptomonedas puede ofrecer diversificación dentro del espacio DeFi, aprovechando su posición como un activo central en una de las plataformas de préstamo más importantes.

6. **Collateral en Préstamos DeFi:** COMP puede ser utilizado como colateral en préstamos dentro del ecosistema DeFi, permitiendo a los usuarios acceder a capital sin necesidad de liquidar sus tenencias de COMP, lo cual puede ser particularmente útil en estrategias de manejo de liquidez o apalancamiento.

7. **Educación y Participación Comunitaria:** Al poseer y utilizar COMP, los usuarios pueden educarse sobre el funcionamiento de las finanzas descentralizadas y la gobernanza de protocolos, además de unirse a una comunidad activa que contribuye al desarrollo de DeFi.

Estas ideas destacan el potencial de COMP no solo como una inversión, sino también como una herramienta para participar activamente en el ecosistema de finanzas descentralizadas, promoviendo la innovación y la colaboración dentro de la comunidad DeFi.

45 AUDIO - Audius

Que es AUDIO Audius

La criptomoneda AUDIO es el token nativo de la plataforma Audius, una red descentralizada diseñada para la transmisión de música y el audio. Audius permite a los artistas subir, compartir y monetizar su contenido directamente con los fans sin la necesidad de intermediarios como las discográficas o las plataformas de streaming tradicionales.

El token AUDIO se utiliza dentro de la plataforma de varias maneras, incluyendo:

1. **Gobernanza:** Los poseedores de tokens AUDIO pueden participar en las decisiones de la plataforma, votando en propuestas que afectan el futuro desarrollo y las políticas de Audius.

2. **Incentivos:** Se utiliza para recompensar a los artistas y a los fans por su participación en la plataforma. Esto puede incluir el streaming de música, la curación de playlists y otras contribuciones a la comunidad.

3. **Acceso a características premium:** Los usuarios pueden necesitar tokens AUDIO para acceder a ciertas características exclusivas dentro de la plataforma, como lanzamientos tempranos o contenido exclusivo.

En resumen, AUDIO es tanto una herramienta de gobernanza como de incentivo dentro de la plataforma Audius, diseñada para apoyar una economía de música más directa y descentralizada.

A - Resumen del Whitepaper de Audius

Audius busca resolver los problemas centrales de la industria musical, donde los artistas reciben una pequeña fracción de los ingresos generados.

Proporciona una plataforma descentralizada para la transmisión de música, permitiendo a los artistas distribuir y monetizar su contenido directamente a sus fans. Clave en su infraestructura es el token AUDIO, que facilita la gobernanza, incentivos y acceso a características premium. La red de Audius incluye nodos de contenido para el almacenamiento descentralizado, nodos de descubrimiento para la indexación de metadatos, y una gobernanza comunitaria para decisiones protocolares.

Puntos Destacados para Inversores Potenciales

- **Token AUDIO:** Facilita gobernanza, seguridad, y acceso a características exclusivas.

- **Modelo Descentralizado:** Elimina intermediarios, permitiendo a los artistas un mayor control y una mayor parte de los ingresos.

- **Gobernanza Comunitaria:** Los tenedores de tokens tienen voz en la evolución de la plataforma.

- **Competencia y Adopción:** Ya activa con cerca de medio millón de usuarios mensuales en el momento del informe, señalando una adopción temprana significativa.

Proyectos Similares o Competidores

- **SoundCloud:** Aunque no es descentralizado, es una plataforma establecida para la distribución de música, ofreciendo tanto monetización como descubrimiento de artistas.

- **Spotify:** Líder en streaming de música, con un modelo centralizado y acuerdos con grandes sellos discográficos.

- **Blockchain Music Platforms como Ujo Music y Musicoin:** Ofrecen soluciones descentralizadas para la distribución de música y los pagos a los artistas, pero con diferentes enfoques y tecnologías subyacentes.

Audius se distingue por su enfoque en la gobernanza comunitaria y el uso de tecnologías descentralizadas para empoderar directamente a artistas y fans.

B - Tokenomics de AUDIO

Los tokenomics de Audius (AUDIO) están diseñados para soportar tanto la gobernanza de su plataforma descentralizada de música como para incentivar la participación de los usuarios. La oferta circulante actual es de aproximadamente 1,195,882,684 AUDIO, cerca del 97% de la oferta total de 1,234,881,392 AUDIO.

No hay un límite máximo de suministro, lo que significa que se pueden acuñar tokens adicionales según sea necesario.

A pesar de la potencial presión a la baja sobre el precio debido a la emisión de nuevos tokens, la demanda impulsada por el uso de la plataforma podría contrarrestar esta tendencia.

Aspectos Clave de los Tokenomics de AUDIO

- **Oferta circulante vs. total:** Alrededor del 97% de la oferta total está en circulación.

- **Cap. de suministro:** No existe un límite máximo, permitiendo la acuñación de tokens adicionales según sea necesario.

- **Capitalización de mercado totalmente diluida:** $228.8 millones con una oferta total de 1.23 mil millones de AUDIO.

- **Uso del token:** AUDIO sirve como un token de utilidad y gobernanza en la plataforma de Audius.

- **Distribución inicial de tokens:** 40% a la comunidad/contribuyentes, 20% al equipo, 15% a los fundadores, 10% a asesores, 10% a inversores, 5% a AirDrop.

- **Emisión de nuevos tokens:** Existe un calendario de emisión decreciente para incentivar la participación y compensar a los inversores.

C - Ideas Prácticas para AUDIO

Uso Práctico de Audius

- **Artistas Emergentes:** Ideal para artistas independientes que buscan distribuir su música directamente a los oyentes sin intermediarios.

- **Modelo de Ingresos para Creadores:** Los artistas pueden monetizar su trabajo directamente a través de la plataforma, ofreciendo una vía más lucrativa que las plataformas tradicionales.

- **Participación en la Gobernanza:** Inversionistas y usuarios pueden influir en las decisiones de la plataforma, lo que proporciona una oportunidad única para formar parte del desarrollo del ecosistema musical.

- **Inversión a Largo Plazo:** Con la adopción creciente y la utilidad del token AUDIO en la plataforma, puede haber un potencial de apreciación a largo plazo.

- **Especulación:** Dada la volatilidad de las criptomonedas, los inversores pueden especular con el precio de AUDIO para obtener ganancias a corto plazo.

- **Soporte a la Música Descentralizada:** Contribuir al crecimiento de un ecosistema musical más equitativo y descentralizado.

46 WAVES - Waves

Qué es WAVES

WAVES es una criptomoneda y plataforma blockchain que se enfoca en la personalización y la adaptabilidad.

Fue lanzada en 2016 con el objetivo de mejorar la velocidad, la eficiencia y la facilidad de uso en comparación con otras cadenas de bloques.

Puntos clave sobre WAVES:

1. **Personalización de tokens:** Una de las características distintivas de WAVES es que permite a los usuarios crear sus propios tokens personalizados sin necesidad de escribir código complejo de contrato inteligente. Esto ha hecho que la plataforma sea popular para

proyectos que buscan emitir sus propias criptomonedas o tokens para una variedad de propósitos, como crowdfunding, programas de lealtad, y más.

2. **Facilidad de uso:** La plataforma está diseñada para ser accesible tanto para desarrolladores como para usuarios no técnicos, con una interfaz de usuario amigable y herramientas que simplifican la creación de tokens y la ejecución de transacciones.

3. **Tecnología de cadena de bloques:** WAVES utiliza su propia cadena de bloques, que cuenta con mecanismos para asegurar transacciones rápidas y de bajo costo. Es capaz de manejar un volumen considerable de transacciones gracias a su algoritmo de consenso de Prueba de Participación Leased (Leased Proof-of-Stake, LPoS), que es una variante del modelo de Prueba de Participación (Proof of Stake, PoS).

4. **Interoperabilidad y contratos inteligentes:** La plataforma soporta contratos inteligentes, lo que permite la creación de aplicaciones descentralizadas (dApps) y la automatización de procesos. También trabaja en mejorar la interoperabilidad con otras cadenas de bloques para facilitar el intercambio de activos y la creación de servicios híbridos.

5. **Token WAVES:** El token nativo de la plataforma, también llamado WAVES, se utiliza para pagar las tarifas de transacción, crear tokens personalizados y participar en el proceso de consenso a través del staking.

En resumen, WAVES es tanto una criptomoneda como una plataforma que facilita la creación de tokens personalizados y el desarrollo de aplicaciones descentralizadas, con un enfoque en la usabilidad y la eficiencia.

A - Resumen del Whitepaper de WAVES

WAVES es una plataforma blockchain diseñada para la personalización y la eficiencia en el desarrollo de aplicaciones Web 3.0 y soluciones descentralizadas. Destaca por su facilidad para emitir tokens personalizados, su enfoque en contratos inteligentes seguros a través de un lenguaje específico llamado Ride, y su mecanismo de consenso de Prueba de Participación Leased (LPoS) que optimiza la participación y las recompensas para los usuarios.

La plataforma también sobresale en rendimiento mediante el protocolo Waves-NG, que permite altas tasas de transacción, y mantiene un alto grado de transparencia y una infraestructura robusta para desarrolladores.

Puntos Destacados para Inversores Potenciales

1. **Tokenización accesible y rápida:** Posibilidad de emitir tokens personalizados sin necesidad de conocimientos avanzados en programación, ideal para ICOs y crowdfunding.

2. **Contratos inteligentes sin gas:** Utiliza Ride, un lenguaje seguro y predecible para el desarrollo de dApps.

3. **Eficiencia energética:** Su consenso LPoS es menos demandante energéticamente en comparación con los mecanismos PoW, lo cual también reduce los costos.

4. **Alta rendimiento de transacciones:** Capacidad de procesar cientos de transacciones por segundo gracias a Waves-NG.

5. **Ecosistema abierto y participativo:** La comunidad puede discutir y votar sobre actualizaciones y mejoras.

Proyectos Similares o Competidores

- **Ethereum:** Aunque se centra más en contratos inteligentes y tiene una comunidad de desarrollo más amplia, sus costos de gas pueden ser altos y su rendimiento más bajo que WAVES.

- **EOS:** Promueve una escalabilidad similar y la eliminación de costos de transacción para el usuario, pero con un modelo de gobernanza diferente.

- **Tron:** Ofrece alta capacidad de transacción y también se enfoca en la creación de dApps, pero con un enfoque más fuerte en el entretenimiento y los contenidos digitales.

Este análisis debería ofrecer una visión clara de WAVES a los potenciales inversores, resaltando sus fortalezas, innovaciones tecnológicas, y su posición en el mercado en comparación con otros proyectos blockchain.

B - Tokenomics de WAVES

WAVES presenta una estructura de tokenomics única, caracterizada por una oferta total y circulante idéntica de 113,753,236 tokens sin un límite máximo definido, permitiendo la creación continua de nuevos tokens.

Esta característica distingue a WAVES de criptomonedas con suministros máximos fijos, como Bitcoin, y sugiere un modelo económico potencialmente inflacionario debido a la posibilidad de forjar (minar) nuevos tokens de manera indefinida.

Aspectos Clave de los Tokenomics de WAVES

- **Oferta Circulante y Total:** 113,753,236 WAVES, indicando que todos los tokens emitidos están en circulación.

- **Oferta Máxima:** Infinita, permitiendo el forjado constante de nuevos tokens.

- **Modelo Económico:** Potencialmente inflacionario por la capacidad de aumentar la oferta de tokens sin límite.

- **Implicaciones para Inversionistas:** La inflación potencial podría afectar el valor de los tokens a largo plazo, aunque también refleja un modelo flexible para el crecimiento y desarrollo de la plataforma.

Este enfoque de tokenomics destaca la flexibilidad y adaptabilidad de WAVES, pero también implica consideraciones importantes para los inversores respecto a la inflación y la dinámica de oferta/demanda.

C - Ideas Prácticas para WAVES

Uso Práctico de WAVES

- **Tokenización de Activos:** Crear tokens personalizados para representar activos físicos o digitales, facilitando su comercio y gestión.

- **Crowdfunding y ICOs:** Lanzar campañas de financiamiento colectivo o ICOs con tokens creados en la plataforma WAVES.

- **Programas de Lealtad:** Desarrollar sistemas de recompensas mediante tokens personalizados para clientes.

- **Contratos Inteligentes para dApps:** Implementar aplicaciones descentralizadas en sectores como finanzas, seguros y votaciones.

- **Staking:** Participar en el mecanismo de consenso LPoS de WAVES para obtener recompensas.

El potencial de WAVES como inversión radica en su infraestructura flexible, capacidad de adaptación a diversos usos prácticos y su modelo económico que, aunque potencialmente inflacionario, fomenta la participación activa y el crecimiento sostenido de su ecosistema.

47 AXS - Axie Infinity

Qué es AXS Axie Infinity

Axie Infinity Shard (AXS) es una criptomoneda que actúa como el token de gobernanza y utilidad dentro del ecosistema de Axie Infinity, un juego basado en blockchain inspirado en populares juegos como Pokémon. En este juego, los jugadores pueden criar, comprar, vender y luchar con criaturas conocidas como Axies. AXS permite a sus titulares participar en decisiones de gobernanza del juego, votando en propuestas clave que afectan el futuro del proyecto.

Los jugadores también pueden ganar AXS a través de su participación en el juego, ya sea ganando batallas, completando tareas o a través de otros mecanismos de recompensa.

Además, se espera que AXS se utilice para una variedad de propósitos dentro del ecosistema de Axie Infinity, incluyendo el pago de tarifas, la compra de artículos en el juego y como una inversión potencial debido a su naturaleza limitada y su papel central en la gobernanza y operación del juego.

En resumen, AXS es más que una simple criptomoneda; es un componente integral de Axie Infinity que facilita la participación de la comunidad, la gobernanza del juego y las recompensas económicas para sus jugadores.

A - Resumen del Whitepaper de Axie Infinity

Axie Infinity es un ecosistema de juego basado en blockchain, donde los jugadores pueden comprar, vender, criar y luchar con criaturas llamadas Axies. Destaca por su economía propiedad de los jugadores, ofreciendo una experiencia de juego que integra la propiedad digital con oportunidades de ganancias a través de actividades dentro del juego.

Los jugadores pueden participar en batallas, cría de Axies, y actividades comunitarias, mientras ganan tokens AXS, que sirven tanto para la gobernanza del juego como para recompensas.

Puntos Destacados para Inversores Potenciales

- **Economía basada en jugadores:** Los activos digitales y los tokens AXS permiten una economía completamente operada y propiedad de los jugadores, con oportunidades de inversión y retorno económico.

- **Gobernanza descentralizada:** AXS actúa como token de gobernanza, dando a los tenedores el derecho a participar en decisiones clave del juego.

- **Amplias oportunidades de ingresos:** A través de batallas, cría, y otras actividades dentro del juego, los jugadores pueden ganar tokens que tienen valor tanto dentro como fuera del ecosistema de Axie.

- Innovación continua: El proyecto muestra un compromiso con la innovación, incluyendo el desarrollo de nuevos juegos y experiencias dentro del ecosistema de Axie Infinity.

Proyectos Similares o Competidores

- **CryptoKitties:** Uno de los primeros juegos de coleccionables basados en blockchain, centrado en la cría y coleccionismo de gatos virtuales.

- **The Sandbox:** Un mundo virtual donde los jugadores pueden construir, poseer y monetizar sus experiencias de juego utilizando SAND, el token nativo del juego.

- **Decentraland:** Una plataforma de realidad virtual basada en blockchain donde los usuarios pueden crear, experimentar y monetizar contenido y aplicaciones.

Axie Infinity se distingue por su enfoque en la economía de juego controlada por los jugadores y la diversificación de actividades de juego que ofrecen tanto entretenimiento como oportunidades económicas para los participantes.

B - Tokenomics de AXS

La estructura económica de AXS está diseñada para promover la escasez y el valor a largo plazo con una oferta máxima fija de 270 millones de tokens. Con una oferta circulante actual de aproximadamente 137 millones, AXS equilibra entre la disponibilidad actual y la reserva futura, fomentando así un modelo económico deflacionario.

Este enfoque apunta a una apreciación del valor a medida que la demanda del token aumenta, mientras que la oferta se mantiene limitada.

Aspectos Clave de los Tokenomics de AXS

- **Oferta máxima fija:** 270 millones de AXS, asegurando una política deflacionaria.

- **Oferta circulante actual:** 137.088.504 AXS, alrededor del 50% de la oferta total.

- **MarketCap completamente diluido:** $1.929.088.875, reflejando el valor total de mercado si toda la oferta estuviera en circulación.

- **Modelo económico:** Diseñado para fomentar la escasez a largo plazo y potenciar el valor de AXS.

C - Ideas Prácticas para AXS

Uso Práctico de AXS

- **Participación en la gobernanza del juego:** Los tenedores de AXS pueden votar en decisiones clave que afectan el futuro y desarrollo de Axie Infinity.

- **Ingresos pasivos a través de staking:** Al apostar sus tokens AXS, los inversores pueden recibir recompensas, generando un flujo de ingresos pasivos.

- **Compra de activos dentro del juego:** AXS puede usarse para adquirir Axies y tierras en el universo de Axie Infinity, potencialmente aumentando en valor.

- **Especulación de mercado:** Dado su modelo económico deflacionario y la oferta limitada, AXS presenta una oportunidad de inversión a largo plazo.

- **Participación en eventos y torneos exclusivos:** Poseer AXS puede otorgar acceso a eventos especiales dentro del juego, aumentando la interacción y el compromiso.

48 KDA - Kadena

Qué es KDA Kadena

Kadena (KDA) es una criptomoneda que opera en la blockchain de Kadena, diseñada para combinar velocidad, seguridad y escalabilidad. A diferencia de muchas otras blockchains que enfrentan el dilema de tener que sacrificar la velocidad por la seguridad o la escalabilidad, Kadena se propone resolver estos problemas mediante una tecnología única.

La característica más distintiva de Kadena es su cadena de bloques de prueba de trabajo (PoW) que puede escalar horizontalmente. Esto se logra a través de su innovador diseño de cadena múltiple, llamado "cadena trenzada", que permite que la red maneje un volumen de transacciones significativamente mayor en comparación con las cadenas de bloques tradicionales, sin comprometer la seguridad o la descentralización.

Kadena también ofrece un lenguaje de contrato inteligente llamado Pact, que está diseñado para ser seguro y fácil de usar. Pact incluye características como la formalización de la verificación (para mejorar la seguridad de los contratos inteligentes) y la capacidad de actualizar los contratos inteligentes, lo que permite una mayor flexibilidad y control para los desarrolladores y usuarios de la plataforma.

En resumen, Kadena (KDA) busca ofrecer una solución de blockchain escalable y segura, adecuada tanto para aplicaciones empresariales como para el uso cotidiano, superando algunas de las limitaciones que enfrentan otras criptomonedas y tecnologías de blockchain.

A - Resumen del Whitepaper de Kadena

Kadena se destaca por su innovador enfoque hacia la escalabilidad y seguridad en el mundo de las criptomonedas, introduciendo dos tecnologías principales: el lenguaje de contratos inteligentes Pact y la arquitectura Chainweb.

Pact es un lenguaje seguro y fácil de usar que permite la construcción y actualización de contratos inteligentes sin necesidad de bifurcaciones duras.

Chainweb, por otro lado, es una arquitectura de cadena de bloques de prueba de trabajo paralela que promete un alto rendimiento de transacciones manteniendo la resistencia característica de la prueba de trabajo contra fraudes y censura.

Juntos, estos elementos buscan proporcionar un ecosistema confiable para aplicaciones distribuidas, flujos de trabajo compartidos de manera segura y mecanismos de gobernanza flexibles.

Puntos Destacados para Inversores Potenciales

1. **Alta Escalabilidad y Rendimiento:** Gracias a Chainweb, Kadena puede manejar una cantidad significativamente mayor de transacciones por segundo en comparación con otras blockchains, sin sacrificar la seguridad o la descentralización.

2. **Contratos Inteligentes Seguros y Fáciles de Usar:** Con Pact, Kadena ofrece un entorno de desarrollo más seguro y accesible, incluyendo verificación formal de código para minimizar bugs y exploits.

3. **Gobernanza y Actualización de Contratos:** Pact permite la actualización de contratos inteligentes sin necesidad de bifurcaciones duras, ofreciendo mecanismos de gobernanza integrados.

4. **Interoperabilidad Mejorada:** Kadena facilita la ejecución de intercambios cross-chain eficientes y seguros, ampliando sus posibilidades de uso e integración con otras criptomonedas.

5. **Seguridad Mejorada:** El enfoque en la seguridad está en el corazón de Kadena, inspirado en las scripts de Bitcoin y reforzado por la arquitectura única de Chainweb.

Proyectos Similares o Competidores

1. **Ethereum:** A pesar de ser la plataforma líder para contratos inteligentes, Ethereum enfrenta desafíos de escalabilidad y costos de transacción, áreas donde Kadena busca mejorar significativamente.

2. **Polkadot y Cosmos:** Ambos proyectos buscan resolver problemas de interoperabilidad entre blockchains y escalabilidad, aunque a través de diferentes mecanismos técnicos como paracadenas y hubs de blockchain.

3. **Tezos:** Con un enfoque en la gobernanza on-chain y actualización de protocolos sin bifurcaciones duras, Tezos es otro competidor directo, especialmente en el ámbito de seguridad y gobernanza de contratos inteligentes.

Este resumen proporciona una visión general del potencial de Kadena para inversores, destacando su enfoque único en la resolución de problemas comunes en el espacio de blockchain y cómo se compara con proyectos existentes.

B - Tokenomics de Kadena

Kadena (KDA) presenta un enfoque deflacionario en su estructura de tokenomics, con una oferta máxima fija de 1.000 millones de tokens KDA, lo que garantiza que no se generarán más tokens una vez alcanzado este límite.

La oferta circulante actual es de aproximadamente 262 millones de KDA, representando alrededor del 26% de la oferta total. Esto deja un saldo significativo de tokens por distribuir, lo que podría influir en su valor de mercado futuro.

El diseño de la oferta fija de Kadena busca promover la escasez y potencialmente aumentar el valor del token a largo plazo.

Aspectos Clave de los Tokenomics de Kadena

- **Oferta Máxima Fija:** 1.000 millones de KDA, promoviendo un entorno deflacionario.

- **Oferta Circulante:** 262.834.361 KDA, alrededor del 26% de la oferta total.

- **MarketCap Completamente Diluido:** $1.017.349.098, reflejando el valor de mercado potencial con toda la oferta en circulación.

- **Diseño Deflacionario:** La limitación de la oferta máxima busca promover la escasez y potencial aumento en el valor del token.

- **Distribución Pendiente:** Un significativo porcentaje de tokens aún está por ser distribuido, lo cual puede influir en la dinámica de mercado de KDA.

C - Ideas Prácticas para KDA

Uso Práctico de Kadena

- **Contratos Inteligentes Seguros:** Utilizar Pact para desarrollar y desplegar contratos inteligentes en sectores como finanzas, seguros y cadena de suministro, aprovechando su seguridad y capacidad de actualización sin bifurcaciones.

- **Pagos y Transacciones:** Implementar KDA para pagos rápidos y de bajo costo, beneficiándose de su alta escalabilidad y rendimiento para manejar volúmenes de transacción masivos en comercio electrónico o remesas.

- **DApps Escalables:** Crear aplicaciones descentralizadas (DApps) que requieren alta capacidad de procesamiento y transacciones con mínimas tasas, explorando mercados como los juegos en línea, mercado de arte digital, y finanzas descentralizadas (DeFi).

- **Almacenamiento de Valor:** Invertir en KDA como un activo digital deflacionario, considerando su oferta limitada y potencial para apreciación a largo plazo debido a la demanda creciente y la utilidad en expansión de la plataforma.

- **Interoperabilidad Cross-Chain:** Aprovechar las capacidades de Kadena para facilitar intercambios eficientes entre diferentes blockchains, abriendo oportunidades para nuevas formas de interacción financiera y colaboración entre distintas redes.

49 IOTA

Qué es IOTA

IOTA es una criptomoneda bastante única en comparación con muchas otras en el mercado. Difiere principalmente por su tecnología subyacente y su enfoque.

Entendamos esto por partes (explicación simplificada):

1. **Tecnología Subyacente:** A diferencia de muchas criptomonedas que utilizan la tecnología blockchain,

IOTA se basa en una arquitectura diferente llamada "Tangle". El Tangle es un tipo de libro de contabilidad distribuido pero no utiliza bloques ni minería. Es una red de transacciones interconectadas, donde cada nueva transacción valida dos transacciones anteriores. Esto significa que, teóricamente, las transacciones pueden procesarse más rápidamente y la red puede escalar mejor, ya que más transacciones significan más validaciones.

2. **Objetivo:** IOTA se centra principalmente en el Internet de las Cosas (IoT), buscando proporcionar una forma eficiente de realizar transacciones entre dispositivos en esta red. Su objetivo es permitir micropagos seguros y sin tarifas entre dispositivos, lo que podría ser crucial para el futuro de IoT, donde se espera que billones de dispositivos estén interconectados y realicen transacciones económicas diminutas entre sí.

3. **Sin Tarifas:** Una de las características distintivas de IOTA es que no cobra tarifas por las transacciones. Esto es posible gracias a su modelo de validación de transacciones, en el que los participantes activos en la red (es decir, dispositivos realizando transacciones) ayudan a validar otras transacciones.

4. **Seguridad y Escalabilidad:** IOTA ha sido diseñada teniendo en cuenta la seguridad y la escalabilidad, aspectos críticos para el soporte de una vasta red de dispositivos IoT. Aunque ha enfrentado desafíos y críticas en estos frentes, el equipo detrás de IOTA continúa trabajando en mejoras y actualizaciones para abordar estas preocupaciones.

En resumen, IOTA representa un enfoque innovador para la infraestructura de criptomonedas, con un fuerte enfoque en el Internet de las Cosas y la promesa de transacciones rápidas, escalables y sin tarifas, gracias a su tecnología Tangle en lugar de una tradicional blockchain.

A - Resumen del Whitepaper de IOTA 2.0

El whitepaper de IOTA 2.0 introduce un enfoque innovador en tokenomics e incentivos, desafiando los modelos prevalentes en el espacio cripto.

A diferencia de las criptomonedas tradicionales que dependen de incentivos basados en tokens, IOTA 2.0 ofrece acceso a la red como recompensa por mantenerla, creando un ecosistema criptográfico inclusivo y accesible. Implementa un consenso sin líder, donde los poseedores de tokens queman Mana, un recurso generado por sus tokens, para producir sus propios bloques.

Este enfoque previene la extracción de valor y la explotación por parte de validadores motivados por el beneficio, elimina la inflación, asegura un suministro fijo de tokens, y evita la concentración de riqueza.

Puntos Destacados para Inversores Potenciales

1. **Innovación Tecnológica:** IOTA 2.0 se desvía de las blockchains tradicionales mediante la utilización de un DAG para lograr consenso sin líderes, apuntando a una mayor resistencia a la censura y eficiencia.

2. **Economía Sostenible:** El modelo económico de IOTA busca una distribución justa de la riqueza y ofrece un enfoque único hacia la generación y utilización de

Mana, incentivando la participación en la red sin inflación de token.

3. **Escalabilidad y Sin Tarifas de Transacción:** El modelo de consenso de IOTA y el manejo de Mana permiten escalabilidad y transacciones sin tarifas, promoviendo una adopción más amplia.

4. **Potencial de Crecimiento:** Dado su enfoque en el Internet de las Cosas (IoT) y la infraestructura sostenible, IOTA se posiciona para capitalizar sobre el crecimiento exponencial esperado en estos sectores.

Proyectos Similares o Competidores

- **Nano (XNO):** Utiliza una estructura de bloques enlazados para transacciones rápidas y sin tarifas, pero con un enfoque menos en IoT.

- **Ethereum 2.0:** Aunque se enfoca en contratos inteligentes, su transición a PoS y sharding apunta a resolver problemas de escalabilidad y costos de transacción, compitiendo indirectamente en eficiencia y sostenibilidad.

- **Cardano:** Similar a Ethereum en su enfoque en contratos inteligentes y dApps, pero con un fuerte enfoque en la investigación y el desarrollo sostenible, compitiendo en la base de una blockchain más eficiente y escalable.

Este resumen provee una visión general del enfoque único de IOTA 2.0 hacia la economía de tokens y los incentivos, junto con su posición en el mercado criptográfico frente a sus competidores.

B - Tokenomics de IOTA

IOTA 2.0 introduce un enfoque transformador en tokenomics e incentivos, distinguiéndose de los modelos tradicionales en el espacio cripto.

En lugar de incentivos basados en tokens que pueden conducir a una distribución desigual de la riqueza y degradación del deber cívico, IOTA 2.0 recompensa la participación en la red ofreciendo acceso a ella.

Este sistema no solo elimina la necesidad de tarifas para los poseedores de tokens, sino que también previene la inflación, asegurando un suministro fijo de tokens y evitando la concentración de riqueza.

Los participantes queman Mana, un recurso generado por sus tokens, para producir bloques, promoviendo una participación significativa y sostenida a largo plazo en el ecosistema IOTA.

Aspectos Clave de los Tokenomics de IOTA

- **Suministro Fijo de Tokens:** IOTA 2.0 mantiene un suministro fijo de tokens, eliminando completamente la inflación y previniendo la dilución de la propiedad.

- **Recompensas Basadas en Acceso:** A diferencia de recompensar con tokens adicionales, IOTA recompensa la participación con acceso a la red, fomentando un compromiso a largo plazo sin extraer valor directamente del suministro de tokens.

- **Quema de Mana para Generar Bloques:** Los poseedores de tokens utilizan Mana, generado por la tenencia de tokens, para crear bloques, lo cual es una innovación frente a los modelos de tarifas y recompensas tradicionales.

- **Prevención de la Concentración de Riqueza:** Al desvincular las recompensas de los tokens base y centrarse en el acceso, IOTA 2.0 busca prevenir la redistribución de riqueza que favorece a los validadores a expensas de los usuarios finales.

- **Flexibilidad Legal y Regulatoria:** Al ofrecer recompensas en forma de acceso en lugar de criptomonedas, IOTA 2.0 permite la participación de usuarios que de otro modo estarían restringidos por motivos legales o regulatorios.

- **Promoción de la Seguridad de la Red:** A través de su modelo único de incentivos y su enfoque en el acceso, IOTA incentiva la participación activa y contribuye a la seguridad y estabilidad de la red.

Estos aspectos subrayan la visión de IOTA de promover un ecosistema criptográfico inclusivo y sostenible, destacando su compromiso con una redistribución justa de la riqueza y la promoción de la autonomía digital para todos sus usuarios.

C - Ideas Prácticas para IOTA

Uso Práctico de IOTA

La criptomoneda IOTA, con su enfoque innovador en tokenomics, tecnología de Tangle, y su visión hacia el Internet de las Cosas (IoT), ofrece una amplia gama de aplicaciones prácticas y oportunidades de inversión.

Veamos algunas ideas:

1. **Micropagos en IoT:** IOTA puede facilitar transacciones sin tarifas entre dispositivos en el ecosistema IoT, permitiendo la economía de máquinas, donde dispositivos pueden realizar transacciones económicas autónomas por cantidades mínimas.

2. **Gestión de Datos en IoT:** Con su capacidad para manejar grandes volúmenes de transacciones, IOTA puede ser usada para asegurar y transmitir datos entre dispositivos IoT, proporcionando una capa de seguridad y eficiencia en la gestión de datos.

3. **Identidad Digital y Autenticación:** IOTA puede utilizarse para crear sistemas de identidad digital seguros, permitiendo a los usuarios controlar y compartir su información personal de manera segura y eficiente.

4. **Finanzas Descentralizadas (DeFi) para IoT:** IOTA podría habilitar nuevas formas de DeFi específicamente diseñadas para el ecosistema IoT, permitiendo préstamos, seguros, y otros servicios financieros entre dispositivos.

5. **Sostenibilidad y Rastreo de Cadena de Suministro:** A través de la integración de IOTA en cadenas de suministro, las empresas pueden rastrear la producción, el transporte, y la entrega de productos en tiempo real, promoviendo la transparencia y la sostenibilidad.

6. **Ciudades Inteligentes y Gestión de Energía:** IOTA puede ser fundamental en el desarrollo de ciudades inteligentes, facilitando la gestión eficiente de la

energía, el tráfico, y otros recursos urbanos mediante la comunicación autónoma entre dispositivos.

En palabras sencillas

La inversión en IOTA ofrece un enfoque único debido a su potencial de crecimiento en el sector emergente del IoT, su enfoque en una economía de token sin inflación, y su capacidad para facilitar una nueva generación de aplicaciones descentralizadas.

Los inversores pueden considerar a IOTA como una inversión a largo plazo, dada su:

- **Posición en el Mercado del IoT:** Como una de las pocas criptomonedas enfocadas en IoT, IOTA tiene el potencial de capitalizar en un mercado que se espera crezca exponencialmente en los próximos años.

- **Innovación Tecnológica:** La tecnología subyacente de IOTA, el Tangle, ofrece ventajas significativas en términos de escalabilidad y eficiencia en comparación con las blockchains tradicionales.

- **Ecosistema en Crecimiento:** A medida que más dispositivos se conectan a Internet y buscan métodos seguros y eficientes para transacciones y comunicación, IOTA está bien posicionada para ser una solución líder.

- **Sostenibilidad y Eficiencia:** Al eliminar las tarifas de transacción y reducir la necesidad de mineros o validadores de transacciones energéticamente intensivos, IOTA promueve un modelo de criptomoneda más sostenible y eficiente.

Invertir en IOTA significa apostar por el futuro de la tecnología blockchain y el IoT, considerando su potencial para revolucionar cómo los dispositivos interactúan y realizan transacciones en un mundo cada vez más conectado.

50 LUNA – Terra Luna

Qué es LUNA Terra Luna

La criptomoneda LUNA es el token nativo de Terra, una plataforma de blockchain diseñada para soportar stablecoins descentralizadas que están vinculadas al valor de monedas fiduciarias como el dólar estadounidense, el euro, y otras.

LUNA desempeña un papel fundamental en el mantenimiento de la estabilidad de precios de estas stablecoins y cn el funcionamiento general del ecosistema de Terra.

Funciona de la siguiente manera:

1. **Estabilización de Precios:** LUNA ayuda a mantener el precio de las stablecoins de Terra (como UST, que está vinculada al dólar estadounidense) estables mediante un mecanismo de arbitraje. Si el precio de una stablecoin de Terra cae por debajo de su moneda fiduciaria vinculada, los usuarios pueden quemar LUNA para acuñar más de la stablecoin y devolverla a su valor nominal. Si el precio de la stablecoin sube por encima de su valor vinculado, los usuarios pueden quemar la stablecoin para acuñar LUNA. Este proceso incentiva a los usuarios a ajustar la oferta de stablecoins y LUNA para mantener la paridad con las monedas fiduciarias.

2. **Gobernanza:** LUNA también permite a sus titulares participar en la gobernanza de la red Terra, votando

sobre propuestas que afectan a la plataforma, como actualizaciones de software y cambios en las políticas de operación.

3. **Tarifas de Transacción:** LUNA se utiliza para pagar las tarifas de transacción en la red Terra, lo que proporciona un incentivo económico para aquellos que mantienen la red segura y operativa.

4. **Recompensas:** Los titulares de LUNA pueden apostar sus tokens (staking) para ayudar a asegurar la red, y a cambio, reciben recompensas que provienen de las tarifas generadas por las transacciones en la plataforma.

Sin embargo, es importante notar que el proyecto Terra y su criptomoneda LUNA experimentaron una crisis significativa en mayo de 2022, cuando su stablecoin UST perdió su vinculación con el dólar, lo que llevó a una caída masiva en el valor de LUNA.

Esto resultó en una pérdida sustancial de confianza y valor para los inversores en el ecosistema de Terra. El equipo detrás de Terra ha trabajado en varios planes de recuperación y reestructuración desde entonces.

A - Resumen del Whitepaper de Terra LUNA

Terra es una blockchain de código abierto que hospeda un ecosistema vibrante de aplicaciones descentralizadas (dApps) y herramientas de desarrollo de primer nivel, utilizando consenso de prueba de participación y tecnologías innovadoras para ofrecer una experiencia DeFi inigualable. LUNA, su token nativo, se utiliza para la gobernanza, la minería mediante staking a validadores, y el pago de tarifas de transacción.

En 2022, Terra lanzó una nueva cadena principal, phoenix-1, tras una propuesta de gobernanza, airdropping LUNA a usuarios basados en instantáneas pre y post-desanclaje.

Puntos Destacados para Inversores Potenciales

1. **Innovación Tecnológica:** Terra utiliza tecnologías avanzadas como Mantlemint Terrain y Station, destacando por su velocidad y eficiencia.

2. **Recompensas por Staking:** LUNA permite a los usuarios participar en la seguridad y gobernanza de la red, obteniendo recompensas de las tarifas de transacción.

3. **Recuperación Post-Crisis:** Tras el desanclaje de su stablecoin en 2022, Terra implementó una estrategia de recuperación, lanzando una nueva cadena principal y distribuyendo LUNA a afectados.

4. **Gobernanza Comunitaria:** Terra promueve una gobernanza descentralizada, permitiendo a los usuarios influir en el desarrollo y las políticas del protocolo.

Proyectos Similares o Competidores

1. **Ethereum:** Aunque más amplio en su uso, Ethereum compite en el espacio de dApps y finanzas descentralizadas (DeFi).

2. **Solana:** Conocida por su alta velocidad y bajas tarifas de transacción, Solana es un competidor directo en el rendimiento y la eficiencia de la blockchain.

3. **Polkadot:** Ofrece interoperabilidad entre cadenas, compitiendo en el ámbito de la creación de un ecosistema de blockchains interconectadas.

4. Avalanche: Destaca por su escalabilidad y rapidez, compitiendo en la creación de dApps y soluciones DeFi.

B - Tokenomics de LUNA

La estructura de tokenomics de LUNA está diseñada para apoyar la estabilidad de la stablecoin UST y promover el crecimiento del ecosistema Terra.

La oferta de LUNA es ilimitada, permitiendo una expansión y contracción dinámicas en respuesta a las fluctuaciones en la demanda de UST.

Esto es clave para mantener el peg de UST al dólar estadounidense, con LUNA actuando como un mecanismo de ajuste para regular la oferta de stablecoins.

Aspectos Clave de los Tokenomics de LUNA

- **Suministro Ilimitado:** LUNA no tiene un máximo de suministro, permitiendo una oferta flexible que se ajusta con la acuñación y quema de UST.

- **Circulación y Suministro Total:** Actualmente, hay 652,972,767 LUNA en circulación de un suministro total de 1,004,262,701 LUNA.

- **Capitalización de Mercado Totalmente Diluida:** Alrededor de $663 millones, aunque esto puede ser engañoso debido al suministro sin tapa.

- **Demanda y Valor:** El valor de LUNA se deriva de la demanda de UST y la necesidad de quemar LUNA para canjear UST.

- **Presión Inflacionaria vs. Deflacionaria:** La oferta ilimitada puede crear presión inflacionaria, pero la quema de LUNA para UST puede contrarrestar esto.

- **Recompensas por Staking:** Ofrecidas como un medio para compensar la inflación, dependiendo de la adopción continua de UST.

El éxito de LUNA depende críticamente de la gestión equilibrada entre la oferta y la demanda, enfatizando la importancia de la adopción y el crecimiento sostenido de UST en el ecosistema Terra.

C - Ideas Prácticas para LUNA

Uso Práctico de LUNA

- **Pago de Tarifas de Transacción:** Utilizar LUNA para pagar tarifas en la red Terra, aprovechando su eficiencia y costos reducidos.

- **Staking para Recompensas:** Participar en el staking de LUNA para obtener recompensas, contribuyendo a la seguridad y operación de la red Terra.

- **Gobernanza del Ecosistema:** Usar LUNA para participar en decisiones de gobernanza, influyendo en el futuro desarrollo de Terra.

- **Inversión y Especulación:** Invertir en LUNA como un activo digital con potencial de apreciación, especialmente si se incrementa la adopción de UST.

- **Hedging y Arbitraje:** Aprovechar las fluctuaciones en el precio de LUNA y UST para oportunidades de hedging y arbitraje en el ecosistema DeFi.

- **Desarrollo de dApps:** Utilizar la plataforma Terra para desarrollar aplicaciones descentralizadas que requieran stablecoins o servicios financieros descentralizados.

51 QI - BENQI

Qué es QI BENQI

BENQI es una plataforma de finanzas descentralizadas (DeFi) construida en la blockchain de Avalanche, diseñada para proporcionar servicios de préstamo y ganancia de intereses sobre criptomonedas. En términos sencillos, permite a los usuarios prestar, pedir prestado, o ganar intereses sobre sus activos digitales sin necesidad de intermediarios como bancos o instituciones financieras tradicionales.

La criptomoneda de BENQI, a menudo representada por su token nativo, QI, se utiliza dentro de la plataforma para una variedad de propósitos, incluyendo el gobierno (donde los titulares de tokens pueden votar sobre decisiones importantes de la plataforma), como colateral para préstamos, y para ganar recompensas de staking.

Esto significa que los usuarios pueden bloquear (o "apostar") sus tokens QI para ayudar a asegurar la red y, a cambio, recibir más tokens QI como recompensa.

La plataforma busca ofrecer una solución escalable y segura para el préstamo y el ahorro de criptomonedas, aprovechando la alta velocidad y bajas comisiones de transacción de la red Avalanche, lo que la hace atractiva para usuarios que buscan optimizar sus estrategias de inversión en criptoactivos.

A - Resumen del Whitepaper de QI - BENQI

BENQI es una suite de protocolos de finanzas descentralizadas (DeFi) construida en Avalanche. Ofrece facilidades para prestar, tomar prestado y ganar intereses sobre activos digitales.

BENQI Liquid Staking permite a los usuarios tokenizar AVAX estacado, facilitando su uso en aplicaciones DeFi. Ignite es un protocolo para impulsar validadores y subredes de Avalanche, reduciendo el capital inicial necesario. La seguridad se mantiene mediante auditorías, aunque ningún protocolo es libre de riesgos completamente.

Puntos Destacados para Inversores Potenciales

- **Innovación en Staking y Préstamos:** BENQI introduce soluciones de staking líquido y mercados de liquidez en Avalanche, aumentando la eficiencia del capital.

- **Facilidad de Uso:** Permite a los usuarios interactuar fácilmente con mercados de liquidez y staking líquido.

- **Riesgos Gestionados:** A pesar de los riesgos inherentes a los smart contracts y la liquidación, BENQI ha realizado auditorías para minimizar estos riesgos.

- **Auditorías de Seguridad:** Realizadas por Halborn y Certora, destacando el compromiso con la seguridad del protocolo.

Proyectos Similares o Competidores

- **Aave y Compound:** Plataformas líderes de préstamo DeFi que ofrecen servicios similares en otras blockchains como Ethereum.

- **Lido y Rocket Pool:** Proporcionan soluciones de staking líquido para Ethereum, competidores directos en el nicho de staking líquido.

BENQI se distingue por estar construido sobre Avalanche, aprovechando su escalabilidad y bajas comisiones, pero enfrenta la competencia de plataformas establecidas en el espacio DeFi.

B - Tokenomics de QI - BENQI

Los tokenomics de BENQI, girando en torno a su token nativo QI, están diseñados para fomentar un ecosistema deflacionario y de crecimiento. Con una oferta máxima fija de 7.2 mil millones y una oferta circulante actual de aproximadamente 4.3 mil millones, QI incorpora mecanismos para incentivar la retención y participación en la plataforma.

A través de la quema de tokens generada por las comisiones de la plataforma y las recompensas por staking, BENQI busca equilibrar la inflación anual mínima con presiones deflacionarias, apuntando a un crecimiento sostenido y una mayor demanda por el token.

Aspectos Clave de los Tokenomics de QI - BENQI

- **Oferta Máxima Fija:** 7.2 mil millones, apuntando a la escasez y valor sostenido a largo plazo.

- **Inflación Anual Limitada:** Solo el 1.5% anual a través de emisiones, manteniendo controlada la inflación.

- **Presión Deflacionaria:** Las comisiones generadas por préstamos y depósitos se utilizan para recomprar y quemar QI, reduciendo la oferta circulante.

- **Recompensas por Staking:** Incentivos para que los titulares de QI bloqueen sus tokens, reduciendo la oferta disponible y fomentando la retención.

- **Capitalización de Mercado Diluida:** ~$110 millones, indicando potencial de crecimiento con la adopción y aumento del valor total bloqueado (TVL).

- **Dependencia del Crecimiento:** La efectividad de los mecanismos deflacionarios está directamente ligada al crecimiento y adopción de la plataforma.

Estos puntos destacan una estrategia diseñada para equilibrar el crecimiento y la sostenibilidad del valor del token, subrayando la importancia de la adopción de la plataforma para el éxito a largo plazo.

C - Ideas Prácticas QI

Uso Práctico de QI - BENQI

- **Staking:** Participar en el staking de QI para obtener recompensas y contribuir a la seguridad y eficiencia de la plataforma.

- **Préstamos y Depósitos:** Usar QI como colateral para tomar préstamos o depositarlo en pools de liquidez para ganar intereses.

- **Gobernanza:** Participar en la toma de decisiones de la plataforma votando en propuestas de gobernanza con QI.

- **Trading y Especulación:** Comprar QI en anticipación a la adopción de la plataforma y el aumento de su valor.

- **Quema de Tokens:** Beneficiarse de las políticas de quema de tokens que reducen la oferta circulante y pueden incrementar el valor de QI.

Estas aplicaciones no solo ofrecen oportunidades para los inversores de beneficiarse directamente de la participación en la plataforma, sino que también subrayan el potencial de crecimiento y adopción de BENQI en el ecosistema DeFi.

52 CSPR - Casper

Qué es CSPR Casper

Casper es una criptomoneda y una plataforma blockchain que se centra en la escalabilidad, la seguridad y la descentralización. Utiliza un mecanismo de consenso único llamado Correct-by-Construction (CBC) Casper, una variante del mecanismo de consenso de Prueba de Participación (Proof of Stake, PoS), diseñado para mejorar la seguridad y reducir el consumo de energía en comparación con sistemas basados en Prueba de Trabajo (Proof of Work, PoW) como el de Bitcoin.

La red Casper está diseñada para facilitar la adopción de la blockchain por parte de empresas e individuos, ofreciendo alta escalabilidad y compatibilidad con contratos inteligentes. Esto permite el desarrollo de aplicaciones descentralizadas (dApps) y soluciones empresariales sobre su plataforma, buscando ser una opción más eficiente y sostenible.

Una de las principales innovaciones de Casper es su enfoque en la "actualización en cadena", que permite modificar los contratos inteligentes después de haber sido desplegados, una característica que busca solucionar uno de los problemas más significativos en otras plataformas de blockchain, donde los contratos inteligentes son inmutables una vez que se lanzan, dificultando la corrección de errores o la actualización de estos contratos.

Además, Casper busca ofrecer una menor barrera de entrada para los validadores, a diferencia de otras redes PoS que requieren grandes cantidades de capital para participar. Esto se logra a través de un modelo de participación más accesible, lo que promueve una mayor descentralización y seguridad de la red.

En resumen, Casper se presenta como una solución blockchain innovadora, dirigida a empresas y desarrolladores, que busca superar las limitaciones de plataformas anteriores al ofrecer mejor escalabilidad, seguridad mejorada y una gestión más flexible de los contratos inteligentes.

A - Resumen del Whitepaper de Casper

El whitepaper de Casper introduce "Highway", un protocolo de consenso que asegura eficiencia y finalidad flexible dentro del modelo BFT parcialmente sincrónico, dirigido a sistemas blockchain basados en Prueba de Participación (PoS).

Casper destaca por ofrecer finalidad no binaria de los bloques, lo que permite una mayor flexibilidad en la configuración de los umbrales de seguridad y facilita una escalabilidad superior en comparación con protocolos anteriores.

Esta característica de finalidad graduada mejora la confianza en los periodos de alta participación honesta y permite a los nodos con menores requisitos de seguridad alcanzar finalidades más rápidamente.

Casper se basa en un DAG (grafo acíclico dirigido) para mantener el orden de causalidad de los mensajes y utiliza un mecanismo de votación virtual para seleccionar entre diferentes forks, mejorando así la eficiencia y la resistencia al spam.

Puntos Importantes para Inversores

1. **Innovación en Finalidad:** La finalidad graduada de Casper permite una confianza adaptable en la inmutabilidad de los bloques, lo cual es crucial para aplicaciones que requieren diferentes niveles de seguridad.

2. **Escalabilidad y Eficiencia:** La estructura DAG y el mecanismo de votación virtual mejoran significativamente la escalabilidad y la eficiencia del protocolo en comparación con otros sistemas PoS, permitiendo un mayor volumen de transacciones y menor latencia.

3. **Flexibilidad y Seguridad:** La capacidad de ajustar los umbrales de seguridad según las necesidades proporciona una flexibilidad sin precedentes para adaptarse a diferentes modelos de riesgo, manteniendo

al mismo tiempo una fuerte garantía de seguridad contra ataques.

4. **Adopción y Compatibilidad:** La tecnología avanzada y las características únicas de Casper lo posicionan como un candidato atractivo para una amplia adopción por desarrolladores de aplicaciones descentralizadas y empresas que buscan soluciones blockchain escalables y seguras.

Proyectos Similares o Competidores

- **Ethereum 2.0:** Con su transición a PoS a través de la Beacon Chain, Ethereum 2.0 es un competidor directo, ofreciendo también escalabilidad y eficiencia energética mejoradas. Sin embargo, Casper se distingue por su enfoque único en la finalidad flexible.

- **Polkadot:** A través de su modelo de parachains, Polkadot facilita la interoperabilidad y escalabilidad. Aunque comparte objetivos similares de escalabilidad y eficiencia, la implementación y el enfoque técnico son distintos.

- **Cardano:** Como otro fuerte competidor en el espacio PoS, Cardano se enfoca en la seguridad y la rigurosidad académica en el desarrollo de su protocolo. Aunque ambos buscan mejorar la escalabilidad y la eficiencia, Casper ofrece un modelo de finalidad único.

Este resumen destaca el potencial de Casper para transformar la infraestructura blockchain con su enfoque innovador en la finalidad de los bloques, la escalabilidad y la flexibilidad en la configuración de seguridad, lo cual lo posiciona favorablemente frente a sus competidores.

B - Tokenomics de Casper

La estructura económica de Casper (CSPR) se caracteriza por un enfoque en la inflación y deflación controladas a través de la emisión y quema de tokens. Con una oferta circulante de 11.8 mil millones de CSPR de un total de 12.3 mil millones, y sin un suministro máximo fijado, la criptomoneda se encuentra en un equilibrio delicado entre la inflación, debido a las recompensas por staking, y la deflación, a través de la quema de tokens en tarifas de transacción.

La gestión activa de la política monetaria de la red es crucial para su sostenibilidad económica.

Aspectos Clave de los Tokenomics de Casper

- **Suministro Circulante y Total:** 11.8 mil millones circulantes de un total de 12.3 mil millones, sin suministro máximo fijado.

- **Mecanismo de Inflación:** CSPR se acuña como recompensas por staking, lo que contribuye a la inflación del suministro a lo largo del tiempo.

- **Contramedidas de Deflación:** Quema de CSPR a través de tarifas de transacción para contrarrestar parte de la inflación. La tasa actual de quema es de 0.1 CSPR por transacción.

- **Capitalización de Mercado Totalmente Diluida:** Aproximadamente $435 millones, con la posibilidad de dilución si la demanda no mantiene el ritmo con las recompensas por staking.

- **Usos del Token:** Staking, gobernanza de la red, y pago de tarifas de gas. La adopción continua para estos casos de uso es crucial para mantener la demanda.

- **Actividad Comercial y Especulación:** Listado en los principales intercambios, aunque la inflación alta podría disuadir la especulación a largo plazo.

- **Política Monetaria Activa:** Ajustes pasados y potencialmente futuros en las recompensas por staking y la tasa de quema para gestionar la oferta.

La dinámica de oferta y demanda, junto con la política monetaria activa de Casper, juegan un papel fundamental en el valor y la estabilidad a largo plazo de CSPR.

La adopción de la red y el uso efectivo de sus tokens son esenciales para equilibrar la inflación inherente al sistema de recompensas por staking y la deflación lograda a través de la quema de tokens.

C - Ideas Prácticas para CSPR

Uso Práctico de Casper

- **Desarrollo de Aplicaciones Descentralizadas (dApps):** Casper, con su escalabilidad y compatibilidad con contratos inteligentes, es ideal para desarrollar y alojar dApps en sectores como finanzas, salud y educación.

- **Sistemas de Pago y Remesas:** Utilizar CSPR para transacciones rápidas y de bajo costo, aprovechando la quema de tokens para mantener la inflación bajo control.

- **Staking para Ingresos Pasivos:** Participar en el staking de CSPR para obtener recompensas, aprovechando el mecanismo de prueba de participación de la red.

- **Gobernanza de la Red:** Participar en la gobernanza de Casper votando en decisiones clave, lo que requiere tenencia y uso de CSPR.

- **Financiamiento y Crowdfunding:** Usar Casper para lanzar y financiar proyectos mediante la creación de tokens personalizados sobre su blockchain.

Casper destaca por su innovación técnica y modelo económico, lo que podría ofrecer un potencial de crecimiento a largo plazo si logra aumentar su adopción y utilidad.

Sin embargo, como con cualquier inversión en criptomonedas, es crucial considerar los riesgos, incluida la volatilidad del mercado y la incertidumbre regulatoria.

La gestión activa de su política monetaria y el enfoque en la adopción práctica son factores clave que podrían influir positivamente en su valoración futura.

53 APE - Apecoin

Qué es APE Apecoin

APE es el símbolo de ApeCoin, una criptomoneda que funciona dentro del ecosistema APE, el cual está vinculado principalmente al proyecto Bored Ape Yacht Club (BAYC).

Este proyecto es conocido por su colección de NFT (tokens no fungibles) de arte digital que representan a diversos monos de aspecto único y distintivo.

ApeCoin sirve como un token de utilidad y gobernanza para este ecosistema, permitiendo a sus poseedores participar en decisiones clave relacionadas con el desarrollo y la dirección del proyecto.

La criptomoneda APE no solo facilita la transacción de valores dentro de la comunidad BAYC, sino que también se propone como un medio de intercambio que puede extenderse más allá, buscando ser adoptada por otros proyectos y plataformas en el mundo de los NFT y el entretenimiento digital. Además de ser un activo digital negociable en diversas plataformas de intercambio de criptomonedas, ApeCoin proporciona a sus usuarios acceso a eventos exclusivos, lanzamientos de productos y experiencias únicas dentro del ecosistema APE.

Al estar diseñada sobre la blockchain de Ethereum, ApeCoin aprovecha las ventajas de esta tecnología, como la seguridad, la transparencia y la descentralización, para ofrecer una experiencia robusta y confiable a sus usuarios.

La gestión de ApeCoin y las decisiones relacionadas con su futuro se llevan a cabo a través de la ApeCoin DAO (Organización Autónoma Descentralizada), en la cual los poseedores de APE pueden votar sobre propuestas importantes, asegurando así una dirección comunitaria y democrática del proyecto.

A - Resumen del Whitepaper de ApeCoin

ApeCoin es una criptomoneda diseñada como un token de gobernanza y utilidad dentro del ecosistema APE, que se centra en impulsar la economía Web3 a través del arte, el entretenimiento, los juegos y los eventos.

El proyecto busca ser una capa de protocolo descentralizado que permita iniciativas lideradas por la comunidad para avanzar la cultura en el metaverso.

La APE Foundation actúa como el administrador de ApeCoin, facilitando la gobernanza descentralizada y comunitaria sin tener control directo sobre el token, asegurando que el crecimiento y desarrollo del ecosistema sea inclusivo y equitativo.

Puntos Destacados para Inversores Potenciales

1. **Gobernanza y Utilidad:** ApeCoin permite a los titulares participar en la gobernanza del ecosistema APE, ofreciendo un medio para que la comunidad dirija el futuro del proyecto.

2. **Fondo del Ecosistema:** Un porcentaje significativo de los tokens APE se destina al Fondo del Ecosistema, gestionado por la APE Foundation para apoyar el crecimiento y desarrollo del ecosistema.

3. **Distribución de Tokens:** La oferta total de ApeCoin está fijada en 1 mil millones de tokens, sin posibilidad de aumentar o disminuir, lo que asegura previsibilidad y escasez.

4. **ApeCoin DAO:** La membresía está abierta a todos los poseedores de ApeCoin, democratizando las decisiones sobre la asignación de fondos del ecosistema, las reglas de gobernanza, los proyectos y las asociaciones.

5. **Incentivos y Acceso Exclusivo:** ApeCoin sirve como herramienta para incentivar a desarrolladores de terceros y otorga acceso a juegos exclusivos, mercancía, eventos y servicios.

Proyectos Similares o Competidores

1. **Decentraland (MANA):** Una plataforma de realidad virtual descentralizada que permite a los usuarios crear, experimentar y monetizar contenido y aplicaciones.

2. **The Sandbox (SAND):** Un metaverso basado en blockchain que permite a los usuarios crear, construir, comprar y vender activos digitales en forma de un juego.

3. **Axie Infinity (AXS):** Un juego de batalla y comercio basado en blockchain que utiliza NFTs para representar criaturas únicas que los jugadores pueden coleccionar, criar y combatir.

4. **Flow (FLOW):** La blockchain diseñada para la próxima generación de aplicaciones, juegos y activos digitales que es el hogar de NBA Top Shot y otros proyectos de NFT de alto perfil.

Estos proyectos comparten con ApeCoin la visión de utilizar la tecnología blockchain para potenciar la economía digital y crear comunidades en línea con gobernanza descentralizada. Sin embargo, ApeCoin se distingue por su enfoque en ser una capa de protocolo para iniciativas lideradas por la comunidad que avanzan la cultura en el metaverso, respaldada por el éxito y la popularidad del Bored Ape Yacht Club.

B- Tokenomics de ApeCoin

La estructura tokenómica de ApeCoin (APE) se caracteriza por una oferta total y máxima limitada a 1,000,000,000 de tokens APE, de los cuales 368,593,750 APE están actualmente en circulación, representando el 36.86% del suministro máximo.

Esto establece un límite estricto en el número de tokens que existirán, asegurando que no habrá inflación adicional del suministro más allá de este límite.

Con un valor de mercado completamente diluido de $1,395,302,273 basado en el precio actual de $3.78 por APE, la criptomoneda muestra un enfoque sólido en la gestión de su economía. APE actúa como el token de gobernanza para la ApeCoin DAO, y se planea su distribución a los miembros de la DAO y el ecosistema ApeCoin durante un periodo de 48 meses.

Los fundadores recibieron el 15% del suministro total, sujeto a un período de acantilado de 1 año y un programa de adquisición de derechos de 4 años, mientras que también se realizaron asignaciones a socios, contribuyentes y miembros de la DAO.

Aspectos Clave de los Tokenomics de ApeCoin

- **Oferta Total y Máxima Limitada:** 1,000,000,000 APE, asegurando un suministro fijo sin posibilidad de inflación adicional.

- **Suministro en Circulación:** 368,593,750 APE, lo que representa el 36.86% del suministro máximo disponible.

- **Cap de Mercado Totalmente Diluido:** $1,395,302,273, basado en el precio actual de $3.78 por APE, reflejando el valor potencial total del token.

- **Gobernanza de ApeCoin DAO:** APE sirve como token de gobernanza, permitiendo a los titulares participar en decisiones importantes dentro del ecosistema.

- **Distribución Programada:** Nuevos tokens APE se distribuyen a los miembros de la ApeCoin DAO y el ecosistema a lo largo de 48 meses para promover una amplia distribución y participación.

- **Programa de Adquisición de Derechos para Fundadores:** 15% del suministro total asignado a los fundadores con un período de acantilado de 1 año y un programa de adquisición de derechos de 4 años, destinado a limitar la inflación en los primeros años.

- **Distribución a Socios y Contribuyentes:** Asignaciones realizadas también a socios y contribuyentes, fomentando la descentralización de la gobernanza y apoyando el desarrollo del ecosistema.

C- Ideas Prácticas APE

Uso Práctico de ApeCoin

- **Gobernanza del Ecosistema:** ApeCoin permite a sus titulares participar en la gobernanza de la ApeCoin DAO, votando sobre propuestas clave que afectan el futuro y la dirección del ecosistema APE, como asignaciones del fondo del ecosistema, reglas de gobernanza, proyectos y asociaciones.

- **Acceso Exclusivo:** Poseer ApeCoin brinda acceso a experiencias, juegos, mercancía y eventos exclusivos dentro del ecosistema APE, como lanzamientos especiales de NFT, eventos exclusivos para miembros y acceso prioritario a nuevas iniciativas.

- **Medio de Intercambio:** ApeCoin sirve como un token de utilidad dentro del ecosistema APE, facilitando las transacciones y funcionando como medio de intercambio para comprar bienes, servicios y experiencias digitales.

- **Incentivación para Desarrolladores:** ApeCoin proporciona un mecanismo para incentivar a los desarrolladores a participar en el ecosistema, integrando APE en sus servicios, juegos y proyectos, lo que ayuda a expandir y enriquecer el ecosistema APE.

- **Potencial de Apreciación:** Como inversión, ApeCoin tiene el potencial de apreciarse en valor a medida que el ecosistema APE crece y se desarrolla, y a medida que se incrementa la adopción y la demanda del token tanto dentro como fuera del ecosistema.

- **Participación en el Metaverso:** ApeCoin posiciona a sus titulares en el centro de la economía Web3, permitiéndoles participar en el crecimiento del metaverso y la cultura digital, con posibilidades de inversión en arte digital, juegos y entretenimiento basado en blockchain.

- **Diversificación de Cartera de Criptomonedas:** Añadir ApeCoin a una cartera de inversión puede ofrecer diversificación dentro del espacio de las criptomonedas, especialmente para inversores interesados en el ámbito de los NFT y el metaverso.

- **Staking y Recompensas:** Aunque no se menciona explícitamente en el resumen, el staking de tokens como ApeCoin podría ofrecer a los titulares una manera de generar ingresos pasivos a través de recompensas de staking, si el ecosistema decide implementar tales mecanismos en el futuro.

54 BTG - Bitcoin Gold

Qué es BTG Bitcoin Gold

Bitcoin Gold (BTG) es una criptomoneda que nació como una bifurcación (fork) de Bitcoin, el primer y más conocido activo digital en el mundo de las criptomonedas. La principal motivación detrás de la creación de Bitcoin Gold fue descentralizar aún más la minería de Bitcoin, que se había concentrado en gran medida en manos de grandes empresas debido a la necesidad de hardware especializado (ASICs) para minar Bitcoin de manera efectiva.

Bitcoin Gold se lanzó oficialmente en octubre de 2017, con el objetivo de hacer que la minería de Bitcoin volviera a ser accesible para el minero individual, utilizando hardware de computación más estándar y accesible, como las tarjetas gráficas (GPUs). Para lograr esto, Bitcoin Gold cambió el algoritmo de prueba de trabajo (PoW) de Bitcoin de SHA-256 a Equihash, un algoritmo que es resistente a la optimización mediante ASICs, lo que significa que no se pueden usar estos dispositivos especializados para minar BTG.

Al igual que Bitcoin, Bitcoin Gold es una moneda digital descentralizada que permite pagos rápidos y seguros a cualquier parte del mundo. Bitcoin Gold heredó la blockchain de Bitcoin hasta el punto de la bifurcación, lo que significa que quienes tenían Bitcoin en el momento de la bifurcación recibieron una cantidad equivalente de Bitcoin Gold. Esto no afectó la cantidad de Bitcoin que poseían.

La introducción de Bitcoin Gold buscó preservar muchas de las propiedades originales de Bitcoin, incluyendo su suministro limitado (21 millones de monedas) y su estructura de blockchain. Sin embargo, con su nuevo algoritmo de minería, BTG aspira a democratizar el proceso de minería y hacer que la participación en la red sea más equitativa, reduciendo la influencia de las grandes empresas mineras y promoviendo una mayor descentralización.

A - Resumen del Whitepaper de Bitcoin Gold (BTG)

Bitcoin Gold (BTG) surge como un proyecto comunitario para crear una bifurcación experimental de Bitcoin con un nuevo algoritmo de prueba de trabajo, con el fin de descentralizar nuevamente la minería de Bitcoin.

La visión original de "un CPU, un voto" de Satoshi Nakamoto se ha visto comprometida por la concentración de la fabricación y distribución de equipos de minería en pocas manos. BTG busca permitir a una mayor cantidad de personas participar en la minería utilizando hardware de consumo ampliamente disponible, apuntando hacia una infraestructura de minería más descentralizada y democrática.

Si BTG es considerado exitoso por la comunidad, podría incluso ayudar a construir consenso para un cambio de prueba de trabajo en Bitcoin mismo.

Puntos Destacados para Inversores Potenciales

- **Descentralización de la Minería:** BTG reintroduce la posibilidad de minar con equipos más accesibles (GPUs), frente a los ASICs especializados.

- **Resistencia a ASICs:** Implementa el algoritmo Equihash, diseñado para ser resistente a la minería ASIC, manteniendo la minería accesible y diversificada.

- **Protección contra Ataques de Replay:** Implementa SIGHASH_FORK_ID para protección efectiva de dos vías.

- **Formato Único de Direcciones:** Evita la confusión y pérdida de fondos entre cadenas de bloques bifurcadas.

- **Adquisición de BTG:** Los poseedores de Bitcoin al momento de la bifurcación reciben BTG automáticamente, incentivando la participación temprana.

Proyectos Similares o Competidores

- **Bitcoin Cash (BCH):** Otra bifurcación de Bitcoin que busca escalar aumentando el tamaño de bloque, pero sin cambiar el algoritmo de minería hacia resistencia ASIC.

- **Zcash (ZEC):** Utiliza el algoritmo Equihash (al igual que BTG) para la minería, enfocado en privacidad y transacciones anónimas.

- **Ethereum (ETH):** Aunque no es una bifurcación de Bitcoin, Ethereum ha movido su consenso hacia Prueba de Participación (PoS), lo que representa otra alternativa a la centralización de la minería.

Estos puntos resumen los aspectos clave del whitepaper de Bitcoin Gold para inversores interesados, destacando su propuesta de valor única en el ecosistema de criptomonedas, así como sus diferencias fundamentales con proyectos similares o competidores.

B - Tokenomics de Bitcoin Gold

Bitcoin Gold (BTG) presenta una estructura de tokenomics diseñada para la escasez y la descentralización. Con una oferta circulante y total de 17,513,924 BTG, refleja que todos los BTG emitidos están en manos públicas, sin reservas privadas o bloqueadas. El suministro máximo es de 21,000,000 BTG, alineándose con el límite de Bitcoin, lo que indica que solo el 83% de la oferta máxima está actualmente en circulación.

La capitalización de mercado completamente diluida se sitúa en $494 millones, lo que sugiere una valoración mucho menor en comparación con gigantes criptográficos como Bitcoin.

La oferta fija implica que no habrá inflación adicional de BTG, y el espacio para la adopción a largo plazo permanece si la demanda crece.

Aspectos Clave de los Tokenomics de Bitcoin Gold

- **Oferta Circulante y Total:** 17,513,924 BTG, indicando plena circulación sin reservas privadas.
- **Suministro Máximo:** 21,000,000 BTG, estableciendo un límite como Bitcoin.

- **Capitalización de Mercado Completamente Diluida:** $494 millones, valorando el suministro máximo a precios actuales.

- **Escasez:** No hay inflación, con un suministro máximo fijo.

- **Adopción a Largo Plazo:** Espacio para crecimiento si la demanda aumenta.

- **Comparación de Adopción y Uso:** Menor en comparación con criptomonedas principales.

Estos elementos resaltan la estructura económica de Bitcoin Gold, enfatizando su potencial y limitaciones dentro del ecosistema criptográfico más amplio.

C - Ideas Prácticas BTG

Uso Práctico de Bitcoin Gold

- **Minería Accesible:** BTG democratiza la minería permitiendo a los usuarios con hardware de consumo (GPUs) participar, diversificando la seguridad de la red.

- **Transacciones Seguras:** Puede ser utilizado para realizar pagos rápidos y seguros a nivel global, con la ventaja de descentralización y seguridad blockchain.

- **Hedge Contra la Inflación:** Como activo digital con suministro limitado, BTG puede servir como cobertura contra la inflación de las monedas fiduciarias.

- **Inversión Especulativa:** Dada su volatilidad, BTG ofrece oportunidades de inversión especulativa con potencial de apreciación a largo plazo.

- **Desarrollo de DApps:** Aunque BTG se centra en la minería, su blockchain puede ser la base para el desarrollo de aplicaciones descentralizadas (DApps) que requieran seguridad y descentralización.

55 EOS - EOS

Qué es EOS

EOS es una criptomoneda y una plataforma de blockchain diseñada para permitir el desarrollo, alojamiento y ejecución de aplicaciones descentralizadas (dApps) a gran escala. Se lanzó con el objetivo de mejorar sobre otras plataformas de blockchain, ofreciendo mayor escalabilidad, facilidad de uso y flexibilidad para los desarrolladores de aplicaciones.

La criptomoneda EOS funciona como el token nativo de la red EOSIO, la cual fue desarrollada por la compañía Block.one. EOSIO se destaca por su rendimiento, capaz de procesar miles de transacciones por segundo gracias a su mecanismo de consenso de prueba de participación delegada (DPoS), en contraste con la prueba de trabajo (PoW) utilizada por Bitcoin y Ethereum en sus inicios.

Esto significa que, en lugar de competir mediante la resolución de acertijos criptográficos, los productores de bloques son elegidos por los poseedores de tokens de EOS, lo que resulta en un proceso más eficiente y menos consumidor de energía.

Otra característica notable de EOS es su modelo de uso sin tarifas de transacción, lo que permite a los usuarios interactuar con dApps sin tener que pagar por cada transacción. Esto se logra mediante un sistema en el que los desarrolladores de aplicaciones deben poseer y apostar EOS para obtener los recursos de red necesarios (como ancho de banda y almacenamiento) para que sus aplicaciones funcionen.

EOS también introduce una arquitectura que facilita la actualización de aplicaciones y la corrección de errores sin interrumpir el servicio, lo que es crítico para el mantenimiento y la evolución a largo plazo de las aplicaciones descentralizadas.

En resumen, EOS se propone como una solución más escalable y eficiente para el desarrollo de aplicaciones descentralizadas, buscando superar algunas de las limitaciones de plataformas anteriores en términos de escalabilidad, costos de transacción y facilidad de uso para los desarrolladores.

A - Resumen del Whitepaper de EOS

El EOS Core+ Blue Paper presenta recomendaciones para mejorar el protocolo blockchain de EOSIO. Se enfoca en cerrar brechas existentes y expandir las ofertas de la plataforma, proponiendo un plan de tres fases: Launchpad, Lift-Off y Propel, destinadas a estabilizar, expandir y acelerar el ecosistema EOSIO respectivamente.

El documento subraya la necesidad de actualizaciones en documentación y herramientas para desarrolladores, administradores de sistemas, arquitectos de IT y software, y soporte técnico, destacando la importancia de la educación, la adopción empresarial y la investigación y desarrollo (R&D) para el crecimiento de EOS.

Puntos Destacados para Inversores Potenciales

1. **Fases Estratégicas:** El plan de tres fases (Launchpad, Lift-Off, Propel) pretende revitalizar y expandir el ecosistema EOSIO, ofreciendo un camino claro para el desarrollo y la adopción.

2. **Mejora de Documentación y Herramientas:** La inversión en la mejora de la documentación y herramientas para facilitar el desarrollo de aplicaciones es crucial, lo que puede atraer a más desarrolladores y usuarios al ecosistema.

3. **Enfoque en la Educación y la Adopción Empresarial:** El énfasis en educación y soluciones empresariales indica un enfoque en el crecimiento sostenible y la expansión del uso de EOSIO en diferentes industrias.

4. **Innovación y R&D:** El compromiso con la investigación y el desarrollo, especialmente en áreas como identidad autónoma y soluciones empresariales, muestra un enfoque en mantener a EOSIO a la vanguardia de la tecnología blockchain.

Proyectos Similares o Competidores

1. **Ethereum:** Como la plataforma líder para aplicaciones descentralizadas, Ethereum es un competidor directo, especialmente con su transición a Ethereum 2.0 y mejoras en escalabilidad y eficiencia energética.

2. **Polkadot:** Con su enfoque en la interoperabilidad entre cadenas, Polkadot representa una alternativa para desarrolladores buscando construir aplicaciones descentralizadas que operen a través de múltiples blockchains.

3. **Cardano:** Similar a EOS en su enfoque en la escalabilidad y la eficiencia, Cardano también se posiciona como un competidor, con un enfoque fuerte en la investigación y la adopción de tecnología peer-reviewed.

4. **Solana:** Conocido por su alta velocidad de transacción y baja latencia, Solana es un competidor en el espacio de aplicaciones descentralizadas y finanzas descentralizadas (DeFi), ofreciendo una alternativa para aquellos buscando rendimiento y escalabilidad.

Estos puntos destacan la estrategia de EOS para revitalizar su ecosistema, abordar desafíos existentes y posicionarse competitivamente en el mercado de blockchain.

B- Tokenomics de EOS

EOS se caracteriza por su modelo de tokenomics inflacionario con un suministro ilimitado, distinguiéndose de criptomonedas con suministro fijo como Bitcoin.

La oferta circulante y total es de 1.1 mil millones de EOS, sin suministros bloqueados, y una capitalización de mercado totalmente diluida de $803 millones. La inflación anual está limitada al 5%, permitiendo la generación de nuevos EOS para financiar el crecimiento de la red.

Este modelo inflacionario busca equilibrar el crecimiento con el control de la oferta para evitar la dilución excesiva de valor.

Aspectos Clave de los Tokenomics de EOS

- **Suministro Circulante y Total:** 1.1 mil millones de EOS, sin diferencias entre el suministro circulante y total.

- **Suministro Máximo:** Infinito, permitiendo la creación continua de EOS.

- **Capitalización de Mercado Totalmente Diluida:** $803 millones, reflejando el valor de la oferta circulante actual al precio de EOS.

- **Inflación:** Limitada al 5% anual, facilitando el financiamiento del crecimiento de la red.

- **Gestión de la Inflación:** Es crucial para evitar la sobreoferta, con el límite de inflación anual como medida de control.

- **Flexibilidad vs. Modelos de Suministro Fijo:** A diferencia de Bitcoin, la inflación de EOS permite una mayor flexibilidad para el crecimiento de la red, aunque requiere un equilibrio cuidadoso para mantener la demanda en línea con el aumento del suministro.

C- Ideas Prácticas para EOS

Uso Práctico de EOS

- **Desarrollo de Aplicaciones Descentralizadas (dApps):** EOS es ideal para desarrollar y alojar dApps a gran escala debido a su escalabilidad y ausencia de tarifas por transacción.

- **Soluciones Empresariales:** Puede ser utilizado para crear soluciones blockchain personalizadas para empresas, aprovechando su capacidad para procesar transacciones rápidamente.

- **Creación de Contratos Inteligentes:** EOS facilita la creación de contratos inteligentes complejos que pueden ejecutarse sin la necesidad de pagar por cada transacción.

- **Juegos y Aplicaciones Sociales:** La plataforma es una base sólida para juegos blockchain y aplicaciones sociales, beneficiándose de su rendimiento y escalabilidad.

- **Sistemas de Votación y Gobernanza Descentralizada:** EOS puede usarse para sistemas de votación y gobernanza en dApps, permitiendo un manejo eficiente de la toma de decisiones dentro de comunidades.

EOS, con su infraestructura escalable y sin costos de transacción, ofrece un amplio rango de aplicaciones prácticas. Su modelo de tokenomics inflacionario, mientras presenta desafíos, también sugiere un potencial para crecimiento y expansión continuos, haciendo de EOS una criptomoneda con interesantes perspectivas de inversión, especialmente para aquellos interesados en el desarrollo tecnológico y aplicaciones descentralizadas.

56 ILV - Illuvium

Qué es ILV Illuvium

ILV, también conocida como Illuvium, es una criptomoneda y un token de utilidad utilizado dentro de Illuvium, un juego de rol y exploración basado en blockchain. Illuvium se destaca por ser uno de los primeros juegos de rol de mundo abierto construidos en la blockchain de Ethereum, ofreciendo un entorno inmersivo y descentralizado donde los jugadores pueden recolectar, criar, y luchar con criaturas conocidas como Illuvials.

El token ILV se utiliza para varias funciones dentro del ecosistema de Illuvium, incluyendo:

- **Gobernanza:** Los titulares de ILV pueden participar en la toma de decisiones del juego a través del mecanismo de gobernanza descentralizada, votando sobre propuestas clave que afectan el futuro del juego y su desarrollo.

- **Recompensas y Estacas:** ILV puede ser apostado (staked) dentro del juego para recibir recompensas. Esto incentiva a los jugadores y a los inversores a mantener y bloquear sus tokens, reduciendo la oferta circulante y potencialmente aumentando el valor del token.

- **Transacciones:** ILV se puede utilizar para comprar ítems, criaturas, o mejoras dentro del juego. También facilita el comercio entre jugadores, permitiendo un mercado completamente descentralizado y seguro.

- **Distribución de Recompensas:** El juego distribuye parte de sus ingresos a los titulares de ILV, proporcionando un flujo de ingresos pasivos para aquellos que participan activamente en el ecosistema de Illuvium.

El proyecto Illuvium ha captado la atención por su enfoque único en combinar los juegos con tecnología blockchain, ofreciendo una experiencia de usuario rica y descentralizada. Sin embargo, como con cualquier inversión en criptomonedas, existen riesgos y la volatilidad del mercado puede afectar el valor de ILV.

Los inversores interesados deben realizar su propia investigación y considerar su apetito de riesgo antes de invertir en tokens ILV o cualquier criptomoneda.

A - Resumen del Whitepaper de ILV

Illuvium es un juego de rol y colección completamente descentralizado, ambientado en un mundo fragmentado lleno de belleza y maravillas. Utiliza la blockchain de Ethereum para ofrecer una experiencia de juego AAA descentralizada, donde los jugadores exploran, cazan criaturas peligrosas llamadas Illuvials, y las utilizan en batallas o comercio. ILV, el token nativo, permite la gobernanza, recompensas por staking, y participación en la economía del juego. Illuvium introduce mecánicas de juego innovadoras, integración con NFTs para objetos de juego, y un enfoque en la interoperabilidad y expansión continua del ecosistema de juegos.

Puntos Destacados para Inversores Potenciales

1. **Innovación y Tecnología:** Illuvium integra DeFi y gaming con NFTs, ofreciendo una nueva experiencia en juegos de blockchain.

2. **Gobernanza Comunitaria:** ILV permite a los titulares participar en decisiones clave, asegurando una dirección comunitaria.

3. **Economía Sostenible:** Con mecanismos de staking y recompensas, promueve una economía circular y crecimiento a largo plazo.

4. **Expansión y Escalabilidad:** El proyecto tiene planes para expandirse continuamente, añadiendo más juegos y sets de Illuvials.

5. **Tecnología de Vanguardia:** Uso de Immutable X para transacciones sin gas y una infraestructura robusta para una experiencia de usuario óptima.

Proyectos Similares o Competidores

- **Axie Infinity:** Un juego de batallas y colección basado en blockchain que utiliza NFTs para representar criaturas únicas.

- **CryptoKitties:** Uno de los primeros juegos de blockchain que permitió a los usuarios comprar, coleccionar y criar gatos virtuales únicos como NFTs.

- **The Sandbox:** Un mundo virtual donde los jugadores pueden construir, poseer y monetizar sus experiencias de juego utilizando NFTs.

- **Decentraland:** Una plataforma de realidad virtual descentralizada que permite a los usuarios crear, experimentar y monetizar contenido y aplicaciones.

Estos competidores comparten elementos de blockchain, NFTs, y economías de juego tokenizadas, pero Illuvium se distingue por su enfoque en la fusión de DeFi y gaming, así como su ambición de crear un ecosistema de juegos interoperables y expansivos.

B - Tokenomics de ILV

Illuvium (ILV) presenta una estructura de tokenomics diseñada para equilibrar la oferta y demanda, incentivando la retención y participación en su ecosistema.

Con una oferta circulante de 3,767,377 ILV y una oferta total de 7,889,583 ILV, más del 50% de los tokens están actualmente bloqueados o en manos privadas, lo que limita la presión inflacionaria y de venta.

Aunque la oferta máxima no está especificada, esto añade un elemento de incertidumbre sobre la expansión futura de la oferta, lo cual podría influir en la inflación. La capitalización de mercado completamente diluida es de $626 millones, reflejando el valor de la oferta total al precio actual de ILV.

Aspectos Clave de los Tokenomics de ILV

- **Oferta Circulante Actual:** 3,767,377 ILV, indicando los tokens en manos del público.

- **Oferta Total:** 7,889,583 ILV, mostrando que más del 50% de los tokens están bloqueados o retenidos privadamente.

- **Oferta Máxima:** No especificada, creando potencial para aumento futuro en la oferta.

- **Capitalización de Mercado Completamente Diluida:** $626 millones, valorando la oferta total a los precios actuales de ILV.

- **Inflación Limitada:** Una gran porción de la oferta está bloqueada, ayudando a limitar la inflación y la presión de venta.

- **Incertidumbre de Oferta Máxima:** La falta de una oferta máxima especificada añade incertidumbre a largo plazo.
- **Gestión de Nuevos Tokens:** La liberación cuidadosa de nuevos tokens será crucial para mantener el equilibrio del mercado.

Los tokenomics actuales favorecen a los tenedores a corto plazo con inflación limitada, pero la incertidumbre sobre la oferta máxima plantea preguntas sobre los riesgos de inflación y circulación a largo plazo.

C - Ideas Prácticas para ILV

Uso Práctico de ILV

- **Participación en la Gobernanza:** ILV permite a los usuarios votar en decisiones clave del juego, ofreciendo una voz directa en su desarrollo y futuro.
- **Recompensas por Staking:** Apostar ILV ofrece recompensas, incentivando la retención a largo plazo y participación activa en el ecosistema.
- **Comercio y Adquisición de NFTs:** Utilizar ILV para comprar, vender o comerciar NFTs dentro del juego, facilitando un mercado vibrante y dinámico.
- **Acceso a Contenido Exclusivo:** ILV puede desbloquear contenido exclusivo dentro del juego, mejorando la experiencia de juego.
- **Inversión Especulativa:** Dada su economía tokenómica y el potencial de crecimiento del juego, ILV representa una oportunidad de inversión especulativa.

- **Generación de Ingresos Pasivos:** A través del staking y participación en la economía del juego, los usuarios pueden generar ingresos pasivos.

Estas aplicaciones prácticas destacan el potencial de ILV no solo como una herramienta dentro del juego de Illuvium, sino también como una inversión con varias vías para la apreciación del valor y generación de ingresos.

57 ONE - Harmony

Qué es ONE Harmony

La criptomoneda ONE Harmony es una forma de moneda digital que opera en la blockchain de Harmony, una plataforma de blockchain de alta velocidad y bajo costo diseñada para facilitar la creación y uso de aplicaciones descentralizadas (dApps).

El objetivo principal de Harmony es resolver los problemas de escalabilidad de las blockchains sin comprometer la descentralización y la seguridad. Utiliza una variante del mecanismo de consenso de Prueba de Participación (PoS) llamado Effective Proof-of-Stake (EPoS) para asegurar su red y permitir transacciones rápidas y eficientes.

ONE, el token nativo de la blockchain de Harmony, se utiliza para una variedad de propósitos dentro de su ecosistema, incluyendo el pago de tarifas de transacción, la participación en el proceso de gobernanza de la red, y como una recompensa para los validadores que ayudan a mantener la seguridad y estabilidad de la plataforma.

Harmony busca ofrecer una solución innovadora al trilema de blockchain, buscando un equilibrio entre escalabilidad, seguridad y descentralización, a través de su arquitectura única y su enfoque en la interoperabilidad entre diferentes cadenas.

A - Resumen del Whitepaper de One Harmony

Harmony se presenta como una blockchain de nueva generación, diseñada para superar los desafíos de escalabilidad sin sacrificar descentralización ni seguridad. Utiliza un enfoque de sharding completo para lograr una alta escalabilidad y transacciones rápidas. La red emplea un mecanismo de consenso basado en Proof-of-Stake (PoS) llamado Fast Byzantine Fault Tolerance (FBFT), y se destaca por su innovación en la generación de aleatoriedad distribuida (DRG), lo que garantiza la seguridad y la equidad en la asignación de validadores a los shards.

Harmony se propone como una infraestructura escalable y segura para aplicaciones descentralizadas, con capacidad para manejar transacciones a gran escala y soportar un ecosistema de dApps más amplio y funcional.

Puntos Destacados para Inversores Potenciales

- **Escalabilidad y Eficiencia:** Harmony implementa sharding del estado de la blockchain y la comunicación dentro de la red, permitiendo una escalabilidad y eficiencia sin precedentes.

- **Seguridad Mejorada:** A través de su mecanismo de generación de aleatoriedad distribuida y resharding no interrumpido, ofrece una solución robusta a los problemas de seguridad comunes en las blockchains actuales.

- **Consenso Rápido y Bajo Costo:** Utiliza un algoritmo de consenso FBFT que reduce significativamente los tiempos de confirmación de las transacciones y el consumo energético comparado con PoW.

- **Interoperabilidad:** Soporte para transacciones entre shards, facilitando una red más conectada y eficiente para múltiples casos de uso.

Proyectos Similares o Competidores

- **Zilliqa:** Introduce el concepto de sharding en la blockchain para escalabilidad, pero Harmony avanza más allá con sharding completo, incluyendo el estado de la blockchain.

- **Ethereum 2.0:** También se dirige hacia una solución de sharding para escalar la red, pero Harmony ya implementa varias de estas soluciones avanzadas.

- **Polkadot y Cosmos:** Aunque se centran en la interoperabilidad entre diferentes blockchains, compiten indirectamente con Harmony en términos de escalabilidad y eficiencia de la red.

Este análisis resalta la posición de Harmony como una solución avanzada y prometedora en el espacio de blockchain, ofreciendo innovaciones significativas en escalabilidad, seguridad y eficiencia energética, lo cual la convierte en una opción atractiva para inversores interesados en tecnologías de blockchain de vanguardia.

B - Tokenomics de ONE

La estructura tokenómica de Harmony (ONE) se caracteriza por su modelo inflacionario con un suministro ilimitado, lo que permite la creación de nuevos tokens ONE en el futuro.

Con un suministro circulante de 13.8 mil millones y un suministro total ligeramente mayor de 14.2 mil millones, hay una pequeña cantidad de tokens que aún no están en circulación.

La capitalización de mercado completamente diluida se sitúa en 205 millones de dólares, reflejando el valor del suministro total al precio actual.

Harmony tiene como objetivo mantener una tasa de inflación anual del 4-5% para fomentar el crecimiento y la participación en la red, equilibrando la necesidad de una oferta flexible con la generación de demanda suficiente para contrarrestar las presiones inflacionarias sobre el precio del token.

Aspectos Clave de los Tokenomics de ONE Harmony

- **Suministro Circulante:** 13.8 mil millones de ONE.
- **Suministro Total:** 14.2 mil millones de ONE, indicando tokens bloqueados o no distribuidos aún.
- **Suministro Máximo:** Ilimitado, permitiendo un modelo inflacionario.
- **Capitalización de Mercado Total Diluida:** $205 millones al precio actual.
- **Inflación:** Meta de mantenerla alrededor del 4-5% anualmente.
- **Oferta y Demanda:** La creación de demanda es crucial para equilibrar la inflación y sostener el valor del token.

C - Ideas Prácticas para ONE

Uso Práctico de ONE

- **Pagos y Transferencias:** Usar ONE para transacciones rápidas y de bajo costo, especialmente en aplicaciones descentralizadas y comercio electrónico.

- **Staking:** Participar en el staking para obtener recompensas y contribuir a la seguridad de la red.

- **Gobernanza:** Involucrarse en la gobernanza de la red Harmony, votando en propuestas que afectan su futuro.

- **Desarrollo de dApps:** Crear y utilizar aplicaciones descentralizadas en Harmony para aprovechar su escalabilidad y eficiencia.

- **Inversión a Largo Plazo:** Considerar el holding de ONE como inversión, basándose en su potencial de crecimiento y desarrollo del ecosistema Harmony.

Estas ideas resaltan el amplio espectro de uso de ONE, desde transacciones cotidianas hasta funciones más complejas como staking y gobernanza, subrayando su potencial como una inversión diversificada en el espacio de las criptomonedas.

58 QTUM - Qtum

Qué es la Criptomoneda QTUM

La criptomoneda Qtum es un proyecto innovador que combina aspectos de las dos principales criptomonedas, Bitcoin y Ethereum, para crear una plataforma híbrida.

En términos sencillos, Qtum utiliza el modelo de transacción de Bitcoin junto con el soporte para contratos inteligentes y dApps (aplicaciones descentralizadas) de Ethereum.

Esto permite a Qtum ofrecer una plataforma segura y estable para transacciones y aplicaciones financieras, manteniendo al mismo tiempo la capacidad para implementar contratos inteligentes complejos y aplicaciones descentralizadas.

La principal innovación de Qtum es su implementación de la Prueba de Participación (Proof of Stake - PoS) para la validación de transacciones, lo que la hace más eficiente en términos de energía en comparación con la Prueba de Trabajo (Proof of Work - PoW) utilizada por Bitcoin.

La Prueba de Participación también permite a los usuarios que poseen monedas Qtum participar en el proceso de validación de transacciones y obtener recompensas, incentivando así la participación y la seguridad de la red.

En resumen, Qtum busca combinar lo mejor de Bitcoin y Ethereum en una sola plataforma, ofreciendo una solución eficiente y adaptable para el desarrollo y la ejecución de contratos inteligentes y aplicaciones descentralizadas, con un enfoque en la seguridad y la eficiencia energética.

A - Resumen del Whitepaper de Qtum

El Whitepaper de Qtum presenta una plataforma de blockchain híbrida que integra las ventajas de Bitcoin y Ethereum, utilizando el modelo UTXO para transacciones y soportando contratos inteligentes y dApps. Introduce una innovadora Prueba de Participación (PoS), el Account Abstraction Layer (AAL) para interoperabilidad entre blockchains, y la máquina virtual x86 para mejorar la capacidad de programación de contratos inteligentes.

Qtum apunta a resolver problemas de interoperabilidad, gobernanza en cadena y escalabilidad de blockchain, promoviendo una economía blockchain eficiente y segura.

Puntos Destacados para Inversores Potenciales

- **Innovación Técnica:** Integración de UTXO de Bitcoin y la capacidad de contrato inteligente de Ethereum.

- **Consenso de Prueba de Participación:** Eficiencia energética y recompensas para tenedores de tokens.

- **Interoperabilidad y Escalabilidad:** A través del Account Abstraction Layer y la máquina virtual x86.

- **Gobernanza en Cadena:** Protocolo de Gobernanza Descentralizada para actualizaciones sin bifurcaciones duras.

- **Modelo Económico:** Distribución inicial de tokens y mecanismo de recompensas para staking.

Proyectos Similares o Competidores

- **Ethereum:** Líder en contratos inteligentes y dApps, pero utiliza Prueba de Trabajo (PoW).

- Tezos: Utiliza PoS y enfatiza la gobernanza en cadena.

- **EOS:** Enfocado en escalabilidad y uso de dApps con un mecanismo de consenso de Prueba de Participación Delegada (DPoS).

- **Cardano:** Similar en su enfoque en la interoperabilidad y el uso de PoS, con fuerte énfasis en la investigación y el desarrollo formal.

Qtum se distingue por su enfoque híbrido, buscando combinar lo mejor de Bitcoin y Ethereum, mientras ofrece soluciones únicas para la interoperabilidad blockchain, la gobernanza en cadena y la escalabilidad.

B - Tokenomics de QTUM

Qtum presenta un modelo económico fijo con una oferta total limitada a 107,822,406 QTUM, de los cuales 104,755,842 QTUM ya están en circulación, representando el 97.16% de la oferta máxima.

Con un valor de mercado totalmente diluido de aproximadamente $323 millones, basado en un precio actual de alrededor de $3.09 por QTUM, su mecanismo de consenso de Prueba de Participación permite a los titulares de QTUM apostar sus monedas para asegurar la red y obtener recompensas.

Este diseño promueve un activo ligeramente deflacionario a modestamente inflacionario a lo largo del tiempo.

Aspectos Clave de los Tokenomics de Qtum

- Oferta total fija de 107,822,406 QTUM.

- 104,755,842 QTUM en circulación, 97.16% de la oferta máxima.

- Cap de mercado totalmente diluido de ~$323 millones.

- Mecanismo de consenso de Prueba de Participación para seguridad de red y recompensas.

- Alta proporción de suministro en circulación indica buena distribución.

- Diseñado como un activo deflacionario, con una tasa de inflación estimada del 1% por las recompensas de staking.

C - Ideas Prácticas para QTUM

Uso Práctico de Qtum

- **Pagos y Transacciones:** Utilizar Qtum para transacciones rápidas y seguras en el comercio electrónico o entre particulares, aprovechando su eficiencia y bajo costo.

- **Staking para Ingresos Pasivos:** Invertir en Qtum para participar en el staking, asegurando la red mientras se obtienen recompensas, lo que ofrece un flujo de ingresos pasivos.

- **Desarrollo de Aplicaciones Descentralizadas (dApps):** Emprendedores y desarrolladores pueden usar Qtum para crear y desplegar dApps en sectores como finanzas, logística y servicios sociales, aprovechando su interoperabilidad y seguridad.

- **Tokenización de Activos:** Utilizar la plataforma para la tokenización de activos reales o digitales, permitiendo una fracción y distribución más fácil de propiedades o productos.

- **Sistemas de Votación Descentralizados:** Desarrollar sistemas de votación seguros y transparentes en Qtum, aprovechando sus contratos inteligentes para garantizar la integridad del proceso.

El potencial de Qtum como inversión reside en su combinación única de tecnologías de Bitcoin y Ethereum, su mecanismo de consenso de bajo consumo energético, y su enfoque en la interoperabilidad y seguridad.

Estas características le otorgan una posición competitiva en el mercado de criptomonedas, con múltiples casos de uso práctico que podrían incrementar su adopción y valor a largo plazo.

59 ONT - Ontology

Qué es ONT Ontology

ONT Ontology es una criptomoneda y una plataforma blockchain que se distingue por su enfoque en la solución de problemas de identidad y datos en el ámbito digital.

A diferencia de otras blockchains que se centran en transacciones financieras o contratos inteligentes, Ontology se especializa en proporcionar a las empresas e individuos una infraestructura segura y adaptable para la creación de aplicaciones de identidad y datos.

La plataforma Ontology utiliza una arquitectura de múltiples cadenas, lo que le permite ser altamente flexible y escalable. Esto significa que puede soportar una amplia gama de aplicaciones de negocio, desde la verificación de identidad hasta el intercambio de datos, sin comprometer la seguridad o la privacidad de los usuarios.

ONT, el token nativo de Ontology, juega un papel crucial en el ecosistema de la plataforma. Se utiliza para pagar las transacciones y servicios en la red, participar en la gobernanza del proyecto y como incentivo para mantener la red segura y eficiente.

En resumen, ONT Ontology busca facilitar un ecosistema digital seguro y interoperable, donde los datos y las identidades pueden ser manejados de manera eficiente y confiable, abriendo nuevas posibilidades para la integración de blockchains en diversos sectores industriales y personales.

A - Resumen del Whitepaper de ONT Ontology

Ontology es una plataforma blockchain multifacética que busca proporcionar soluciones robustas en identidad digital y intercambio de datos a través de su red de blockchains públicas.

Su enfoque principal es la creación de un ecosistema de confianza distribuida que facilita la interoperabilidad y la privacidad, soportando aplicaciones y servicios diversos.

Introduce una arquitectura de múltiples cadenas con compatibilidad con EVM, mejorando el soporte para dApps y ofreciendo herramientas como ONTO para gestión de identidades y activos.

Puntos Destacados para Inversores Potenciales

1. **Innovación Tecnológica:** Ontology introduce una arquitectura avanzada que permite la creación de

aplicaciones descentralizadas y la gestión de identidades y datos de forma segura.

2. **Ecosistema Expansivo:** Su infraestructura soporta una amplia gama de aplicaciones y servicios, desde finanzas hasta gobernanza y más allá, prometiendo un crecimiento continuo del ecosistema.

3. **Compatibilidad con EVM:** Esto permite a los desarrolladores crear y migrar dApps de manera eficiente, aumentando la potencial adopción y utilidad de la plataforma.

4. **Enfoque en Identidad y Datos:** Al centrarse en la identidad digital y el intercambio de datos, Ontology aborda dos de los problemas más críticos en el espacio blockchain.

Proyectos Similares o Competidores

- **Ethereum:** Aunque principalmente conocido por su capacidad de contrato inteligente, Ethereum también soporta dApps y soluciones de identidad.

- **Polkadot y Cosmos:** Ambas plataformas permiten la interoperabilidad entre diferentes blockchains, compitiendo con Ontology en su visión de un ecosistema de blockchains interconectadas.

- **Neo:** A menudo llamado el "Ethereum de China", Neo comparte con Ontology un enfoque en la economía digital, incluyendo la identidad digital y los activos digitales.

Este resumen y análisis subrayan el potencial de Ontology como una inversión en tecnología blockchain, destacando su enfoque único en la identidad y datos dentro de un ecosistema de blockchain interoperable.

B - Tokenomics de ONT Ontology

Ontology implementa un modelo de tokenomics único con un suministro máximo fijo de 1 billón de ONT, de los cuales el 87.52% está actualmente en circulación.

Los tokens restantes se reservan para el desarrollo del ecosistema, desarrollo de negocios y grupos comunitarios. Utiliza un modelo de dos tokens, ONT para staking/gobierno y ONG para utilidad, incentivando la participación de los tenedores de tokens mediante recompensas de staking en ONG.

La oferta de ONG es ilimitada pero regulada por un calendario de inflación decreciente, lo que crea una dinámica deflacionaria en el largo plazo.

Aspectos Clave de los Tokenomics de ONT Ontology

- **Suministro Máximo Fijo:** 1 billón de ONT, con el 87.52% ya en circulación.
- **Reservas:** Aproximadamente 125 millones de ONT reservados para desarrollo.
- **Modelo de Doble Token:** ONT para staking/gobierno y ONG para utilidad.
- **Recompensas de Staking:** Los tenedores de ONT pueden stakear para ganar ONG.
- **Suministro de ONG:** Ilimitado pero con inflación decreciente a lo largo de 18 años.

- **Dinámica Deflacionaria:** La mayoría de ONT ya está en circulación, limitando el nuevo suministro.

Estos elementos clave destacan la estructura económica pensada para promover la participación en la red y mantener un equilibrio entre la oferta y demanda de tokens.

C - Ideas Prácticas para ONT

Uso Práctico de ONT Ontology

- **Gestión de Identidad Digital:** ONT se puede utilizar para verificar y gestionar identidades digitales de forma segura, facilitando la confianza en transacciones online y servicios digitales.

- **Intercambio de Datos Seguro:** La plataforma permite a las empresas intercambiar datos de manera segura y con consentimiento, abriendo nuevas vías para la colaboración y la innovación.

- **Finanzas Descentralizadas (DeFi):** ONT proporciona una base para el desarrollo de aplicaciones DeFi, aprovechando su seguridad y eficiencia en las transacciones.

- **Staking y Gobernanza:** Los inversores pueden stakear ONT para obtener recompensas en ONG y participar en la gobernanza de la red, incentivando el mantenimiento y la seguridad de la plataforma.

Estos usos prácticos subrayan el potencial de ONT como inversión, dada su aplicación en áreas críticas de la economía digital y su diseño de tokenomics deflacionario.

60 FIL - Filecoin

Qué es FIL Filecoin

Filecoin (FIL) es una criptomoneda que funciona como la unidad de intercambio en la red Filecoin, un sistema descentralizado de almacenamiento de archivos que permite a los usuarios alquilar espacio no utilizado en sus discos duros.

A diferencia de las soluciones de almacenamiento en la nube tradicionales, que dependen de centros de datos centralizados, Filecoin utiliza una red de computadoras distribuidas en todo el mundo para almacenar datos de manera segura y eficiente.

En la red Filecoin, cualquiera puede participar como almacenador (ofreciendo espacio de almacenamiento) o como cliente (que busca almacenar datos).

Los almacenadores reciben FIL como compensación por proporcionar espacio de almacenamiento y por demostrar que han almacenado los datos de manera correcta durante un período acordado. Este proceso se conoce como "prueba de replicación" y "prueba de espacio-tiempo", asegurando que los datos no solo se almacenen, sino que se mantengan disponibles y no alterados a lo largo del tiempo.

Filecoin fue diseñado para ser una alternativa más segura, privada y eficiente a los sistemas de almacenamiento en la nube convencionales.

La red proporciona incentivos económicos para asegurar que los datos se almacenen de manera redundante en múltiples ubicaciones, mejorando así la durabilidad y la disponibilidad de los datos. Además, al ser una red descentralizada, reduce la dependencia de proveedores de almacenamiento centralizados, potencialmente disminuyendo el riesgo de censura y aumentando la resistencia contra ataques informáticos.

En resumen, FIL Filecoin es más que una simple criptomoneda; es el pilar económico de un ecosistema de almacenamiento de archivos descentralizado que busca revolucionar la forma en que almacenamos y accedemos a la información en la era digital.

A - Resumen del Whitepaper de Filecoin

Filecoin es una red de almacenamiento descentralizada que utiliza la criptomoneda FIL para incentivar el almacenamiento y recuperación de datos. Combina la tecnología de almacenamiento basado en blockchain con pruebas criptográficas para asegurar la disponibilidad y la integridad de los datos a lo largo del tiempo.

Permite a los usuarios alquilar espacio de almacenamiento no utilizado en discos duros de otros usuarios, creando un mercado abierto y competitivo para el almacenamiento de datos.

Filecoin apunta a ser más económico y robusto que las soluciones de almacenamiento centralizadas, promoviendo la privacidad y la resistencia a la censura.

Puntos Destacados para Inversores Potenciales

- **Descentralización y Seguridad:** La descentralización de Filecoin ofrece una mayor seguridad y resistencia a la censura en comparación con sistemas centralizados.

- **Incentivos Económicos:** FIL incentiva tanto a los proveedores de almacenamiento como a los usuarios que requieren espacio, asegurando un ecosistema robusto y autónomo.

- **Adopción y Utilidad:** La creciente adopción de tecnologías descentralizadas y la necesidad de almacenamiento seguro auguran un potencial de crecimiento significativo para Filecoin.

- **Innovación Tecnológica:** La integración con IPFS para una recuperación de datos eficiente y la implementación de pruebas criptográficas avanzadas colocan a Filecoin a la vanguardia tecnológica.

Proyectos Similares o Competidores

- **Storj:** Utiliza la tecnología blockchain para proporcionar un servicio de almacenamiento descentralizado, enfocado en la seguridad y privacidad de los datos.

- **Sia:** Ofrece almacenamiento en la nube descentralizado, enfocándose en precios competitivos y contratos de almacenamiento seguros entre partes.

- **Arweave:** Un nuevo tipo de almacenamiento que busca almacenar datos de forma permanente con un pago único, apoyando la información "perpetua" en la web.

Este análisis destaca el potencial de Filecoin dentro del espacio de almacenamiento descentralizado, resaltando sus innovaciones tecnológicas, modelo económico y posición competitiva en el mercado.

B - Tokenomics de Filecoin

Filecoin presenta una estructura económica diseñada para apoyar y estimular el crecimiento de su red de almacenamiento descentralizado. A diferencia de muchas criptomonedas, Filecoin no tiene un suministro máximo fijo, lo que significa que la cantidad de FIL en circulación está destinada a aumentar con el tiempo.

Esto se hace para incentivar a los mineros a proporcionar espacio de almacenamiento a la red y para asegurar que haya suficientes recompensas disponibles a medida que la red escala. La cantidad de FIL en circulación actualmente es de 506 millones, con un suministro total reportado de aproximadamente 1.96 mil millones de FIL hasta la fecha.

La estructura de recompensas de minería de Filecoin está diseñada para ajustarse algorítmicamente basada en las condiciones de la red, promoviendo así el crecimiento continuo y la provisión de almacenamiento.

Aspectos Clave de los Tokenomics de Filecoin

- **Suministro No Fijo:** No hay un máximo de suministro de FIL, lo que permite un crecimiento continuo.

- **Circulación Actual:** 506 millones de FIL, con un suministro total de cerca de 1.96 mil millones.

- **Cap. de Suministro Temporal:** Máximo de 5 mil millones de FIL en los primeros 6 años.

- **Incentivos de Minería:** FIL se acuña como recompensa para los mineros que proveen espacio de almacenamiento.

- **Mercado Cap. Diluido:** Alrededor de $10.4 mil millones, basado en el precio actual de FIL de aproximadamente $20.63.

- **Estructura Inflacionaria:** Diseñada para fomentar el crecimiento de la red y la provisión de almacenamiento con el tiempo.

- **Tasa de Inflación:** Estimada actualmente en 1.95%, con proyecciones de disminución a lo largo del tiempo.

Esta estructura tokenómica busca equilibrar la oferta y demanda dentro de la red Filecoin, promoviendo la participación activa de los mineros y el crecimiento sostenido de la red.

C - Ideas Prácticas para FIL

Uso Práctico de Filecoin

1. **Almacenamiento Descentralizado:** Para individuos y empresas buscando alternativas seguras y privadas a las opciones de almacenamiento en la nube centralizadas.

2. Backup de Datos: Solución de respaldo distribuido para garantizar la seguridad y disponibilidad de datos críticos.

3. **Hosting de Contenido Web:** Alojamiento descentralizado para sitios web, aumentando la resistencia contra la censura y ataques DDoS.

4. **Mercado de Datos:** Creación de un mercado abierto para comprar y vender datos, promoviendo la economía de datos descentralizada.

5. **Archivo de Larga Duración:** Almacenar archivos importantes o datos históricos con garantías de permanencia y accesibilidad a largo plazo.

Filecoin ofrece un potencial significativo como inversión debido a su infraestructura innovadora y a la creciente demanda de soluciones de almacenamiento descentralizado, lo que podría aumentar la demanda de FIL a medida que la red se expande y más usuarios y proveedores se unen al ecosistema.

61 GALA - Gala

Qué es GALA

GALA es una criptomoneda que funciona como la unidad de intercambio principal dentro del ecosistema Gala Games, una plataforma de juegos blockchain diseñada para ofrecer juegos descentralizados. El objetivo de Gala Games es revolucionar la industria del gaming permitiendo a los jugadores tener control y propiedad sobre los juegos y los activos dentro de ellos, usando la tecnología blockchain.

La criptomoneda GALA se utiliza para diversas funciones dentro de la plataforma, incluyendo la compra de juegos, activos dentro de los juegos como personajes, terrenos y otros artículos digitales, y también para participar en la gobernanza de la dirección futura de los desarrollos dentro del ecosistema. Los poseedores de GALA pueden votar en propuestas que afectan al ecosistema, como lanzamientos de nuevos juegos, modificaciones en la plataforma y más.

Además de ser un medio de intercambio, GALA también incentiva a los usuarios a participar en la red. Por ejemplo, a través del mecanismo de recompensas por operar nodos que ayudan a mantener y asegurar la red, los usuarios pueden ganar GALA. Esto ayuda a asegurar una red descentralizada robusta, donde el poder y control no están centralizados en una sola entidad, sino distribuidos entre muchos participantes.

Gala Games busca ampliar las posibilidades de los juegos blockchain, ofreciendo una plataforma donde los desarrolladores pueden lanzar sus juegos, aprovechando la red y la comunidad de Gala Games para asegurar una audiencia inicial y participación.

Esto proporciona a los desarrolladores una forma de monetizar sus juegos mientras ofrecen a los jugadores una mayor propiedad y control sobre sus activos digitales, lo que podría transformar cómo interactuamos con los juegos en línea.

A - Resumen del Whitepaper de GALA

El Whitepaper de GALA presenta un ecosistema blockchain integral, destacando GalaChain, una blockchain de capa 1 diseñada específicamente para impulsar aplicaciones de Web3 en juegos, entretenimiento y más allá.

Con un enfoque en la descentralización, la escalabilidad infinita y la capacidad de manejar lógicas de negocio complejas, GALA y sus Nodos Fundadores son pilares clave en este ecosistema.

Este documento no solo esboza el camino futuro de GALA, sino que también subraya el potencial de la tecnología blockchain para transformar industrias y redefinir el panorama digital.

Puntos Destacados para Inversores Potenciales

- **Descentralización y Scalabilidad:** El compromiso de GALA con la descentralización y la escalabilidad ilimitada.

- **GalaChain:** Un avance significativo en la innovación blockchain que soporta transacciones rápidas, bajas en costos y con baja latencia.

- **Nodos Fundadores:** Elementos cruciales que respaldan y facilitan múltiples cargas de trabajo dentro del ecosistema de GALA.

- **Compatibilidad:** GALA se centra en ser una plataforma segura, flexible y centrada en el usuario para aplicaciones descentralizadas de nueva generación.

Proyectos Similares o Competidores

- **Ethereum:** Como plataforma de contratos inteligentes y dApps, es un competidor general en el espacio blockchain.

- **Binance Smart Chain (BSC):** Ofrece bajos costos de transacción y alta velocidad, compitiendo en el sector de aplicaciones descentralizadas.

- **Solana:** Con su alta throughput y baja latencia, Solana compite en el rendimiento de la blockchain, especialmente en aplicaciones de Web3 y DeFi.

GALA se distingue por su enfoque específico en el sector del entretenimiento y los juegos, así como su compromiso con la descentralización y la innovación tecnológica blockchain.

B - Tokenomics de GALA

GALA implementa un modelo de tokenomics sin suministro máximo, lo que significa que la cantidad de tokens GALA puede aumentar indefinidamente.

La circulación actual es de aproximadamente 27.8 mil millones de GALA, con un suministro total reportado de 29.8 mil millones.

A pesar de su modelo inflacionario, con una tasa de inflación estimada actual del 13%, GALA busca equilibrar la emisión de nuevos tokens con una disminución programada de recompensas, halvándose cada dos años.

Aspectos Clave de los Tokenomics de GALA

- **Suministro Sin Cap.:** Permite un suministro indefinido de tokens GALA.

- **Circulación y Suministro:** 27.8 mil millones en circulación y 29.8 mil millones en total.

- **Modelo Inflacionario:** Con una tasa de inflación anual del 13%.

- **Recompensas por Operar Nodos:** GALA se mintea como recompensa por operar nodos, con un halving programado cada 2 años.

- **Distribución de Propiedad:** Una gran parte del suministro de GALA es propiedad de los fundadores del proyecto y la compañía Gala Games, destinada al financiamiento del desarrollo continuo.

Este modelo busca incentivar el crecimiento y la participación en el ecosistema de juegos blockchain de Gala Games, equilibrando cuidadosamente la inflación y la recompensa para los participantes.

C - Ideas Prácticas para GALA

Uso Práctico de GALA

- **Gaming y Entretenimiento:** Inversiones en activos digitales únicos, como personajes exclusivos y terrenos en juegos, ofreciendo tanto valor de entretenimiento como potencial de reventa.

- **Governance y Participación:** Uso de GALA para votar en decisiones clave del ecosistema, empoderando a los usuarios a influir en la dirección del proyecto.

- **Nodos y Recompensas:** Operar nodos de GALA para asegurar la red y recibir recompensas en GALA, generando un ingreso pasivo.

- **Coleccionables y NFTs:** Comprar y vender NFTs dentro del ecosistema de Gala Games, aprovechando la creciente popularidad de los coleccionables digitales.

- **Desarrollo y Crowdfunding:** Financiación de nuevos juegos y proyectos dentro del ecosistema Gala mediante GALA, apoyando la innovación y el crecimiento comunitario.

Estas aplicaciones prácticas no solo demuestran la versatilidad de GALA como criptomoneda sino también su potencial para ofrecer retornos a los inversores a través de diversas vías, desde el gaming y coleccionables hasta la participación activa en la gobernanza y seguridad de la red.

62 ICX - Icon

Qué es ICX Icon

ICON es una criptomoneda que forma parte de ICON, una red blockchain diseñada para facilitar la interoperabilidad entre una multitud de cadenas de bloques. ICON busca crear un vasto ecosistema blockchain en el que diferentes blockchains puedan comunicarse e interactuar entre sí sin intermediarios.

La idea es permitir que distintas industrias, como la financiera, la sanitaria, la educativa, y más, puedan compartir datos de forma segura y eficiente a través de una red descentralizada.

La moneda nativa de esta red, ICX, juega un papel crucial en su funcionamiento. Se utiliza para diversas operaciones dentro de la red, como pagos, transacciones, y como incentivo para aquellos que participan en el mantenimiento y operación de la red ICON. Esto incluye votar por representantes de la red, conocidos como P-Reps, que desempeñan un papel fundamental en la gobernanza del protocolo y la toma de decisiones.

ICON se distingue por su enfoque en la "hiperconectividad", buscando conectar no solo blockchains entre sí, sino también todo tipo de sistemas y comunidades. Esto se logra mediante el uso de un protocolo especializado que facilita la comunicación entre diferentes redes blockchain, permitiendo la transferencia de datos y valor de manera eficiente y sin fricciones.

En resumen, ICX ICON es más que una simple criptomoneda; es el corazón de un ecosistema blockchain diseñado para superar las barreras entre diferentes cadenas de bloques y sectores, fomentando un nivel de interoperabilidad y colaboración hasta ahora inédito en el mundo de la tecnología blockchain.

A - Resumen del Whitepaper de ICX ICON

ICX ICON se presenta como un ecosistema blockchain de propósito general, enfocado en la interconexión de diferentes blockchains. A través de su red, ICON permite la interoperabilidad entre cadenas de bloques independientes, facilitando el intercambio de datos y transacciones.

Este esfuerzo comunitario de código abierto apunta a la creación de un vasto ecosistema donde diversas industrias puedan compartir información de manera segura y eficiente.

El papel de la criptomoneda ICX es central en la economía del ecosistema, utilizándose para transacciones, pagos, y como incentivo para el mantenimiento de la red.

Puntos Destacados para Inversores Potenciales

- **Interoperabilidad:** La capacidad de ICON para conectar diferentes blockchains es una ventaja significativa, promoviendo un ecosistema más inclusivo y versátil.

- **Economía de ICX:** La utilización de ICX para transacciones y como incentivo asegura su importancia dentro del ecosistema, potencialmente aumentando su valor a medida que la red crece.

- **Participación Comunitaria:** El enfoque en el esfuerzo comunitario de código abierto para el desarrollo y mantenimiento de la red puede fomentar una adopción más amplia y un desarrollo continuo.

- **Aplicaciones en Múltiples Industrias:** La visión de ICON de conectar diversas industrias a través de su red blockchain ofrece un amplio rango de aplicaciones y oportunidades de crecimiento.

Proyectos Similares o Competidores

- **Cosmos (ATOM):** Con su protocolo de interoperabilidad, Cosmos permite la transferencia de datos entre diferentes blockchains, compitiendo directamente con ICON en el aspecto de conectar cadenas de bloques.

- **Polkadot (DOT):** Polkadot también facilita la interoperabilidad entre blockchains, permitiendo la transferencia de mensajes y valores de una cadena a otra, lo que lo pone en competencia con ICON.

- **Avalanche (AVAX):** Aunque se centra en la escalabilidad y rapidez, Avalanche ofrece características de interoperabilidad que lo colocan como un competidor en el espacio de cadenas de bloques conectadas.

Este análisis destaca las características únicas de ICX ICON, su potencial de crecimiento basado en su tecnología de interoperabilidad, y su posición en un mercado competitivo con otros proyectos que buscan solucionar problemas similares de interoperabilidad y escalabilidad.

B- Tokenomics de ICX ICON

ICX ICON implementa una estructura tokenómica inflacionaria moderada sin un suministro máximo de tokens.

Esto significa que nuevos ICX se acuñan continuamente como recompensas de bloque y delegación para aquellos que participan en el staking y verificación de transacciones.

A pesar de este modelo inflacionario, la tasa de inflación disminuye con el tiempo debido a la reducción anual de las recompensas de bloque.

Aspectos Clave de los Tokenomics de ICX ICON

- **Suministro Sin Límite:** No hay un máximo en el suministro de ICX, lo que permite una acuñación continua.

- **Suministro Circulante Actual:** Aproximadamente 979 millones de ICX.

- **Capitalización de Mercado Total Diluida:** Alrededor de $219 millones, con un precio actual de aproximadamente $0.22 por ICX.

- **Recompensas de Bloque y Delegación:** Nuevos ICX se generan como recompensas, iniciando en 2 ICX por bloque y disminuyendo un 2% anualmente.

- **Inflación:** La tasa de inflación estimada es del 6-7% anual, disminuyendo con el tiempo.

- **Staking:** El 85% del suministro de ICX está en staking, lo que indica una alta participación en el consenso de la red.

- **Distribución:** Una porción significativa del suministro restante está en manos de la Fundación ICON y el equipo del proyecto.

Este modelo tokenómico busca incentivar la seguridad y el crecimiento de la red ICON, aunque presenta una estructura inflacionaria que decrece gradualmente con el tiempo.

C - Ideas Prácticas para ICX

Uso Práctico de ICX ICON

1. **Pagos y Transferencias Transfronterizas:** Utilizar ICX para transacciones rápidas y de bajo costo entre diferentes países, aprovechando su interoperabilidad.

2. **Aplicaciones Descentralizadas (DApps):** Desarrollar y utilizar DApps en el ecosistema ICON para diversas industrias, como finanzas, salud y educación, utilizando ICX como moneda de transacción.

3. **Staking y Participación en la Gobernanza:** Invertir en ICX para participar en el staking, asegurando la red y obteniendo recompensas, así como participar en la gobernanza de la red.

4. **Intercambio de Tokens sin Fricción:** Facilitar el intercambio de tokens entre diferentes blockchains dentro del ecosistema ICON, promoviendo la liquidez y accesibilidad de diversas criptomonedas.

5. **Identidad Digital y Verificación:** Implementar sistemas de identidad digital y verificación basados en blockchain para mejorar la seguridad y eficiencia en procesos de autenticación, utilizando ICX para las transacciones subyacentes.

Estas aplicaciones prácticas destacan el potencial de ICX ICON no solo como una inversión, sino también como una herramienta para impulsar innovaciones en diversas áreas, aprovechando su tecnología de interoperabilidad y participación comunitaria.

63 XEM - NEM

Qué es XEM NEM

XEM es la moneda nativa de la plataforma NEM (New Economy Movement), que es más que simplemente una criptomoneda en el sentido convencional.

NEM es una plataforma de blockchain que ofrece una gama amplia de servicios como transferencias de activos, contratos inteligentes, y un sistema de votación, entre otros. Su diseño se enfoca en ser una solución eficiente para empresas y desarrolladores, ofreciendo una arquitectura de blockchain personalizable que puede ser adaptada para diferentes usos y aplicaciones.

A diferencia de otras criptomonedas que se enfocan principalmente en el aspecto financiero, NEM busca proporcionar una plataforma más amplia para aplicaciones empresariales y de desarrollo. Utiliza un algoritmo de consenso único llamado POI (Proof of Importance) que no solo considera la cantidad de XEM que una cuenta posee, sino también la cantidad que transfiere a otras cuentas, incentivando así la actividad en la red más allá de la mera acumulación de activos.

En resumen, XEM - NEM representa una pieza clave dentro de un ecosistema más amplio diseñado para facilitar la creación de aplicaciones sobre su plataforma de blockchain, promoviendo la eficiencia, la facilidad de uso y la innovación en el espacio de la tecnología de ledger distribuido.

A - Resumen del Whitepaper de XEM

El Whitepaper de NEM introduce una plataforma blockchain y criptomoneda, XEM, diseñada para mejorar las limitaciones de tecnologías de blockchain existentes. Introduce el mecanismo de consenso Proof of Importance (PoI), que es más sostenible que Proof of Work y considera la actividad de la cuenta más allá del simple balance.

NEM busca ser una base para un ecosistema criptográfico vibrante, con énfasis en la seguridad, transacciones multisig, y mensajes encriptados.

Puntos Destacados para Inversores Potenciales

1. **Mecanismo de Consenso Innovador:** El PoI fomenta la participación activa en la red, lo cual podría incrementar la sostenibilidad y el valor a largo plazo de NEM.

2. **Seguridad y Funcionalidad:** Con soporte incorporado para transacciones multisig y mensajes encriptados, NEM se posiciona fuertemente para aplicaciones empresariales y de seguridad.

3. **Flexibilidad y Escalabilidad:** La arquitectura de NEM está diseñada para ser flexible y escalable, adaptándose a una amplia gama de aplicaciones.

Proyectos Similares o Competidores

1. **Ethereum:** Aunque se centra más en los contratos inteligentes, Ethereum comparte el objetivo de NEM de proporcionar una plataforma para aplicaciones descentralizadas.

2. **Ripple (XRP):** Con su enfoque en transacciones rápidas y de bajo costo, Ripple es un competidor en el espacio de pagos, aunque con una estructura de consenso diferente.

3. **Cardano (ADA):** Al igual que NEM, Cardano se enfoca en la investigación académica y la innovación en su protocolo de consenso, buscando ofrecer una plataforma escalable y segura.

Este resumen proporciona una visión general del potencial de NEM para inversores interesados en tecnologías blockchain innovadoras y sostenibles.

B - Tokenomics de XEM

La tokenomía de XEM, la criptomoneda de la plataforma NEM, está diseñada con una oferta fija y sin posibilidades de inflación, estableciendo un límite máximo de 8,999,999,999 XEM.

Esto implica que todos los tokens XEM ya han sido creados y distribuidos, sin planes para emitir más en el futuro. La capitalización de mercado completamente diluida de XEM se estima en aproximadamente $317 millones, basada en un precio unitario cercano a $0.035.

Aspectos Clave de los Tokenomics de XEM

- **Oferta Fija:** La cantidad total de XEM es de 8,999,999,999 tokens, sin posibilidad de aumentar la oferta.

- **Suministro Circulante y Total Coinciden:** No hay diferencia entre el suministro circulante y el total, lo que significa que todos los tokens están en el mercado.

- **No hay Creación de Nuevos Tokens:** La oferta fija de XEM sugiere que no se crearán más tokens en el futuro.

- **Capitalización de Mercado:** Basada en el precio actual, la capitalización de mercado completamente diluida es significativa, reflejando el valor total del mercado de XEM.

C - Ideas Prácticas para XEM

Uso Práctico de XEM

- **Pagos y Transferencias Internacionales:** Utilizar XEM para transacciones rápidas y de bajo costo a nivel global, especialmente en remesas y pagos empresariales.

- **Plataforma de Contratos Inteligentes:** Desarrollo de aplicaciones descentralizadas (dApps) para finanzas, seguros, y logística, aprovechando la seguridad y eficiencia de NEM.

- **Sistemas de Recompensas y Fidelidad:** Implementación en programas de lealtad donde XEM puede ser usado como recompensa, incentivando la participación y el compromiso.

- **Tokenización de Activos:** Creación de tokens representativos de activos reales o virtuales en la blockchain de NEM, permitiendo una gestión y transferencia eficientes.

- **Votaciones y Encuestas Descentralizadas:** Uso de la tecnología blockchain para realizar votaciones seguras, transparentes y sin posibilidad de manipulación.

Estas aplicaciones no solo muestran la versatilidad de XEM como criptomoneda, sino que también subrayan su potencial para innovar en distintos sectores, ofreciendo una base sólida para inversiones centradas en la tecnología y la innovación digital.

64 XCH - Chia

Qué es XCH Chia

La criptomoneda XCH, conocida como Chia, es una forma de moneda digital que opera en la blockchain de Chia Network. Fundada por Bram Cohen, el inventor del protocolo BitTorrent, Chia se presenta como una alternativa más ecológica y sostenible a otras criptomonedas como Bitcoin o Ethereum.

A diferencia de estas, que utilizan el sistema de prueba de trabajo (Proof of Work, PoW) para validar transacciones y crear nuevas monedas, lo cual requiere de una gran cantidad de energía eléctrica, Chia emplea el sistema de prueba de espacio y tiempo (Proof of Space and Time, PoST).

Este sistema permite a los usuarios de Chia "sembrar" espacio no utilizado en sus discos duros para ayudar a asegurar la red, una técnica que consume significativamente menos energía en comparación con el PoW.

Los usuarios que participan en este proceso, conocidos como "agricultores", tienen la oportunidad de recibir recompensas en XCH por su contribución a la red.

La idea es crear una red de blockchain más segura y eficiente que sea accesible para un público más amplio, reduciendo al mismo tiempo el impacto ambiental asociado con la minería tradicional de criptomonedas.

Chia también se distingue por su enfoque en la creación de una plataforma de transacciones financieras segura y robusta, con características que incluyen contratos inteligentes programables y un nuevo lenguaje de programación llamado Chialisp.

Este lenguaje está diseñado para facilitar la creación de aplicaciones descentralizadas (dApps) y contratos inteligentes de manera más segura y eficiente.

La visión de Chia es no solo ser una moneda digital, sino también una plataforma que pueda soportar una amplia gama de aplicaciones financieras y servicios en el futuro.

A - Resumen del Whitepaper de Chia (XCH)

El Whitepaper de Chia presenta a Chia Network como una alternativa ecológica a las criptomonedas existentes, utilizando un sistema de consenso innovador llamado Prueba de Espacio y Tiempo (Proof of Space and Time, PoST) para validar transacciones y crear nuevas monedas de manera eficiente y sostenible. Fundada por Bram Cohen, Chia busca democratizar la minería (o "farming") permitiendo a los usuarios emplear espacio no utilizado en sus discos duros, lo que reduce significativamente el consumo de energía comparado con las metodologías tradicionales.

Chia también introduce Chialisp, un lenguaje para contratos inteligentes diseñado para facilitar aplicaciones financieras seguras y eficientes.

Puntos Destacados para Inversores Potenciales

- **Ecológica y Sostenible:** Chia utiliza PoST, reduciendo el consumo de energía y abordando críticas ambientales de criptomonedas basadas en PoW.

- **Democratización del Farming:** Permite a cualquiera con espacio de disco duro no utilizado participar en la red.

- **Seguridad y Eficiencia:** Introduce Chialisp, un lenguaje para desarrollar aplicaciones financieras seguras y eficientes sobre su blockchain.

- **Adopción y Funcionalidad:** Chia planea una amplia adopción mediante el desarrollo de servicios financieros y la participación con entidades gubernamentales y corporativas.

- **Sin Límite de Emisión de Monedas:** A diferencia de Bitcoin, Chia no tiene un límite fijo, pero introduce un esquema de recompensas que disminuye con el tiempo.

Proyectos Similares o Competidores

- **Ethereum:** Aunque se centra en contratos inteligentes y dApps, su transición a PoS aborda preocupaciones similares de sostenibilidad.

- **Cardano:** Con un enfoque en la sostenibilidad, escalabilidad y desarrollo de dApps, comparte preocupaciones ambientales similares.

- **Filecoin:** Utiliza un concepto similar de aprovechar el almacenamiento no utilizado para participar en la red, aunque se centra en el almacenamiento de archivos.

- **Solana:** Aunque su enfoque es diferente, compite en términos de eficiencia energética y capacidad de procesamiento de transacciones.

Chia se distingue por su combinación única de sostenibilidad, seguridad y eficiencia, con un enfoque particular en la democratización de la participación en la red y el desarrollo de un ecosistema financiero descentralizado.

B- Tokenomics de Chia (XCH)

La tokenomics de XCH, la criptomoneda nativa de la red Chia, se caracteriza por su enfoque en la sostenibilidad y la expansión constante.

A diferencia de muchas otras criptomonedas, XCH no tiene un suministro máximo fijo, permitiendo una expansión constante a través de la "farming" en lugar de la minería convencional.

Esto refleja un modelo inflacionario controlado, donde la emisión de nuevos tokens está diseñada para incentivar la participación en la red a largo plazo.

Aspectos Clave de los Tokenomics de Chia (XCH)

- **Oferta Circulante Actual:** 9,842,827 XCH, representando los tokens disponibles públicamente.

- **Suministro Total:** 30,842,827 XCH, indicando la cantidad total de tokens creados hasta la fecha.

- **Suministro Máximo:** No fijado, permitiendo una inflación constante para incentivar la "farming".

- **Capitalización de Mercado Totalmente Diluida:** Aproximadamente $961 millones, basada en el suministro total y el precio actual del token.

Estos elementos sugieren un enfoque en fomentar la adopción temprana y la participación activa en la red, con un modelo económico que equilibra la inflación con el potencial de crecimiento del valor del token.

C - Ideas Prácticas para XCH

Uso Práctico de Chia (XCH)

- **Transacciones Financieras Ecológicas:** Utilizar XCH para transacciones cotidianas y pagos internacionales, aprovechando su red de bajo consumo energético.

- **Incentivo para "Farming" Sostenible:** Invertir en discos duros para participar en la red Chia, obteniendo recompensas en XCH mientras se contribuye a una criptomoneda más verde.

- **Plataforma para Contratos Inteligentes y dApps:** Desarrollar y utilizar aplicaciones descentralizadas y contratos inteligentes en Chia para negocios y servicios financieros, aprovechando su seguridad y eficiencia.

- **Inversión a Largo Plazo:** Considerar XCH como una inversión a largo plazo, dada su tokenomics que incentiva la adopción temprana y participación activa, con potencial de apreciación a medida que la red crece y se adopta más ampliamente.

Estas ideas resaltan el potencial de Chia no solo como una inversión financiera, sino también como una contribución hacia un ecosistema de criptomonedas más sostenible y eficiente.

65 GLMR - Moonbeam

Qué es GLMR Moonbeam

GLMR Moonbeam es una criptomoneda que forma parte del ecosistema de Moonbeam, una plataforma blockchain que se caracteriza por ser un parachain (cadena paralela) en la red Polkadot. Moonbeam está diseñada para facilitar la creación de aplicaciones descentralizadas (dApps) interoperables y para permitir que los desarrolladores implementen dApps existentes en la blockchain de Ethereum con mínimas modificaciones.

La criptomoneda GLMR es el token nativo de la red Moonbeam y desempeña varios roles clave dentro de su ecosistema:

1. **Pago de transacciones y tarifas de contrato inteligente:** GLMR se utiliza para pagar las tarifas de transacción en la red Moonbeam, similar a como se utilizan el ETH en Ethereum o el DOT en Polkadot para sus respectivas redes.

2. **Staking:** Moonbeam utiliza un mecanismo de consenso de prueba de participación (Proof of Stake, PoS), lo que significa que los titulares de GLMR pueden apostar (stake) sus tokens como parte del proceso de seguridad de la red. A cambio, reciben recompensas en forma de más GLMR.

3. **Gobernanza:** GLMR también permite a sus titulares participar en el proceso de toma de decisiones de la red, votando sobre propuestas de actualización del protocolo o cambios en las políticas de la red.

El enfoque de Moonbeam hacia la interoperabilidad y la facilidad de migración para los desarrolladores de Ethereum busca ampliar las capacidades del ecosistema Polkadot, permitiendo que las dApps se comuniquen a través de diferentes blockchains de manera eficiente y segura.

Esto hace de GLMR una pieza fundamental en la construcción de un internet descentralizado y más abierto.

A - Resumen del Whitepaper de GLMR Moonbeam

Moonbeam es una plataforma blockchain avanzada que ofrece una interoperabilidad sin precedentes entre la red Ethereum y Polkadot, permitiendo a los desarrolladores portar sus proyectos de Ethereum con cambios mínimos. Como parachain en Polkadot, Moonbeam proporciona funcionalidades esenciales como la compatibilidad con EVM, la API Web3, y herramientas de desarrollo conocidas en el ecosistema Ethereum.

El token nativo, GLMR, se utiliza para pagar las transacciones, participar en el staking para asegurar la red y en la gobernanza del proyecto.

Puntos Destacados para Inversores Potenciales

- **Interoperabilidad Mejorada:** La integración con Polkadot y Ethereum abre amplias oportunidades de mercado.

- **Adopción de Desarrolladores:** Facilidad para portar aplicaciones de Ethereum, prometiendo una adopción rápida por parte de los desarrolladores.

- **Modelo de Staking y Gobernanza:** Posibilidad de participar en el staking y en la gobernanza, incentivando la retención de tokens y la participación comunitaria.

- **Seguridad y Escalabilidad:** Beneficios de seguridad y escalabilidad como parte de la red Polkadot.

Proyectos Similares o Competidores

- **Acala (ACA):** Otra parachain en Polkadot enfocada en finanzas descentralizadas (DeFi) que ofrece un ecosistema financiero completo.

- **Avalanche (AVAX):** Plataforma de contratos inteligentes que promueve la escalabilidad de dApps y la interoperabilidad entre blockchains.

- b Solución de escalabilidad para Ethereum que proporciona infraestructura de cadena lateral para dApps.

Moonbeam se destaca en el ecosistema de blockchain por su enfoque único en la interoperabilidad y la facilidad para los desarrolladores de Ethereum que buscan expandir sus proyectos al ecosistema Polkadot.

B - Tokenomics de GLMR

La tokenomía de GLMR, el token nativo de Moonbeam, se estructura alrededor de una oferta circulante actual de 827,235,674 tokens, un suministro total de 1,105,175,703 tokens, y no posee un suministro máximo fijo debido a las recompensas de staking continuas.

Esto implica una política inflacionaria que puede afectar el valor del token a largo plazo, especialmente si la demanda no compensa el aumento constante en la oferta.

Aspectos Clave de los Tokenomics de GLMR

- **Oferta Circulante:** 827,235,674 tokens disponibles para el público.

- **Suministro Total:** 1,105,175,703 tokens, indicando que aún quedan tokens por emitir.

- **Suministro Máximo:** Infinito, debido a las recompensas de staking sin límite superior establecido.

- **Capitalización de Mercado Totalmente Diluida:** Aproximadamente $425 millones, asumiendo la circulación de todos los tokens posibles.

Estos elementos son fundamentales para entender cómo la dinámica de oferta y demanda podría influir en el valor de GLMR en el mercado de criptomonedas.

C - Ideas Prácticas para GLMR

Uso Práctico de GLMR

- **Desarrollo de Aplicaciones Descentralizadas (dApps):** Los desarrolladores pueden usar GLMR para crear y desplegar dApps en la red Moonbeam, aprovechando su compatibilidad con Ethereum y Polkadot para acceder a un mercado más amplio.

- **Participación en Staking:** Los inversores pueden hacer staking de sus tokens GLMR para ayudar a asegurar la red y, a cambio, recibir recompensas, lo que ofrece un potencial de ingresos pasivos.

- **Pago de Tarifas de Transacción:** GLMR se utiliza para pagar las tarifas asociadas con la realización de transacciones y la ejecución de contratos inteligentes en la red Moonbeam, asegurando su demanda continua.

- **Gobernanza de la Red:** Poseer GLMR otorga a los usuarios el derecho a participar en la gobernanza de la red, votando sobre propuestas de mejora y cambios en la red.

Estos usos prácticos no solo subrayan la utilidad de GLMR dentro de su ecosistema, sino que también destacan su potencial como inversión a través de oportunidades de staking, gobernanza, y la demanda generada por el desarrollo y operación de dApps.

66 DASH

Qué es DASH

DASH es una criptomoneda enfocada en la privacidad y la velocidad de transacción. Originariamente conocida como XCoin, posteriormente renombrada a Darkcoin y finalmente a DASH, que es un juego de palabras para "Digital Cash" (Dinero Digital). Fue lanzada en enero de 2014 por su desarrollador Evan Duffield.

La principal característica que diferencia a DASH de otras criptomonedas es su sistema de gobierno y financiamiento descentralizado, conocido como Masternodes.

Estos nodos especiales en la red DASH tienen la responsabilidad de aprobar transacciones instantáneas (InstantSend), transacciones privadas (PrivateSend) y coordinar el desarrollo de la red.

Para operar un Masternode, se requiere un depósito de 1,000 DASH como colateral, lo cual ayuda a asegurar la red contra ataques y promueve un sistema de gobernanza responsable.

DASH utiliza un algoritmo de minería llamado X11, que es menos susceptible al desarrollo de hardware especializado de minería, como los ASICs, permitiendo una minería más distribuida y accesible para la comunidad.

Además, parte de la recompensa de la minería se destina al presupuesto de la red, que financia proyectos que benefician al ecosistema DASH.

En resumen, DASH es una criptomoneda que busca ofrecer transacciones rápidas, económicas y privadas, promoviendo al mismo tiempo un modelo de auto-gobernanza y financiamiento para su desarrollo y mantenimiento.

A - Resumen del Whitepaper de DASH

El whitepaper de DASH detalla las innovaciones tecnológicas y estructurales que diferencian a DASH de otras criptomonedas, centrándose en la privacidad, la velocidad de transacción y un modelo de gobernanza descentralizada.

A través de sus Masternodes, DASH facilita funciones únicas como InstantSend y PrivateSend, ofreciendo transacciones rápidas y privadas.

Además, el sistema de Masternodes permite una gestión y financiación comunitaria de proyectos que benefician a la red DASH, lo que promueve un desarrollo sostenible y dirigido por la comunidad.

Puntos Destacados para Inversores Potenciales

1. **Privacidad y Velocidad:** DASH ofrece transacciones privadas y casi instantáneas, destacando en el mercado de criptomonedas por su eficiencia y seguridad.

2. **Gobernanza Descentralizada:** A través de su innovador sistema de Masternodes, DASH permite una gobernanza comunitaria y financiación de proyectos, lo que puede conducir a una adaptabilidad y crecimiento orgánico sostenidos.

3. **Adopción y Uso:** DASH está diseñado para ser utilizado como dinero digital en transacciones cotidianas, lo que potencialmente puede aumentar su adopción y valor a largo plazo.

4. **Resistencia a la Centralización de la Minería:** El algoritmo X11 dificulta la centralización de la minería, promoviendo una distribución más equitativa de la recompensa.

Proyectos Similares o Competidores

- **Bitcoin (BTC):** Aunque menos enfocado en la privacidad, es el precursor y la criptomoneda más reconocida, contra la cual DASH busca mejorar en términos de velocidad y costos de transacción.

- **Monero (XMR):** Se centra intensamente en la privacidad mediante el uso de firmas en anillo, ofreciendo anonimato total, lo que lo hace un competidor directo en el aspecto de privacidad.

- **Zcash (ZEC):** Utiliza zk-SNARKs para permitir transacciones protegidas, ofreciendo también privacidad pero con un enfoque tecnológico diferente.

- **Litecoin (LTC):** Aunque no se centra en la privacidad, compite en términos de ser una alternativa más rápida y económica para transacciones cotidianas.

Este análisis proporciona una visión general de DASH para aquellos interesados en explorar sus características únicas como inversión o adopción para transacciones digitales seguras y privadas.

B - Tokenomics de DASH

La estructura económica de DASH se caracteriza por su oferta limitada y un mecanismo de distribución que incentiva tanto la seguridad de la red como el desarrollo continuo. Con una oferta circulante que representa alrededor del 62% de su suministro máximo fijado en 18,9 millones, DASH está diseñado para una inflación controlada hasta que se alcance el límite máximo.

Esta estructura busca equilibrar la oferta y la demanda a largo plazo, potencialmente aumentando el valor de DASH si la demanda por su uso en pagos y como medio de almacenamiento de valor crece.

Aspectos Clave de los Tokenomics de DASH

- **Oferta Circulante y Total:** Alrededor de 11,661,423 DASH en circulación, lo que coincide con el suministro total actual.

- **Suministro Máximo:** Limitado a 18,9 millones de DASH, lo que asegura escasez y potencial de apreciación.

- **Capitalización de Mercado Completamente Diluida:** Aproximadamente $515 millones, basada en el suministro máximo y el precio actual.

- **Inflación por Minería:** Genera presión bajista a corto plazo pero está diseñada para disminuir gradualmente hasta que se alcance el suministro máximo.

Estos aspectos reflejan una estrategia de tokenomics equilibrada que fomenta el uso sostenible y el crecimiento del valor de DASH a largo plazo.

C - Ideas Prácticas para DASH

Uso Práctico de DASH

- **Pagos Internacionales Rápidos y de Bajo Costo:** Ideal para remesas y transacciones comerciales internacionales, evitando altas comisiones bancarias.

- **Compra de Bienes y Servicios:** Aceptación creciente en comercios físicos y online, permitiendo pagos seguros y privados.

- **Micropagos:** Gracias a sus bajas tasas de transacción, es viable para pagar contenidos digitales o servicios en línea por montos pequeños.

- **Preservación de Privacidad:** Útil para usuarios que valoran el anonimato en sus transacciones financieras.

- **Inversión a Largo Plazo:** Potencial de apreciación debido a su oferta limitada y aumento en la adopción.

El uso práctico de DASH abarca desde la realización de transacciones cotidianas hasta estrategias de inversión a largo plazo, destacando su versatilidad y potencial en el creciente ecosistema de criptomonedas.

67 FLOW

Qué es FLOW

FLOW es una criptomoneda que opera en su propia blockchain, desarrollada por Dapper Labs, la empresa detrás de proyectos de blockchain de alto perfil como CryptoKitties. La blockchain de FLOW está diseñada para ser rápida, segura y escalable, facilitando la creación de aplicaciones descentralizadas (dApps) y activos digitales a gran escala sin sacrificar el rendimiento.

Una de las características distintivas de FLOW es su enfoque en la accesibilidad y la facilidad de uso, tanto para desarrolladores como para usuarios. Con esto en mente, la plataforma FLOW se ha optimizado para soportar experiencias de usuario de alta calidad y el desarrollo de una nueva generación de juegos, aplicaciones y los activos digitales interactivos.

FLOW también introduce una arquitectura de múltiples roles para los nodos de su red, lo que permite una división del trabajo y una mejora en el rendimiento. Esta arquitectura especializada permite que FLOW maneje una alta tasa de transacciones y operaciones complejas de dApps con mayor eficiencia que las cadenas de bloques tradicionales.

La criptomoneda FLOW no solo sirve como medio de intercambio dentro de su ecosistema, sino que también juega un papel crucial en el funcionamiento de su red, siendo utilizada para el staking, el pago de tarifas de transacción, y como incentivo para los participantes de la red.

En resumen, FLOW es una criptomoneda que busca revolucionar el espacio de las aplicaciones descentralizadas y los activos digitales, ofreciendo una plataforma robusta, escalable y fácil de usar para desarrolladores y usuarios por igual.

A - Resumen del Whitepaper de FLOW

FLOW es una criptomoneda diseñada para superar las limitaciones de rendimiento de las arquitecturas de blockchain existentes mediante la separación de consenso y computación. Esta innovadora arquitectura permite incrementar significativamente el rendimiento sin comprometer la seguridad.

La propuesta de FLOW introduce roles especializados para los nodos, distribuyendo la carga de trabajo y optimizando el uso de recursos en la red.

Los resultados experimentales demuestran un aumento de rendimiento de hasta 56 veces en comparación con arquitecturas convencionales, destacando su potencial para facilitar la adopción generalizada de tecnologías descentralizadas.

Puntos Destacados para Inversores Potenciales

- **Innovación en la Arquitectura:** FLOW introduce una separación entre consenso y computación, lo que permite escalabilidad y rendimiento sin precedentes.

- **Seguridad:** A pesar de la separación de roles, la seguridad de la red no se compromete, gracias a un diseño cuidadoso y a mecanismos de incentivación.

- **Potencial de Adopción Masiva:** El aumento significativo en el rendimiento hace de FLOW una plataforma atractiva para desarrolladores de aplicaciones descentralizadas, juegos, y activos digitales.

- **Resultados Experimentales Prometedores:** Simulaciones muestran un aumento dramático en el rendimiento, sugiriendo un fuerte potencial para competir en el mercado de criptomonedas.

Proyectos Similares o Competidores

- **Ethereum 2.0:** Con su transición a Proof of Stake (PoS) y la introducción de sharding, busca solucionar problemas de escalabilidad.

- **Polkadot:** Ofrece interoperabilidad entre cadenas y escalabilidad a través de una red multichain.

- **Solana:** Utiliza un mecanismo de consenso único llamado Proof of History (PoH), permitiendo una alta tasa de transacciones por segundo.

- **Cardano:** Implementa un mecanismo de consenso PoS y se enfoca en la seguridad y la escalabilidad a través de investigación académica.

FLOW se distingue por su enfoque en la separación de consenso y computación, apuntando a un nicho específico de rendimiento y escalabilidad en el espacio de las criptomonedas.

B - Tokenomics de FLOW

La tokenomía de FLOW presenta un modelo inflacionario sin un suministro máximo fijo, caracterizado por la creación continua de nuevos tokens. Esto se hace con el objetivo de incentivar la participación y el uso de la red.

Sin embargo, esta inflación programada puede generar presión sobre el valor del token si el crecimiento de la demanda no acompaña al aumento en la oferta.

Aspectos Clave de los Tokenomics de FLOW

- **Oferta Circulante y Total:** 1,487,858,625 FLOW, indicando que todos los tokens emitidos están en circulación.

- **Suministro Máximo:** No hay límite fijo, permitiendo una inflación continua.

- **Capitalización de Mercado Totalmente Diluida:** Aproximadamente $1,191 millones, basada en el precio actual.

- **Inflación:** La estructura inflacionaria busca fomentar la participación en la red pero requiere un aumento proporcional de la demanda para mantener el valor del token.

C - Ideas Prácticas para FLOW

Uso Práctico de FLOW

- **Desarrollo de Aplicaciones Descentralizadas (dApps):** FLOW es ideal para construir dApps escalables y de alto rendimiento, gracias a su arquitectura única.

- **Juegos Blockchain y NFTs:** Su capacidad para manejar transacciones de alto volumen lo hace perfecto para juegos en blockchain y la creación/comercio de NFTs.

- **Plataformas de Creación de Contenido:** Puede ser utilizado para desarrollar plataformas descentralizadas que recompensen a los creadores directamente.

- **Finanzas Descentralizadas (DeFi):** Su infraestructura permite la creación de productos DeFi innovadores y seguros.

- **Votaciones y Gobernanza Descentralizadas:** Ofrece una plataforma para sistemas de votación y gobernanza transparentes y seguros.

La combinación de una arquitectura escalable, oferta inflacionaria controlada y un enfoque en la usabilidad, posiciona a FLOW como una inversión atractiva con múltiples aplicaciones prácticas y potencial de crecimiento en el ecosistema de blockchain.

68 ICP - Internet Computer

Qué es ICP Internet Computer

Internet Computer (ICP) es una criptomoneda y una plataforma tecnológica innovadora creada por la Fundación DFINITY. Su objetivo principal es expandir las funcionalidades de internet más allá de las aplicaciones descentralizadas (dApps) al permitir que el código se ejecute directamente en internet. Esto se logra mediante la creación de un protocolo de internet público que facilita la ejecución de software en una red descentralizada.

La visión de Internet Computer es proporcionar una infraestructura que no solo permita la creación de aplicaciones descentralizadas y servicios sin la necesidad de servidores tradicionales, sino que también busque resolver algunos de los problemas más significativos que enfrenta el espacio de las criptomonedas y la tecnología blockchain, como la escalabilidad, la velocidad de las transacciones y los costos elevados de gas.

Internet Computer se distingue de otras plataformas de blockchain por su capacidad para ejecutar códigos a velocidades web con costos de procesamiento competitivos, lo que lo hace atractivo para desarrolladores que buscan crear desde sitios web y sistemas de gestión de contenido hasta servicios financieros descentralizados sin depender de infraestructuras centralizadas.

Uno de los componentes clave de Internet Computer es su protocolo único, que permite dividir su red en subredes más pequeñas, aumentando así su escalabilidad y eficiencia. La criptomoneda ICP desempeña un papel vital en la economía de la plataforma, facilitando las transacciones, el gobierno de la red mediante la votación de propuestas de gobernanza y recompensando a los participantes que contribuyen a la seguridad y el funcionamiento de la red.

En resumen, Internet Computer (ICP) representa un paso audaz hacia una internet más descentralizada y eficiente, con el potencial de cambiar la forma en que interactuamos con aplicaciones web y servicios en línea, promoviendo una internet donde los usuarios tienen mayor control sobre sus datos y las interacciones digitales.

A - Resumen del Whitepaper de Internet Computer (ICP)

Internet Computer es una plataforma blockchain revolucionaria diseñada para expandir las capacidades de internet, permitiendo la ejecución de contratos inteligentes y aplicaciones descentralizadas a velocidad web y con costos reducidos.

Utiliza un conjunto único de protocolos criptográficos que conectan nodos operados de forma independiente en una red descentralizada, permitiendo una escalabilidad sin precedentes y una gobernanza a través de una DAO (Organización Autónoma Descentralizada).

ICP se distingue por su modelo de "gas inverso", donde los desarrolladores prefinancian la ejecución con ciclos obtenidos del token nativo, ICP, que también facilita la gobernanza de la red.

Puntos Destacados para Inversores Potenciales

1. **Innovación Tecnológica:** La capacidad de ICP para ofrecer computación y almacenamiento a bajo costo y alta velocidad es una ventaja competitiva significativa.

2. **Modelo Económico Sostenible:** El uso de ICP para financiar operaciones y participar en la gobernanza garantiza un modelo económico robusto y participativo.

3. **Escalabilidad y Descentralización:** La arquitectura única de ICP permite un escalado efectivo sin comprometer la seguridad o la descentralización.

4. **Potencial de Adopción Masiva:** Al reducir los costos y simplificar el desarrollo de aplicaciones descentralizadas, ICP tiene el potencial de catalizar una adopción más amplia de la tecnología blockchain.

Proyectos Similares o Competidores

1. **Ethereum:** Aunque Ethereum es la plataforma líder para contratos inteligentes, ICP propone mejoras significativas en términos de escalabilidad y costos de transacción.

2. **Solana:** Conocida por su alta velocidad y bajo costo de transacción, Solana es un competidor directo en el aspecto de rendimiento de la red.

3. **Polkadot:** Ofrece interoperabilidad entre cadenas y escalabilidad, pero ICP lleva la propuesta más allá integrando la ejecución de código en la web.

4. **EOS:** Aunque EOS fue diseñado para escalar aplicaciones descentralizadas, enfrenta desafíos en

gobernanza y descentralización, áreas en las que ICP busca innovar.

Este resumen proporciona una visión general de Internet Computer destacando su propuesta de valor única, su modelo económico y su posición en el ecosistema blockchain en comparación con otros proyectos.

B - Tokenomics de Internet Computer (ICP)

La estructura económica de ICP se centra en un sistema inflacionario donde no existe un límite máximo para la cantidad de tokens que pueden existir.

Esto se debe a la generación continua de nuevos tokens a través de la minería, lo cual plantea un modelo sin un suministro fijo.

Aunque esto puede fomentar la participación y descentralización en la red, también introduce una presión inflacionaria que puede afectar el valor del token a largo plazo.

Aspectos Clave de los Tokenomics de Internet Computer (ICP)

- **Oferta Circulante:** 457,817,714 ICP, representando los tokens actualmente en el mercado.

- **Suministro Total:** 514,145,056 ICP, indicando la cantidad de tokens creados hasta el momento.

- **Suministro Máximo:** Infinito, debido a la minería continua que genera nuevos tokens.

- **Capitalización de Mercado Totalmente Diluida:** Aproximadamente $6,500 millones, basada en el precio actual y el suministro total potencial.

Estos aspectos subrayan un modelo económico diseñado para promover el uso y la descentralización de la plataforma, pero con el riesgo inherente de presión sobre el valor del token debido a la inflación continua.

C - Ideas Prácticas para ICP

Uso Práctico de Internet Computer (ICP)

- **Desarrollo de Aplicaciones Descentralizadas (dApps):** Crear aplicaciones sin servidor en sectores como redes sociales, finanzas, y mercado de criptoactivos.

- **Servicios de Computación Descentralizada:** Aprovechar ICP para ejecutar cómputo intensivo y almacenamiento en la nube de forma descentralizada.

- **Creación de Sitios Web Descentralizados:** Utilizar ICP para alojar sitios web completamente en la blockchain, mejorando la seguridad y resistencia a la censura.

- **Gobernanza de la Red:** Participar en la votación y toma de decisiones sobre el futuro de la red utilizando tokens ICP.

- **Potencial de Inversión:** A largo plazo, invertir en ICP podría ser beneficioso si la adopción y desarrollo de la plataforma crecen, aumentando la demanda del token a pesar de su oferta inflacionaria.

69 CRV - Curve DAO Token

Qué es CRV Curve DAO Token

CRV es la criptomoneda nativa del protocolo Curve Finance, un proyecto de finanzas descentralizadas (DeFi) basado en la tecnología blockchain. Curve Finance está diseñado principalmente para el intercambio de stablecoins (criptomonedas cuyo valor está anclado o es estable respecto a una moneda fiat como el dólar estadounidense) con eficiencia y bajas comisiones, aprovechando la liquidez de sus usuarios.

Curve utiliza un modelo especial de mercado que permite intercambios con slippage (deslizamiento de precio) mínimo, lo cual es ideal para las operaciones con stablecoins, ya que estas deben mantener un precio relativamente constante. CRV, el token de Curve DAO (Organización Autónoma Descentralizada), juega un papel crucial en el ecosistema de Curve.

Los titulares de CRV pueden participar en la gobernanza del protocolo, es decir, tienen derecho a votar en las decisiones importantes que afectan al desarrollo y las políticas de Curve. Además, CRV se utiliza para incentivar a los usuarios que aportan liquidez al sistema. Al bloquear sus tokens CRV, los usuarios pueden recibir recompensas, lo que fomenta una mayor participación y estabilidad en la plataforma.

En resumen, CRV no es solo una criptomoneda más; es una pieza fundamental en el funcionamiento y la gobernanza de Curve Finance, buscando mejorar la eficiencia y la accesibilidad de las finanzas descentralizadas, especialmente en el ámbito de las stablecoins.

A - Resumen del Whitepaper de CRV (Curve DAO Token)

El Whitepaper de Curve DAO describe la estructura y funcionamiento del Curve DAO (Organización Autónoma Descentralizada), que se gestiona a través de varios contratos inteligentes integrados con Aragon. Introduce CRV, el token nativo de Curve, utilizado tanto para gobernanza como para la acumulación de valor dentro del ecosistema. Destaca un sistema de votación ponderado por el tiempo, donde los tokens bloqueados en VotingEscrow influyen en el peso de voto basado en la cantidad y el tiempo de bloqueo.

El documento también explica la programación de inflación del token CRV, que disminuye anualmente, y cómo se distribuye esta inflación entre los usuarios que proporcionan liquidez mediante un sistema de Gauges.

Este sistema incentiva la participación y el bloqueo de tokens para gobernanza, aumentando así la liquidez y la seguridad del protocolo.

Puntos Destacados para Inversores Potenciales

1. **Modelo de Gobernanza Innovador:** El mecanismo de votación ponderado por el tiempo para la gobernanza del DAO ofrece un enfoque único que incentiva el bloqueo a largo plazo de los tokens CRV, potencialmente aumentando la estabilidad y la participación en el ecosistema.

2. **Inflación y Recompensas:** El token CRV tiene un programa de inflación diseñado para recompensar a los usuarios que contribuyen a la liquidez del protocolo, con una disminución anual en la tasa de inflación que puede influir positivamente en su valor a largo plazo.

3. **Incentivos para la Liquidez:** El sistema de Gauges recompensa a los usuarios que proporcionan liquidez, especialmente a aquellos que bloquean sus tokens CRV para gobernanza, con un aumento en las recompensas, lo que fomenta una mayor liquidez y participación.

Proyectos Similares o Competidores

1. **Uniswap:** Una de las plataformas de intercambio descentralizado más populares, que ofrece liquidez e intercambio de tokens en un entorno descentralizado, aunque con un enfoque más generalista en comparación con la especialización de Curve en stablecoins.

2. **Balancer:** Otro protocolo de finanzas descentralizadas que permite a los usuarios crear pools de liquidez con múltiples tokens, con una mecánica de gobernanza y recompensas también basada en tokens.

3. **Aave:** Aunque es más conocido como un protocolo de préstamo descentralizado, Aave también ofrece incentivos para la provisión de liquidez, compitiendo indirectamente con Curve en términos de atraer capital de liquidez a su ecosistema.

Este análisis proporciona una visión general del Whitepaper de CRV y su posición en el espacio de las finanzas descentralizadas, relevante para los inversores que buscan entender el valor y la innovación que Curve DAO Token aporta al mercado.

B- Tokenomics de CRV (Curve DAO Token)

La estructura de tokenomics de CRV (Curve DAO Token) refleja un equilibrio entre la incentivación de la participación a largo plazo en el ecosistema Curve y la gestión de la inflación del token. Con un suministro circulante actual de aproximadamente 1.1 mil millones de CRV, que representa solo el 33% del suministro total proyectado a 3.3 mil millones, la criptomoneda se encuentra en una fase de distribución activa y crecimiento.

La capitalización de mercado completamente diluida, basada en el precio actual, sugiere una valoración significativa, pero esta cifra está sujeta a cambios a medida que más tokens entran en circulación. Importante destacar, una gran proporción de tokens en circulación están bloqueados en staking, lo que limita la liquidez disponible y podría influir en el precio del token.

Aspectos Clave de los Tokenomics de CRV

- **Suministro Circulante vs. Total:** Alrededor de 1.1 mil millones en circulación, con un suministro total planificado de aproximadamente 3.3 mil millones.

- **Inflación Programada:** El diseño incluye la emisión de nuevos tokens CRV a lo largo del tiempo, lo que introduce un componente inflacionario.

- **Capitalización de Mercado Diluida:** Valuada en aproximadamente $1.6 mil millones, con el potencial de aumentar a medida que se distribuyen más tokens.

- **Recompensas a Usuarios:** Distribución de tokens a lo largo de 4 años para recompensar a los usuarios, lo que promueve la participación pero añade presión inflacionaria.

- **Tokens Bloqueados:** Aproximadamente el 65% de los tokens en circulación están bloqueados, lo que reduce la liquidez disponible para el comercio.

- **Dependencia del Uso del Protocolo:** La demanda por CRV está estrechamente ligada al uso y crecimiento del protocolo Curve.

Esta visión general ofrece una imagen clara de cómo los tokenomics de CRV están diseñados para equilibrar crecimiento, participación de la comunidad y estabilidad a largo plazo en el ecosistema de Curve.

C - Ideas Prácticas para CRV

Uso Práctico de CRV (Curve DAO Token)

1. **Staking para Ingresos Pasivos:** Los usuarios pueden stakear sus tokens CRV para obtener ingresos pasivos en forma de recompensas de staking, aprovechando la inflación programada del token para beneficiarse a largo plazo.

2. **Participación en la Gobernanza:** CRV permite a sus titulares participar en decisiones importantes del protocolo Curve, como cambios en la configuración del protocolo y propuestas de desarrollo, fomentando un ecosistema descentralizado y dirigido por la comunidad.

3. **Provisión de Liquidez:** Al proveer liquidez en los pools de Curve, los usuarios pueden ganar fees de

transacción además de recompensas de CRV, potenciando el rendimiento de sus inversiones.

4. **Arbitraje y Trading:** Dada la especialización de Curve en el intercambio de stablecoins, los titulares de CRV pueden participar en estrategias de arbitraje, beneficiándose de las diferencias de precio entre diferentes stablecoins o plataformas.

5. **Bloqueo a Largo Plazo para Mayor Influencia:** El mecanismo de votación ponderada por el tiempo incentiva a los usuarios a bloquear sus tokens por períodos más largos, aumentando su influencia en la gobernanza y potencialmente su participación en las recompensas del protocolo.

Estas aplicaciones no solo ofrecen múltiples formas de utilizar y beneficiarse de la tenencia de CRV, sino que también subrayan el potencial de CRV como una inversión con diversas fuentes de valor y retorno.

Fuentes y Referencias

Para asegurar la precisión y la actualidad de la información presentada en este documento, se han utilizado diversas fuentes confiables del sector de las criptomonedas. A continuación, se detallan algunas de las principales páginas web consultadas:

- **CoinMarketCap**: Una de las fuentes más respetadas y utilizadas para el seguimiento de precios, volúmenes de mercado, y otra información vital sobre criptomonedas. Visita CoinMarketCap para explorar datos en tiempo real y análisis de mercado.

- **CoinGecko**: Este sitio ofrece una amplia gama de datos sobre criptomonedas, incluyendo precios, capitalización de mercado, volumen de trading, y estadísticas históricas. Es una herramienta esencial para investigar y comprender las tendencias del mercado. Accede a CoinGecko para más información.

- **TradingView**: Una plataforma líder para traders e inversores que buscan realizar análisis técnico y gráfico de los mercados de criptomonedas y otros activos financieros. TradingView ofrece herramientas avanzadas para el análisis de mercado, permitiendo a los usuarios dibujar, compartir gráficos y utilizar una amplia variedad de indicadores técnicos. Visita TradingView para herramientas de análisis y insights de mercado.

Estas plataformas son recursos indispensables para inversores que buscan realizar análisis de mercado, seguimiento de precios y evaluación de tendencias en el espacio de las criptomonedas.

Conclusión

Desde la creación de Bitcoin en 2008, el universo de las criptomonedas ha experimentado un crecimiento exponencial, superando al día de hoy los 30,000 proyectos, según la página LiveCoinWatch.

A pesar de eso, la adopción en 2024 sigue siendo modesta en comparación con otras tecnologías.

Usuarios activos: Redes Sociales vs Ethereum
cortesía de Grayscale.

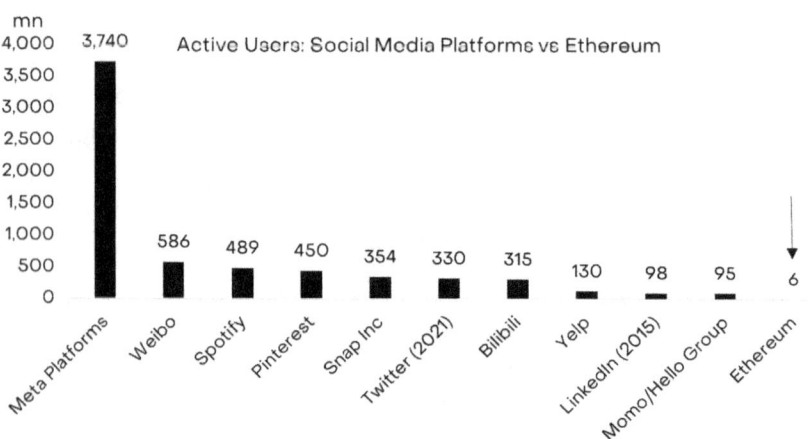

Exhibit 4: Ethereum adoption still very low compared to major social media applications

Notes: Meta, Pinterest, Spotify, Bilibili, Weibo, Momo, Twitter, & Ethereum: Monthly active users; Snap: Daily active users; Yelp & LinkedIn: Monthly unique visitors. Source: Company reports via Bloomberg, Token Terminal, Grayscale Investments. Data as of September 2023. For illustrative purposes only.

Esta brecha en la adopción muestra dos caras de la misma moneda

Por un lado, revela el desafío de la falta de formación en el uso de estas tecnologías; y por otro, destaca la gran oportunidad para quienes decidimos educarnos y aprovechar el potencial de las criptomonedas para enriquecer sus vidas.

En esta guía, hemos explorado menos del 1% de estos proyectos, que presentan oportunidades prometedoras para 2024 y 2025.

Ante nosotros tenemos un horizonte lleno de posibilidades, similar a la exploración de un nuevo continente digital, listo para ser descubierto por los aventureros del siglo XXI. Este viaje, sin embargo, requiere más que solo valentía; demanda una dedicación al aprendizaje continuo y una apertura para adaptarse a las nuevas realidades financieras y tecnológicas.

Por eso, te invito, ya sea un entusiasta tecnológico o un escéptico curioso, a iniciar este viaje de exploración y aprendizaje. El objetivo es más grande que solo alcanzar prosperidad material, también implica cultivar una vida con libertad, conocimiento y felicidad.

Así como el marinero se aventuró en mares desconocidos con la brújula y un aparato para determinar la posición astronómica, nosotros tenemos la oportunidad de navegar el vasto océano digital de las criptomonedas, guiados por la educación y la curiosidad.

Que este documento sirva como un mapa de tesoros potenciales, y también como una invitación a un viaje transformador.

Clemente Acosta

FAQs - Preguntas Frecuentes

P1: ¿Qué son Tokenomics y por qué son importantes?

R: Tokenomics se refiere a la economía de un token específico, incluyendo su distribución, oferta, demanda, y mecanismos para incrementar o disminuir su circulación. Es crucial porque afecta directamente el valor y la sostenibilidad a largo plazo del token.

P2: ¿Cómo puedo utilizar los tokens de forma práctica?

R: Los tokens se pueden utilizar de varias maneras, incluyendo staking (bloquear tokens para recibir recompensas), farming (invertir tokens para ganar más tokens), y participar en la gobernanza de proyectos (votar en decisiones importantes del proyecto).

P3: ¿Qué debo considerar antes de invertir en criptomonedas?

R: Antes de invertir, es esencial hacer tu propia investigación, considerar la volatilidad del mercado, entender las tokenomics del proyecto, y posiblemente consultar con un asesor financiero. La inversión en criptomonedas conlleva riesgos, incluida la posibilidad de perder tu inversión.

P4: ¿Cómo se seleccionaron las 69 criptomonedas mencionadas en el reporte?

R: Las criptomonedas fueron seleccionadas basándose en su potencial para innovar, adaptarse y prosperar en los próximos años, tomando en cuenta su rendimiento anterior, sus máximos históricos, y la capacidad para recuperarse después de caídas significativas en el mercado.

P5: ¿El reporte garantiza ganancias al seguir sus recomendaciones?

R: No, el reporte es puramente educativo e informativo y no debe interpretarse como asesoramiento financiero. Las inversiones en criptomonedas son especulativas y conllevan riesgos.

P6: ¿Cómo afecta la volatilidad del mercado a mi inversión en criptomonedas?

R: La volatilidad puede causar fluctuaciones significativas en el valor de las criptomonedas, lo que significa que el valor de tu inversión puede cambiar rápidamente. Es importante estar preparado para posibles altibajos y considerar una estrategia de inversión que se alinee con tu tolerancia al riesgo.

P7: ¿Qué son staking y farming, y cómo pueden beneficiarme?

R: Staking implica bloquear una cantidad de tokens como una forma de apoyar la red y, a cambio, recibir recompensas. Farming, o agricultura de rendimiento, se refiere a invertir tokens en un protocolo de finanzas descentralizadas (DeFi) para ganar intereses o tokens adicionales. Ambas son formas de generar ingresos pasivos con tus criptomonedas.

P8: ¿Por qué es importante la gobernanza en los proyectos de criptomonedas?

R: La gobernanza permite a los titulares de tokens participar en decisiones importantes del proyecto, como actualizaciones de software y cambios en las políticas. Esto asegura que el proyecto sea dirigido de manera democrática y alinee con los intereses de la comunidad.

P9: ¿Puedo perder todo mi dinero al invertir en criptomonedas?

R: Sí, como con cualquier inversión especulativa, existe la posibilidad de perder todo tu dinero. La inversión en criptomonedas debe hacerse con cautela, y solo deberías invertir dinero que estés dispuesto a perder.

P10: ¿Cómo elijo en qué criptomoneda invertir?

R: Debes considerar varios factores, incluyendo la visión del proyecto, el equipo detrás de la criptomoneda, la tokenomics, la adopción y la utilidad. Investigar exhaustivamente y, si es posible, consultar con un asesor financiero, puede ayudarte a tomar decisiones más informadas.

P11: ¿Qué significa participar en la gobernanza de un proyecto de criptomonedas?

R: Participar en la gobernanza significa que los tenedores de tokens pueden votar en decisiones clave del proyecto, como cambios en el protocolo o en la distribución de fondos. Esto permite que los inversores tengan una voz activa en la dirección y desarrollo del proyecto.

P12: ¿Es seguro invertir en criptomonedas?

R: Invertir en criptomonedas conlleva riesgos, similar a otros tipos de inversiones. La seguridad depende de factores como la elección de proyectos sólidos, el uso de wallets seguras y el conocimiento del mercado. Siempre es recomendable proceder con cautela y realizar investigaciones exhaustivas.

Herramientas para Cripto Inversores

Aquí te voy comparto una selección de herramientas y recursos diseñados para guiarte en el mundo de las inversiones en criptomonedas.

Además, te brindo acceso a enlaces especiales para que disfrutes de descuentos y ventajas adicionales en distintas plataformas de intercambio, brokers especialmente pensados para ti.

Recuerda seguirme en mis redes sociales y contactarme directamente si tienes preguntas o necesitas más información.

Herramientas Esenciales para el Trading e Inversión:

- **TradingView:** Una plataforma avanzada para el análisis gráfico de criptomonedas y otros activos financieros. Ideal para desarrollar estrategias de trading y seguimiento del mercado. Visita TradingView

- **NodeCharts:** Nodecharts proporciona datos y análisis on-chain de Bitcoin para facilitar la inversión en criptomonedas a inversores, operadores e instituciones. Explora NodeCharts

- **TradingDifferent:** Usa herramientas avanzadas para trading cuantitativo de Bitcoin. Con algoritmos que detectan manipulaciones del mercado, basados en modelos matemáticos y estadísticos. Descubre TradingDifferent

Beneficios con Patrocinadores

A continuación, te presento una lista de patrocinadores que ofrecen descuentos exclusivos y beneficios adicionales para nuestros lectores y seguidores de CryptoComo. Asegúrate de usar los enlaces proporcionados para acceder a estas ofertas especiales.

Enlaces para crearte tu cuenta nueva

CryptoComo Bitget

BitGet: https://bit.ly/cryptocomo-bitget
$1,000 USDT para nuevos usuarios y 15% de descuento en comisiones de trading.

Cryptocomo ByBit

ByBit: https://partner.bybit.com/b/cryptocomo
Bono de hasta #30,000 USDT para nuevos usuarios

Contacta Conmigo

Para mantenerte al día con las últimas tendencias, análisis y consejos en el mundo de las criptomonedas, sígueme en mis redes sociales y no dudes en contactarme directamente a través de mi email para cualquier consulta o sugerencia.

- **Email:** cryptocomo@gmail.com

- **TikTok:** https://www.tiktok.com/@cryptocomo
- **YouTube:** https://www.youtube.com/@cryptocomo
- **Instagram:** https://www.instagram.com/cryptocomo

- **Telegram:** https://t.me/criptocomo

"La mejor inversión que puedes hacer, es una inversión en ti mismo... Cuanto más aprendas, más ganarás".
- Warren Buffett

"La única cosa que te separa de tu éxito es tu continuidad en el aprendizaje".
- Mark Cuban